YOUNG
MR. OBAMA

Chicago and the
Making of a Black
President

青年奥巴马
——芝加哥与一位黑人总统的缔造

[美]爱德华·麦克莱兰◎著
杨书泳◎译

华夏出版社
HUAXIA PUBLISHING HOUSE

图书在版编目(CIP)数据

青年奥巴马/(美)麦克莱兰著;杨书泳译. —北京:华夏出版社,2013.1
书名原文:Young Mr. Obama
ISBN 978 - 7 - 5080 - 6754 - 4

Ⅰ.①青… Ⅱ.①麦… ②杨… Ⅲ.①奥巴马,B. - 传记
Ⅳ.①K837.127 = 6

中国版本图书馆 CIP 数据核字(2011)第 257987 号

Edward McClelland;Young Mr. Obama
Copyright ⓒ 2010 by Edward McClelland
This translation published by arrangement with Bloombury publishing INC.
All Rights Reserved
本书中文简体版权由 Edward McClelland 授予华夏出版社,版权为华夏出版社所有。
未经出版者书面允许,不得以任何方式复制或抄袭本书内容。

版权所有　翻印必究
北京市版权局著作权合同登记号:图字 01 - 2011 - 7618

青年奥巴马

作　　者	[美]爱德华·麦克莱兰
译　　者	杨书泳
责任编辑	李欣利　罗　庆
出版发行	华夏出版社
经　　销	新华书店
印　　刷	北京京科印刷有限公司
装　　订	三河市万龙印装有限公司
版　　次	2013 年 1 月北京第 1 版　　2013 年 1 月北京第 1 次印刷
开　　本	670 × 970　1/16 开
印　　张	17.25
字　　数	197 千字
插　　页	1
定　　价	38.00 元

华夏出版社　地址:北京市东直门外香河园北里 4 号　邮编:100028
　　　　　　　网址:http://www.hxph.com.cn　电话:(010)64663331(转)
若发现本版图书有印装质量问题,请与我社营销中心联系调换。

目 录
YOUNG MR. OBAMA

前　言 | "你好,芝加哥!" 1

第一章 | 奥盖德花园 1

第二章 | 哈罗德 21

第三章 | 石棉事件 37

第四章 | "投票!"计划 59

第五章 | 青年律师 73

第六章 | 海德公园 87

第七章 | 首次竞选 101

第八章 | 州议会参议员奥巴马 121

第九章 | 败选 145

第十章 | "我立马就把你踹飞了" 169

第十一章 | "你有权力造就一个美国参议员" 193

第十二章 | 教父 211

第十三章 | 奥巴马琼浆 227

后　记 | 后种族政治的发祥地 261

致　谢 | 265

巴拉克·奥巴马的芝加哥
1. 戴维斯-迈纳-巴恩希尔律师事务所 (Miner, Barhill & Galland)
2. 东岸俱乐部 (East Bank Club)
3. 联邦广场 (Federal Plaza)
4. 格兰特公园哈钦森球场 (Hutchinson Field, Grant Park)
5. 海德公园美发沙龙 (Hyde Park Hair Salon)
6. 迪克西餐厅 (Dixie Kitchen & Bait Shop)
7. 瓦卢瓦餐厅 (Valois Cafeteria)
8. 普罗蒙特里角篮球场 (Promontory Point basketball courts)
9. 奥巴马的第一套寓所 (apartment)
10. 巴拉克·奥巴马和米歇尔的公寓 (condo)
11. 海德公园商店 (Hyde Park Co-op)
12. 第五十七街书店 (57th Street Books)
13. 神学院合作书店 (Seminary Co-op Bookstore)
14. 芝加哥大学法学院 (University of Chicago Law School)
15. 国会参议员竞选办公室 (State Senate campaign office)
16. 合众钢铁公司 (U.S. Steel)
17. 三一联合基督教会 (Trinity United Church of Christ)
18. 威斯康辛钢铁厂 (Wisconsin Steel)
19. 圣母玫瑰天主教堂 (Holy Rosary Catholic Church)
20. 利利代尔第一浸信会 (Lilydale First Baptist Church)
21. 第115街麦当劳 (115th St. McDonald's)
22. 废物处理填埋场 (Waste Management landfill)
23. 花园圣母天主教堂 (Our Lady of the Gardens Catholic Church)

DOUGLAS HUNTER

前言
"你好，芝加哥！"

六点一刻，格兰特公园哈钦森球场的大门猛然敞开，而这时离预定时间还有一个小时。聚集在金属栅栏外的人群一刻也不愿多等。这六万名奥巴马支持者有幸通过网上抽签拿到了票。他们一路小跑，像裸奔一样酣畅淋漓，穿过垒球场，直奔灯光舞台，希望占个靠前的位置。这场2008年奥巴马总统竞选的最后集会人潮汹涌，仅容立足。

他们中的大多数人都很年轻。人潮填满了下凹的广场，小如桌布大如床单的美国国旗满目皆是，一副旗开得胜的场面。上一次美国政治的权力更迭也是在他们脚下这同一块土地上上演的。1968年民主党全国大会上的骚乱使得新政联盟化为乌有，随之而来的是长达四十年的保守派反击。然而在今晚结束的时候，那场反击带来的炮灰将烟消云散。那时，芝加哥代表了分歧和分裂，它展现了继内战之后，这个国家最愤怒的派别之争。今天，世界的目光再次聚焦在格兰特公园，然而这一次，它展现的是一个人的价值观，也正是这个人选择了它。四年前，在他人生第二重要的夜晚，他宣告："没有所谓自由的美国或者保守的美国——世间只存在一个美利坚合众国。"

2 YOUNG MR. OBAMA

青年奥巴马　芝加哥与一位黑人总统的缔造

"对我们这代人来说，这是一个转折性的夜晚。"一位 26 岁的芝加哥人说。"奥巴马将会成为第一个出生于'后婴儿潮时代'的总统。他让我们把六十年代扔到身后。什么比尔·艾尔斯，什么种族问题，我都不在意。我们还有更重要的事情呢，比如说经济，还有替代能源。"

他们来自世界各地。好几个苏丹的"迷失青年"，都瘦瘦高高，身长六呎，就像那位有着一半非洲血统的候选人，一起站在球场内野的泥地上。一位爱尔兰裔的移民穿着一件像是褪了色的 T 恤，上面写着："巴拉克·奥巴马 竞选伊利诺伊州议员 第 13 选区 1996 年"。实际上，这并不是一件竞选纪念品——这件 T 恤产自"都市服装"。每过几分钟，这位年轻的爱尔兰裔就查看一下他的黑莓手机。他的父亲在都柏林的电视机前给他发短信，告诉他票数统计情况。

没有人比芝加哥的非洲裔美国人更能心怀满足地期待奥巴马的胜利了，是他们将奥巴马推上高位。23 年前，奥巴马来到这座城市，举目无亲，甚至对于自己在芝加哥黑人社区的地位也是一片茫然。但是他将它最贫困的居民组织了起来，通过成为《哈佛法学评论》的主编，让自己的照片登上了《喷气机》杂志（从该杂志的办公室里可以俯瞰格兰特公园），然后回到芝加哥南边区，与它最漂亮、最有成就的一位女儿喜结连理，还在州参议院中代表他的黑人同胞。一路走来，许多人质疑，他究竟是真正的黑人，还是只是因为生错了种族，披着黑人皮肤却怀着一颗白人的心。但是现在，距奥巴马赢得地球上最有权力的职位只有数小时之遥，他们热切地希望将他，还有他的胜利，作为他们自己的胜利。贵宾帐篷里坐着杰西·杰克逊和奥普拉·温弗莉。他们基本上和奥巴马一样，代表了胸怀大志的非裔美国人在芝加哥可以取得的辉煌。像奥巴马前言:"你好,芝加哥!"

一样,他们也是在二十多岁的时候来到了芝加哥,之后闻名世界。

站在人群中的还有龙尼·威克斯,常被称为"龙尼喔—喔",是里格利球场①的"长板凳常客"。他把小熊队队服上的字改成了"奥巴马08",还把他惯用的体育场口号给改了。

"奥巴马!喔!奥巴马!喔!奥巴马!喔!"他气喘吁吁,把原句里面的"小熊队"一律改作"奥巴马"。

"我今年67了,"威克斯说道,"奥巴马就像杰基·罗宾逊一样。罗宾逊是个美国黑人,但他在那个年代拿到了做职业棒球手的机会。奥巴马,他拿到了证明自己的机会。"

下凹草地的三面林立着摩天大楼,楼里亮着灯的窗户就是城市居民的星光。CNA保险集团大楼就是一面以灯光显现的星条旗。一块块大如巨幅广告牌的屏幕闪现着CNN②的多色选举地图。每当一个州变成蓝色,现场就响起一阵欢呼。(公园外面的人群与公园里面的人群相比毫不见少。那些没有抽到票的人沿着密歇根大街站了一溜,像"感恩而死"乐队的粉丝一样,寻求奇迹的一票③。"谁需要客人陪同?""我要一位。我不是黄牛。")当俄亥俄州把票投给了奥巴马,现场响亮的欢呼毫不逊色于芝加哥熊队触地得分的时候,就在南边几个街区之外的士兵体育场④中响起的欢呼声。从数字上而言,俄亥俄州并不能决定选举的

---

① 译者注:芝加哥小熊队(棒球)的主球场。
② 译者注:美国有线电视新闻网。
③ 译者注:"感恩而死"(Grateful Dead)为美国著名摇滚乐队,其粉丝被称为Deadheads。"奇迹的一票"(miracle)为其粉丝行话,指赠送给演出场地之外无票人士的门票。
④ 译者注:芝加哥熊队(橄榄球)主赛场。

胜负，但这却是人人都领会到了选举结果的那一刻，因为 2004 年大选，让约翰·克里大栽跟头的，正是俄亥俄州。

中部时间十点整，选举结果正式公布。奥巴马的拥趸们倒数着迎来了西岸计票的结束："10——9——8——7——6——5——4——3——2——1。"

留在人们心中的不是那一刻带来的欢呼，而是泪水。杰西·杰克逊看着他的同伴，眼睛红了。杰克逊在种族隔离的南卡罗来纳州长大，随后搬到种族隔离更为严重的芝加哥，在黑人完全没有胜算的时代，角逐同样的职位。奥普拉·温弗莉头靠在一位陌生人的肩上。她在密西西比州出生，十五岁就怀了孕。帐篷外的草地上，阿米·西普也哭了。她刚给她父亲打电话，但是没有打通，于是就不打了。她父亲在芝加哥南边庆祝奥巴马胜利。

"这意味着改变，"这位 30 岁的女人说道，"意味着平等的机会。不管你是什么肤色，你都可以做你想做的事情，没有限制。"

当奥巴马最终出现，做胜选演说时，他的第一句话是"你好，芝加哥！"他在这里开始了他的政治生涯。这既是他对这座城市的问候，也是对这座城市的感谢。奥巴马是位不同凡响的政治家，但是如果当年他没有来到芝加哥，他就不会站在台上，准备好向全世界讲话。夏威夷，他出生的地方，更为多样；加利福尼亚，他上大学的地方，更为宽容；纽约更为国际；马萨诸塞更为圆滑。但是只有在芝加哥，一个黑人才可能成为美国的总统。他的政坛之路始于数英里之外的南边区，美国最大的黑人社区。在其他任何地方，都绝无可能。

第一章
奥盖德花园

奥盖德花园是芝加哥南部最偏远地区的安居工程。老年居民称之为"花园",年轻居民称之为"G",而处理此地毒品交易以及枪击事件的警察则称之为"鳄鱼花园"。卡拉麦特河沿岸几英亩的低地里,泥褐色的芝加哥砖砌起了窄长低矮的两层公寓,那便是城市的边缘。奥盖德花园看起来更像是个军营,而不是高层贫民区。实际上,奥盖德花园建于二十世纪四十年代,供战时在附近钢铁厂工作的黑人居住。初来乍到的工人就住在这里,然后向社会中上层流动。他们中的许多人来自阿肯色或者密西西比,然后搬到城市"黑带"(黑人聚居地)的平房和两层两户联体公寓。

40年后,奥盖德却再难让人乐观:它成了芝加哥最贫穷黑人的保留地。大多数安居工程都在城内,而奥盖德的地理位置似乎就是要让它的居民们无业可从、贫困潦倒。卢普区(环形道)北去奥盖德20英里,而西尔斯大厦也远在地平线之外。城市捷运系统也从来没有延伸到这里;最近的车站在40个街区之外。一半的居民没有自己的汽车,而这也使得他们不可能找到一份能让他们买得起车的工作。拿着公共救济的

2 YOUNG MR. OBAMA
青年奥巴马　芝加哥与一位黑人总统的缔造

妇女生下孩子，这些孩子长大之后，也依靠公共救济养育自己的孩子。破烂不堪的商业街道里有一家杂货店，但是走道肮脏杂乱，售卖的肉和蔬菜也都几近腐烂，于是有办法的人都离开花园，去罗塞岛的大西洋—太平洋食品商场。罗塞岛是离奥盖德最近的、真正意义上的社区。

在某种意义上说，奥盖德花园是芝加哥穷人的理想住处。它是卡拉麦特地区的一部分，是芝加哥南部和印第安纳州西北部的新月地带，囊括了芝加哥人不愿看见、不愿触碰也不愿闻到气味的地方。这里有许多钢铁厂，散播着厚重的煤烟。烟灰落在汽车上，卡在钢铁工人的喉咙里，等着在工厂门口的小酒馆里被冲刷而下。花园住房沿着叫做"顶弯"的卡拉麦特河河湾分布。它的上游是一座铁皮屋顶的工厂，横跨在河道上，排放的废水污染了河流。垃圾填埋场也在这里，所以当风从密歇根湖吹来，就带着刺鼻发霉的味道，让居民们肺部大伤。

南兰利大街的末端，靠近街道尽头的河边，是芝加哥大主教管区最破落的教堂。"花园圣母教堂"被它的教徒称作OLG，但是对于那些依靠它的食物储藏和衣物捐献的居民来说，它只是一个"天主教堂"，似乎这只是他们每周打一次交道的一个福利机构而已。OLG的五十户人家都来自奥盖德花园或者附近的一个工薪阶层社区——金门。这五十户人家留在周日捐献盘的钱一共也超不过二百美元。一家文法学校每年收取三百美元学费，向最优秀的学生提供赢取奖学金的机会，到城市近郊的一所天主教学校念书，然而大多数的学生最后都去了全黑人的芝加哥公立学校——卡弗高中。

没有一位教区牧师愿意接受到OLG的职位委派，所以从二十世纪

第一章：奥盖德花园

七十年代一直到八十年代初，担任牧师的都是来自圣基茨岛①的一位黑人。斯坦利·法里尔神父属于圣言会，肩负着与穷人们一起奋斗的使命，这些人过于贫穷，以至他们的诉求也只有天主才会回应了。

多年之后，已经离开神职的法里尔回忆道："那就像一个自成一体的村庄，自我封闭。在某种意义上，舍弃了交通的便利。七十年代我在那儿的时候，你告诉别人你在那里工作，然后他们会说，'哦，奥盖德花园啊'。它给人的印象是毒品横流，犯罪遍地，一穷二白。另外还有黑帮。在奥盖德，除了在学校教书，你什么工作也找不到。如果你在外面找到了工作，而你又没有车，那这份工作你也干不长。"

八十年代初，一场危机袭击了卡拉麦特地区：钢铁厂倒闭了。因为本来也没有工作，奥盖德花园的人也基本没有受到这场危机的影响。芝加哥东南部的钢铁产量一度很高，以至于被称为"美国的鲁尔"② ——尽管这样的称呼也不太公平，因为芝加哥钢铁锻造的武器打败了鲁尔锻造的武器。1944年，芝加哥钢铁的产量达到了"二战"时期的高峰。密歇根湖畔的合众钢铁公司工厂雇佣了一万八千名工人，几乎是一个师的工业劳动力。但是合众钢铁公司在印第安纳州的加里市新开了一家工厂，然后渐渐地，就任由芝加哥的工厂年久而亡。1980年，工厂还雇佣有七千名钢铁工人，但三年后，只剩下了一千名。附近的威斯康辛钢铁厂则消亡得更快。一天下午，工人们被告知因为工厂破产，他们都要被遣散回家。锅炉熄火，大门紧锁，工厂里的设备也被当作废铜烂铁卖

---

① 译者注：当地黑人约占总人口的94%。
② 译者注：德国鲁尔是世界闻名的钢铁工业区。

掉。

钢铁工人们不愿承认工作已经一去不复返了。而杰里·凯尔曼，一位社区组织者，则意识到了这一点。凯尔曼发色颇深，五官紧凑，来自纽约市近郊的一个犹太家庭，走着激进的道路，来到南边区。在威斯康辛大学，他示威反对过学校的预备军官团制度。在那里上学期间，他曾长途跋涉去参加在芝加哥举行的1968年民主党全国大会。在见到理查德·J. 戴利市长手下的警察对与他一起示威的人们大打出手之后，凯尔曼觉得芝加哥决不是他想生活的地方。但是几年之后，他重返芝加哥，从戴利的一位宿敌那里学会了如何组织穷苦人民。戴利的这位宿敌名叫索尔·阿林斯基。二十世纪三十年代，他和进步天主教堂合作，把芝加哥臭名昭著的屠宰场里的肉联厂主组织起来，从而建立起了社区组织行动。

阿林斯基建立政治力量模式的基础是当地的民主党政治机器，而在芝加哥独亲一党的年代，这股力量是民主党政治机器少有的几个对手之一。在大多数人的生活中，教堂是最重要的机构。如果你问一个芝加哥人，他住哪里，他告诉你的是他所属的教区，而不是他所在的社区。自由派牧师们对教皇利奥十三世关于劳工的通谕①深信不渝：工人有权利组织起来取得使他得以"维持他自身、他妻子和他儿女合理的安适生活"的报酬。于是，大主教管区拨给阿林斯基的"工业区基金会"大量资金。

凯尔曼留在了芝加哥。他在一个负责组织拉丁教堂的团体工作，直

---

① 译者注：《新事》通谕。

到他有了组织自己活动的想法。为什么不和卡拉麦特地区的教堂一起行动,为失业钢铁工人们找到新的工作呢?这场由于经济衰退引起的失业大潮创造了一个新词——"锈带"。于是,在一年前刚皈依天主教的凯尔曼开始着手访问南边区以及南部市郊的教区。尽管在八十年代中期,宗教与郊区的关系已经不太紧密,阿林斯基的模式仍能派上用场。

"我的董事会需要人,"他告诉当地的牧师,"就你,还有两位教民。"

多米尼克·卡蒙神父是福言派的牧师,接替斯坦利·法里尔神父担任OLG(花园圣母教堂)的主管牧师。卡蒙神父又任命了洛蕾塔·奥古斯丁和伊冯娜·劳埃德。这两位中年母亲平常组织戏剧演出和湖上筹款巡游,帮助教友会筹得微薄的预算金额。奥古斯丁领导文法学校的女童子军,参加教堂唱诗班,还在学校董事会担任董事。

卡蒙告诉这两位女士:"我认为,没有其他人比你们两位更适合了。"

凯尔曼的新组织叫做"卡拉麦特社区宗教联合会"。联合会获得了五十万美元的政府补助,用以在当地大学建立一所"职业库",一鸣惊人。奥古斯丁和劳埃德到一所地处市郊的教堂参加会议,但是她们总觉得自己在开会的时候格格不入。她们觉得,职业银行很不错,但是花园没在钢铁厂工作过的人,花园有的是一辈子就没有过一份正经工作的人。

"洛蕾塔和我去开会,我们就坐在那儿,我们知道我们需要的是什么,"多年后,劳埃德回忆道,"花园那时正衰落着,有很多问题。但是开会的人关心的是市郊人关心的问题,比如说,不修草坪的人要罚多少钱，垃圾箱要放在路边之类。我一点也不关心这些问题。我们那有很多小孩，他们可以把垃圾箱都弄到院子里去。"

卡蒙神父很关注垃圾填埋问题。居民们一直在抱怨，垃圾填埋场的气味弄得他们病恹恹的，神父的一位同僚还得了癌症。

凯尔曼承认，南边区和市郊教会的情况是不均衡的。他决定将市区教区独立出来，成为"社区发展计划"。凯尔曼意识到，这个独立的新计划组需要一个黑人来当领导。在寻找合适人选的过程中，他将这个计划组暂时托付给一位叫迈克·克鲁格利科的同僚。克鲁格利科是一位经验丰富的组织者，但是他也是犹太人，读过普林斯顿，说话像白人一样，元音清晰。尽管 DCP 的董事会成员知道克鲁格利科只是暂时管理组织，他们对他的领导依然表现出了愤怒不满。

"我知道你尽力了，"劳埃德对克鲁格利科说，"但是你现在是在南边区，这里大多数教会的教徒都是黑人。他们不会听你的，因为他们觉得你跟我们需要的东西一点都不搭调。"

1985 年年初，凯尔曼一直在拼命寻找一位常任的主任组织者，他在芝加哥的报纸、商业期刊，甚至《纽约时报》上面打广告。他给董事会带来了许多黑人，但是没有一个同时拥有合适的心智和思想。凯尔曼反思，原因就在于，聪明到能当好一个组织者的人，又总是太聪明以至没法屈才当一个组织者了。高明的人机会总是多些。凯尔曼灰心丧气，两位女士灰心丧气，牧师们也灰心丧气。

"我心里有些人选，"在一次董事会上他说道，"但是，到目前为止，我还没找到能当组织者的黑人。"

"你得回去找，"一位黑人牧师对他说，"因为那人就在那儿呢。"

第一章：奥盖德花园

纽约公共图书馆的一个阅览室里，23岁、没有工作的巴拉克·奥巴马拿起一本叫做《社区工作》的杂志。他觉得这是本"不切实际的社会改良家的出版物"。杂志里刊登了社区组织者职位的分类广告。奥巴马的上一份工作是在一家商业新闻社当编辑，那份工作让他觉得自己就像背叛自己良心说话的人，于是辞了职。这时奥巴马在哈林区的纽约公共事务研究团体兼职，希望能够进入组织行业。这个研究组织隶属于拉尔夫·纳德。

奥巴马之前也试过在芝加哥找工作。他给芝加哥新当选的黑人市长哈罗德·华盛顿写了信，但是一直没有收到回信。既然不能在市长跟前的市政厅工作，在南边区工作也不错。奥巴马找的是在非裔社区、在南边区的工作，那里住着将近一百万黑人，是美国最大的非裔社区。他给凯尔曼寄了自己的简历。

凯尔曼对他印象不错，于是约奥巴马在他下次到纽约的时候，见上一面。他们在莱辛顿大道的一家咖啡厅见了面。虽说名字很奇怪，但奥巴马毕竟是个非裔，看到这一点，凯尔曼倍感欣慰。他马上意识到，自己找到合适的候选人了，于是便开始和奥巴马大谈工作内容，告诉他卡拉麦特地区荒芜衰退的状况。凯尔曼告诉奥巴马，钢铁工厂里面又热又危险，还很脏，但是人们都迫不及待地要到那里工作，因为有工作才能生存。现在那些工厂都倒闭了，幻想破灭和苦难怨恨正在侵蚀着整个社区。凯尔曼猜，自己描述的情况越惨烈，奥巴马就越会觉得社区需要他。奥巴马迫切希望到黑人社区当组织者,凯尔曼让他去纽瓦克①工作他都愿意。他们当场达成协议:奥巴马每年拿一万美元,外加车补。一周之后,奥巴马开着一辆两千美元买的本田,直奔芝加哥。

市郊一所高中举办了一场集会,庆祝卡拉麦特社区宗教联合会获得了五十万美元工作补贴。洛蕾塔·奥古斯丁和伊冯娜·劳埃德在会上第一次见到了这位新的组织者。集会很盛大,体育馆里挤了八百人,来听芝加哥大主教约瑟夫·伯纳丁的演说。

凯尔曼向奥古斯丁介绍了这位身材瘦长的年轻人。奥古斯丁心想,天啊,他弄了这么一小孩。这小孩能行吗?他看起来那么年轻呢。

奥巴马很快赢得了她的认同。在短短一周的准备时间里,他对南边区做了些研究。当他开始描绘他给社区设计的远景的时候,奥古斯丁看了看劳埃德,两人点了点头。

"洛蕾塔,就他了。"劳埃德说。

"没错。"奥古斯丁答道。

奥巴马向两位女士承认,他对社区组织一无所知;她们觉得,那至少他承认这一点,他就值得尊敬。尽管有着一股显而易见的聪明劲儿和常春藤的文凭,奥巴马并没有给人一点居高临下的感觉。后来,劳埃德和奥古斯丁带他去看社区里用木板搭起来的房子。他和一位花园圣母教堂的修女坐在一块儿,还吃她做的馅饼。见到这一幕,她们就知道,奥巴马一定能融入花园社区——那位修女的厨艺出了名的差,就是教会的

---

① 译者注:美国特拉华州(Delaware)第三大城市,人口半数以上是黑人。

女教徒们也不愿意吃她做的馅饼的。

奥巴马的新办公室就是圣母玫瑰教堂住宅的两个房间，在第113街。圣母玫瑰教堂高耸入云，带有穹顶，有自己的女修道院和文法学校，在住着许多富有家庭的罗塞岛社区，一度成为基石。现在这所教堂竭力服务于一个多种族教区，其中包括非裔、拉丁裔和年长白人。七十年代，罗塞岛是芝加哥所有社区里面"由白转黑"最为迅速的。罗塞岛（Roseland）得名于玫瑰（rose）——最初殖民此地的荷兰人种了许多玫瑰。密歇根大街的商业街讲述了转变的故事："盖特利百货商店"的大招牌还高挂在砖砌的店面上，但是因为没法和购物中心抗衡，几年之前就已经停业了。接着倒闭的是鞋城，然后是五金商店，再然后是餐馆。取而代之的是韩国人开的假发店和帆布鞋时装店。他们每天早上从郊区开车过来，打开他们那贫民窟小商店的店门——他们就跟蝗虫一样每天来回飞，一些人愤恨地暗想。铁路西边的街区依然保留着中产阶级的派头，甚至有些堂皇庄重的模样，但是毒品交易已然成为密歇根大街的新行当了。

凯尔曼让奥巴马第一个月先做些一对一的访谈，见见那些可能有兴趣参加"社区发展计划"的社区居民和牧师。这样做的目的是要了解南边的情况，确定可以成为"单子"基础的问题——"单子"是组织者的行话，也就是指项目。奥巴马巡视了各个教堂，每天花十到十二个小时和牧师们聊天，打电话和别人约谈见面。奥巴马的外祖父在夏威夷的时候，向极不情愿的顾客们推销保险，不幸而无助，而这时的奥巴马就和他外祖父一样，感到垂头丧气。他对政治和黑人教堂都一无所知：教堂的牧师独立，富于创新精神，对他们掌控教区的权力非常珍惜。要在黑人社区中发展壮大，"社区发展计划"需要争取新教教堂——新教教堂因为他们这个组织的天主教根源而心存疑虑。年长的牧师对奥巴马不屑一顾：这个小子刚刚大学毕业，名字也稀奇古怪，而当被问起"你是属于那个教堂？"这个最重要的问题的时候，他连个答案都没有。

奥巴马在利利代尔第一浸信会遇到了第一位盟友。两年前，阿尔文·洛夫牧师28岁，来到这里开始布道。对于奥巴马和老牧师们打交道时遇到的问题，他是感同身受，因为那些"老蛮牛"当初也不欢迎他。利利代尔教区的教徒从一个市内社区迁徙而来，接管了一个荷兰人留下的路德教堂，所以这个教堂本身反映了罗塞岛的变化，也反映了它现有的问题：教堂的墙上常常画满涂鸦，音响系统和银器也被偷走了。

当奥巴马坐在洛夫书房的时候，洛夫只是把他当做一位普通的美国黑人青年。但是奥巴马自己觉得自己是个异类：他的名字是个穆斯林名字，他在芝加哥，或者说在黑人社区都缺乏根基。

"我知道你觉得我的口音很奇怪。"奥巴马说。但是洛夫没觉得他的口音有什么奇怪的。"我的父亲来自肯尼亚，我的母亲来自堪萨斯。有的人管我叫'哟妈妈'，有的人管我叫'阿拉巴马'。"

洛夫咯咯一笑，接着奥巴马问他："你觉得这个社区怎么样？你希望看见什么改变？"

"我们这儿有毒品问题。"洛夫说，"还有，这儿的人需要工作。"

两个人各自说了自己的成长历程——奥巴马在夏威夷和印度尼西亚长大；民权运动的时候，洛夫在密西西比州；马丁·路德·金被暗杀后暴动频发的时候，洛夫在芝加哥的西城。奥巴马当时正在读泰勒·布兰奇写的《分水而行——马丁·路德·金时代的美国》，被民权运动深深吸引了，那是一章他未曾涉足的黑人历史。洛夫心想，这兄弟想和我们社区扯上关系呢。他的大多数教徒都来自市里的其他地方，所以，加入这个组织，把利利代尔和罗塞岛联系在一起，也没什么大不了的。洛夫认为这对教会本身和社区都是件好事。在会谈中，牧师们讨论了教会帮助对付社区犯罪和毒品问题的方法。只有八个人与会，其中六位是天主教牧师，但是奥巴马的社区发展计划已有雏形了。

奥巴马还和下岗的钢铁工人打交道，正是他们的困境让凯尔曼有了设立社区组织的想法。奥巴马和洛蕾塔·奥古斯丁成了工会大厅的常客，在那里，他领会到，钢铁工人也能像内城的牧师们一样固执己见。

钢铁工业在密歇根湖南岸有着百年历史。1937年罢工期间，十个工人被警察射倒，钢铁工人工会付出了血的代价。工会工人的牺牲换来了优厚的工资，使得工会成员成了蓝领贵族。那些罢工者的儿女们住着砖砌的平房，开着大马力的快艇到威斯康辛住别墅，对于身为钢铁工业的一分子倍感自豪——钢铁工业自称是"美国的脊梁"，是建造摩天大楼的第一步。他们从父辈那里继承了炼钢，不愿相信他们没法将其传到自己孩子手中。

奥巴马与奥古斯丁跟带着钻石戒指和粗大金链的人们谈过。他们的计划就是：靠失业救济金和工会补贴度过失业。过去，他们总会举行罢工，然后回来工作，比之前拿更多的钱。但是在钢铁工厂门外，他们就无计可施了。他们以前做的就是，一个人操控一台钢材矫直机：一按按钮，一段钢筋就进去了，再一按按钮，一段钢筋就出来了。

奥巴马和工人们谈再培训课程，谈和职业顾问约谈的事情。许多钢铁工人最终成了电脑程序员。没那么幸运的人则在舍温·威廉斯涂料厂、杰伊薯片厂,或者布拉奇糖果厂工作,拿着比最低工资稍高的钱。然而,即便是最有雄心斗志的人,赚的钱都不如之前浇铸钢铁赚得多。

听了这些沮丧的工人们倾诉自己的遭遇后,奥巴马试着将这些汇成一个"问题"——一个可以给南边区带来工作、向当地牧师证明""社区发展计划""可以给社区带来财富的项目。奥古斯丁、劳埃德和另外一位"社区发展计划"的董事成员提出让玛格丽特·巴格比帮助奥巴马构思这个项目。

最早追随奥巴马的就是"社区发展计划"董事会的这三名中年妇女。她们的经历和奥巴马的经历大不相同,但对于大多数成长在二十世纪四五十年代种族隔离时期的美国黑人来说,她们的经历却是那么相像。奥古斯丁在芝加哥南边区土生土长;劳埃德是个南方人,来自纳什维尔;巴格比是位乡下姑娘,来自密歇根的一个小镇,小镇曾是"地下铁路"[①] 的一部分。三个女人都住在金门靠近奥盖德盖着铝皮的平房;她们都嫁给了蓝领工人。奥古斯丁的丈夫是个邮局职员,劳埃德的丈夫是个警察,巴格比的丈夫是联合包裹服务公司的司机。奥古斯丁是她们中年纪最小的,长着一张娃娃脸,结婚之后的最初几年住在奥盖德。奥巴马到"社区发展计划"当领导的时候,奥古斯丁已经离婚了,花在社区运动的时间越来越多。这也是她成为董事长的原因之一。劳埃德身材瘦削,总是面带嘲笑。她有十一个孩子,其中七个比奥巴马年纪还大。

---

① 译者注:十九世纪,美国黑奴在废奴主义者的帮助下,通过秘密道路和安全住所逃到废奴的州或者加拿大。这些非正式的秘密网络被称为"地下铁路"。

第一章：奥盖德花园

巴格比安安静静的，身材健硕。她是因为看到几个邻居丢掉了钢铁厂的工作，才加入了"社区发展计划"。她也有比奥巴马年长的儿子。

有一段时间，她们三个人都在问自己同样的问题：为什么我心甘情愿地跟着这个孩子做事情？在凯尔曼当组织者的时候，她们尽心尽责地服从他的吩咐，觉得这是为了社区好。但是奥巴马成了组织者，情况就不一样了。她们愿意按奥巴马说的去做，因为那是奥巴马让她们做的。"社区发展计划"需要自己筹集资金，争取教会捐款和其他拨款，也就是说，要去各种基金会的董事会那里去要钱。

"我们得有资金。"在玫瑰教堂开会的时候，奥巴马对计划组说道。然后奥巴马把可能会给他们钱的组织都标了出来——伍兹慈善信托基金，乔伊斯基金会，维博尔特基金会——他对官方机构的了解和他做的研究调查令人惊奇。他总是在会议、面谈和礼拜之间奔命，剩下那少有的几个小时空闲时间，就都用来做研究调查了。劳埃德不禁好奇，他到底睡不睡觉。

"巴拉克，为什么你不做个演说呢？"劳埃德没精打采地问奥巴马，他们又要出发去争取资金了。

"噢，我不演讲。"奥巴马说，"这是你的社区，你知道社区的情况。所以你要到社区里去，给他们做演说。"

奥巴马从凯尔曼那儿学到了社区组织的一条金规玉律：你可以领导人们，但是你不能代替他们，做所有的事情。奥巴马打电话到市里，安排好见面，然后在圣玫瑰教堂训练她们，告诉她们，对着那些手里握着好几百万美元的白人董事都应该说些什么。他最喜欢的建议就是：保持专注。如果你周围所有其他人都像傻子一样大喊大叫，你得保持专注。

在有重大演讲的时候，奥巴马就开车带她们到开会的地方。所有人都挤在他那辆锈迹斑斑的蓝色本田里，他们都觉得这车是他们见过的最破却又最招人喜欢的车了。

要是他们不能每次都拿到钱，那才见鬼了。

这就是奥巴马在工作上的两重性。他足够黑，能够融入南边区，但他也足够白，他相信能够走到屋子里，向人们要钱，而他们就会给他钱。对于这几位一直觉得自己的种族是个制约条件的妇女来说，奥巴马的态度是一种看待生活的全新方式。

奥古斯丁变得和奥巴马十分亲近，在奥巴马因为"社区发展计划"去她家找她的时候，她甚至会和奥巴马说些自己的个人问题。她觉得奥巴马是她遇到的年轻人里面，最稳重、最勤奋的。一万美元一年的薪水对他而言简直就是血汗钱，因为他每星期都工作八十小时。你从来见不到他穿牛仔裤，他穿的是大学生穿的那种丝光棉布做的裤子和带拉链的靴子。而且他从来都是那么专注，根本见不到他吃东西。开车去开会的路上，奥巴马在餐馆停下，同车的女士们都在盘子里堆满了鸡肉和土豆泥，他却只点了一份菠菜沙拉。

"食物会成为我的负担。"奥巴马解释说，"吃东西的时候我没法想事，还会变傻。"

当他要筹备会议的时候，他就在赛百味买三明治和薯条带上。劳埃德心想，他不仅仅是对美食没有兴趣，他对食物还没有品味。

第一章：奥盖德花园

奥古斯丁觉得奥巴马虽有六呎一①的身高，也就140磅②重，她很担心他吃得不好，于是感恩节把他请到了自己家里。

"我没事的。"奥巴马向她保证。

她们对奥巴马的个人生活一无所知，因为他从来不邀请她们到他住的地方去。奥巴马没有住在偏远的南边区。他住在海德公园，离芝加哥大学只有几个街区。大楼带有院子，因为年代久远已经有些破旧了，窗户显得很不搭调，油漆已然斑驳，百叶帘也歪歪扭扭。海德公园房租不贵，聚集了许多上过大学的人，和奥巴马之前在纽约住的地方很相像。

奥巴马很快就发现了一家叫神学院合作社的书店。书店在地下，就像一座迷宫，里面的书涵盖了一些神秘奇怪的话题，比如说"批判理论与马克思主义"和"基督教神学"。只要花上十美元，就能成为股东，也就是会员。奥巴马过得像在读哲学博士一样清心寡欲，把本来就少得可怜的空闲时间全用来读关于历史和政治的严肃书籍。凯尔曼给了奥巴马一本《权力经纪人》，书有上千页厚，是一位叫罗伯特·摩斯的城市规划师的传记。凯尔曼认为这本书极好地描述了权力欲强的政客和贪婪的开发商是怎么破坏城市社区的。读完了《分水而行》之后，奥巴马对凯尔曼说："这就是我的故事。"然而，即便是凯尔曼也开始担心奥巴马书生气太重，工作时间太长，让奥巴马要有些社会交往活动。凯尔曼不希望这个年轻人垮掉。

奥巴马和凯尔曼一般都约在第115街的麦当劳见面，在舍温·威廉

---

① 译者注：约1.86米。
② 译者注：约63.5公斤。

斯涂料厂对面。凯尔曼越了解他的这位新雇员,就越明白为什么奥巴马会如此同情这些背景和他自己大不相同的人。和奥盖德花园和罗塞岛的居民们一样,奥巴马也是个局外人。小的时候,他是一个待在印度尼西亚的美国人,后来,他又是个住在夏威夷的黑人小孩,父母都不在身边。奥巴马知道,和周围的环境格格不入是什么滋味。要消除自己的错位感,局外人通常有两条路可以走:屈从,或者反抗。奥巴马辞掉了西装革履的工作,去当一个组织者,他选择的是反抗。他已经把自己的命运和局外人紧紧相连。这也就是为什么奥巴马能同面对贫困和歧视的人合作良好。奥巴马和奥盖德的这些人的唯一区别就是,奥巴马可以随时回到主流里面,他受过常春藤的教育,他有的是机会。凯尔曼一直都觉得奥巴马会放弃社区组织,去做薪水更高的工作。

就业与培训市长办公室,也被称作 MET,在全市范围内有许多培训点,张贴招聘信息,向无业人员提供简历写作辅导、面试技巧辅导以及其他培训项目。像其他的市政服务一样(除了警局),MET 在奥盖德公园没有设立服务点。离奥盖德最近的服务点在芝加哥第 95 街,要转一次车,坐一个小时才能到,而且位于许多黑人都觉得充满敌意的社区——第十区。

第十区支持市议员爱德华·弗尔多利亚克,这位市议员领导的白人团体一直在市议会阻挠黑人市长哈罗德·华盛顿。通过对钢铁工人的访谈,奥巴马认识到,卡拉麦特地区最需要的,是工作。然而拥有 50 万美元的职业培训项目——地区职业网络——没解决半点奥盖德的问题。首先,培训项目在市郊;其次,奥盖德的居民没受教育,没有市场需要的技能,有些人甚至不识字。劳埃德做人口普查员的时候,曾经遇到过一家人，他们四代人挤在一个公寓里，没一个识字，他们需要的是初级水平的工作。所以，为什么不在奥盖德设立一个 MET 培训点呢？

这是"社区发展计划"的第一个奇思妙想。奥巴马给 MET 负责人玛丽亚·塞尔达写了封信，争取到了去市政府办公室与她面谈的机会。塞尔达答应访问奥盖德。项目组为塞尔达的到访做了大量准备，积极程度不亚于为了新剧上演而排练的剧团。作为董事长，奥古斯丁要负责组织集会。奥巴马教她，要让塞尔达感到如芒在背，要得到承诺，在奥盖德设立培训点。他们训练了一个"楼层小组"，让观众们保持对主题的关注。奥巴马充当剧务，拿着列着集会流程表的文件夹四处奔波。终于，到了集会的晚上。他们拉起了推拉门，把花园圣母教堂礼拜堂改成了会议室。室内满满当当的。圣母教堂是奥盖德社区生活的中心，同时，市府官员的出席也是一件大事。

塞尔达带着两个保镖来的，这让劳埃德暗地里窃笑。她心想，她是怕我们把她吃了吧。塞尔达发言的时候，讲了她在市政厅的经历和工作。

"那很不错，"奥古斯丁说，"可是我们今天聚在这儿的原因是——"

"你们连我做什么的都不知道。"塞尔达反驳道。

房间后排响起了一把男中音，打破了僵局。

"让洛蕾塔说完！"

那是奥巴马，手在嘴边围成了喇叭状。

"我们想听洛蕾塔要说的话！"

整个人群都喊了起来。

"让洛蕾塔说完!"他们大喊。

洛蕾塔把要说的都说了,塞尔达也答应了召开一系列的会议,商讨在偏远的南边区开设培训点。经过六个月的讨价还价,MET决定将培训点开在相对不那么偏远的罗塞岛,但这也是个胜利,因为从奥盖德坐十五分钟的公共汽车就能到罗塞岛了。比起芝加哥南部,罗赛岛要近得多,对黑人也友好得多。

更振奋人心的消息是,华盛顿市长会亲自参加剪彩。市长的到访是一项盛事,足以让南密歇根大街水泄不通。奥巴马的电话都被打爆了,社区政客和牧师都给他打电话,希望他能把介绍市长哈罗德·华盛顿的机会给他们。

那十五分钟,奥巴马初尝权力的味道:他掌控着芝加哥政治最重要的决定权,决定谁能有机会接近市长。如果奥巴马那时对政治机器有更多了解,或许他就会安排市议员或者州议员在华盛顿前面讲话介绍市长,那样他在市里或者州里游说争取资金的时候,就能拿到批条。他选择了让洛蕾塔·奥古斯丁介绍市长,这会提升"社区发展计划"的知名度,毕竟在罗塞岛设立的受理中心也是"社区发展计划"争取到的。奥巴马提醒奥古斯丁,当市长注意到她的时候,她就该邀请市长参加"社区发展计划"的秋季集会。

那是一个阴冷的春日,天上的云像石头一样灰暗。奥古斯丁穿着一件皱衬衣,风衣外束着皮带。她是大主教管区的教师,薪水能买得起的最好的衣服,也就这样了。为了迎接市长的到来,大街都被木凳堵上了。奥古斯丁就在刮着风的街上,紧张地等着市长。豪华轿车停了下来,市长跳下车,朝人群挥手。市长长得粗壮,但是很灵活。他朝奥古

第一章：奥盖德花园

斯丁走去，拥抱了她。

"奥古斯丁女士，很高兴见到你。"这位单身的市长说道，显然很清楚应该怎么和女士打交道。

"您介意我挽着您吗？"奥古斯丁问。紧挨市长就是她的任务。另外，如果她让市长先走，她就会被追在市长身后的人群淹没。每个人都想和哈罗德市长握手。

两个人慢步走过赫尔曼军械店，古式多纳圈，还有"田园"，一家西部主题的牛排馆，包间里面挂着罗伊·罗杰斯和汤姆·米克斯的照片，这些店铺让人想起罗塞岛商业繁荣的时代。奥古斯丁向市长介绍了"兴旺的二十年代"铺面的新外观。

当他们来到新成立的受理中心，奥古斯丁发表了简短的讲话。

"这就是我们团结起来能够取得的成功。"她说道。

阿尔文·洛夫牧师从他的教堂走了四个街区，来看剪彩。他觉得，这是罗赛岛历史上的一件大事。之前，如果想从市里要些什么，就得跟市议员或者市政府的官僚软磨硬泡——而他们对社区的事情一点都不了解。在跟奥巴马见面之前，洛夫从来没听说过社区组织或者是索尔·阿林斯基。而现在，他加入的这个由牧师、传道士和家庭妇女组成的小组，成了芝加哥的第二大党派，让普通人不用乞求政治机器，就能把自己的社区变得更好。这座城市的市长本人也正是借助这种以教会为基础的团体帮助，和政治机器斗争过，这也是有利条件。华盛顿市长的办公室在五楼，大门随时向社区团体敞开。在戴利当市长的时候，情况就大不相同。八十年代在芝加哥的社区组织者回想起来，都觉得华盛顿时期是黄金时代，是"组织社区活动的最佳时期"。

华盛顿剪彩之后，奥古斯丁舒了一口气，朝酒杯走去。奥巴马看见她一个人，急忙跑了过去。

"市长呢？"奥巴马问，"在他上车回去之前，你应该一直陪着他的。你应该跟他提大集会的事情。"

奥古斯丁一口气喝完了杯里的潘趣酒，找到市长，刚好来得及邀请他参加"社区发展计划"的秋季集会。市长助手匆忙把这记了下来。奥古斯丁按照奥巴马交代的，一直陪着市长，直到他那辆黑色轿车在中心门口停了下来。MET的确给奥盖德带来了工作。当年夏天，MET雇了些青少年在花园圣母健身房的儿童项目工作。这也让那些抱着怀疑态度的黑人牧师看到，奥巴马的"社区发展计划"能够得到政府的关注。

卡蒙神父后来回忆说："我觉得，他确实帮助我们有效地组织起来了。我们以前也试过要引起市里的关注。但是是在他来了之后，事情才真正有了进展。"

虽然中心只开了几年，但那天的密歇根大街依然是具有历史意义的。那是巴拉克·奥巴马和哈罗德·华盛顿唯一一次见面。如果哈罗德·华盛顿不曾成为芝加哥的市长，巴拉克·奥巴马也不会成为美国的总统。

第二章
哈罗德

上一次市长选举,哈罗德·华盛顿在南边选区取得了接近全票的成绩。在南边区,他只是"哈罗德",一个深得人心的角色。他的肖像在美容院和夜店酒吧的墙上咧着嘴笑,意大利天主教徒在家里把他和帕多瓦的安东尼①摆在同样重要的位置。黑人社区就是哈罗德的家,因为他没有自己的家。他早已离婚,没有孩子,自己一个人住在海德公园的高层住宅。他的一居室除了一堆堆的书本报纸,别无所有。对于政治之外的所有东西,他都不需要抑制自己的欲望,因为他对那些都漠不关心。他的领带脏兮兮的。在家吃的是坎贝尔罐头汤,可以就着罐头加热,这样就不用刷锅了。他年轻的时候,在杜萨布尔高中是田径场上的明星,但是当了市长之后,他总吃厚皮比萨还有温迪芝士堡,还自嘲说:"现在就是让我绕着一角硬币跑一圈我都跑不动了。"他的一个朋友给他买了一辆健身自行车,就立在客厅里,一下也没踩过。这位市长眼中的娱乐就是周四能早点从市政厅出来,那样下午就可以把时间都花在政治工作上了。

---

① 译者注:天主教中穷人的主保圣人。

华盛顿的政治生涯始于理查德 J. 戴利的统治时期。那时候，大多数芝加哥人都觉得，选一个黑人当市长就跟隔壁住了个黑人或者发现女婿是黑人一样恐怖。（在华盛顿当选之后，他们中的很多人也还是那样想的。华盛顿取得民主党内初选胜利的第二天一早，《芝加哥太阳时报》自以为高明的迈克·罗伊科在专栏里写道："我是这么跟切斯特叔叔说的：'放心，哈罗德·华盛顿不想娶你的姐妹。'"）

要不是华盛顿，奥巴马可能永远也不会离开纽约。奥巴马理想中的居住城市要有力量强大的黑人社区，可以掌握自己命运的社区。八十年代中期的芝加哥就是这样的一个城市。

"我搬到芝加哥的一部分原因是受到华盛顿市长竞选的鼓舞。" 2008年，奥巴马接受国会黑人国会议员小组基金会哈罗德·华盛顿奖章时如是说。"对于那些能记起那个年代以及那个年代芝加哥的人来说，他在人们心中激起的无限可能是难以忘怀的。我永远不会忘记，他是怎么团结所有人的——黑人、棕人、白人——然后建起了致力于改变的联盟。"

华盛顿在芝加哥执政四年半，没有引起白人恐慌而向市郊逃离。要不是华盛顿，黑人政治家就不会有信心竞选美国国会，白人也不会有信心给这些黑人投票。在芝加哥，黑人掌握政治权力的历史不短，但是华盛顿是最关键的人物，鼓励黑人们将自己的影响扩大到整个伊利诺伊州，最后影响整个美国。

"每个人都应该感谢哈罗德·华盛顿，因为他的当选是他们所有人都始料不及的。"《芝加哥卫报》的主编卢·兰塞姆说道。《芝加哥卫报》是芝加哥的黑人报纸。"如果哈罗德都能当市长，我们还有什么做不了的？奥巴马谈到过'无畏的希望'。这种无畏最后发展成这样的一

第二章：哈罗德

个概念：黑人也可以当美国总统。"

将华盛顿推向市政厅、将奥巴马推向白宫的黑人政治文化早在1922年就开始发展了，那时候哈罗德·华盛顿还没出生。这股政治文化根源于第一次世界大战期间的第一次大移民。那时候，军工厂里的许多白人被征召入伍或者回到欧洲为自己本国打仗，于是从南方移民了许多黑人代替。1916～1920年间，五万黑人坐着伊利诺伊中央铁路的"烤鸡专列"一路往北，来到芝加哥。火车从密西西比三角洲开到十二街和密歇根站只需要十五个小时，在车上吃一顿盒饭就到了。南方火车站遍地是卧铺列车乘务员留下的《保卫者》，这五万黑人中的许多人就是被上面承诺的工作和自由吸引到北方的。

"他们的黑人专用车停开了吗？你想买卧铺票的时候就能买到吗？他们在法庭上会给你公正的裁决吗？"《保卫者》对南方读者提了一连串问题。"我们很希望报效这些无私的灵魂，在南方继续做奴隶，但是对他们的那部分国土，像歌里唱的一样，我们说的是：'听见你的呼唤，我已坐上火车，唱着"再见，迪克西①！"'"

密西西比的蓝调歌手斯基普·詹姆斯在他的《伊利诺亚蓝调》里歌唱过这片应许之地，让他的黑人同胞知道，芝加哥的生活比在三角洲的木材厂里砍木头要好得多。

你知道，我去过德克萨斯，我也去过阿肯色

---

① 译者注：指美国南方。

> 我去过德克萨斯，我也去过阿肯色
> 但是直到来到伊利诺伊，我才过上好生活

1919年蒂穆·布莱克的父母随着移民大潮来到芝加哥。布莱克的父亲受过教育，懂得读写计算，有足够的自信在选举日的时候去投票，兜里总是揣着手枪，以防万一。这些特质让他成了阿拉巴马州伯明翰市的闹事分子，一个"坏蛋黑鬼"——他儿子就是这么说的。蒂穆·布莱克后来成为了芝加哥黑人里最杰出的历史学家。这个黑人家庭在伊利诺伊中央火车站见到了接站的亲戚。亲戚们告诉他们在芝加哥应该有怎样的举止：不要随地吐痰；穿西装，别穿连身工装裤。如果要看《保卫者》，把它放在《芝加哥每日论坛报》后面，那样白人就不知道你在干什么了。

伊利诺伊州是林肯的家乡，奴隶就是林肯解放的，所以伊利诺伊州的种族法律在那个时代十分开放自由。1870年，黑人就被赋予了投票的权利。正当后重建时代的政客们剥夺了南方黑人短暂的公民政治权的时候，1876年，第一位黑人议员通过选举进入伊利诺伊州州议会。学校种族隔离是非法的，还有公民权利法案保证政治平等。

然而，这样的自由，是有代价的。一句俗语道尽了代价："在南方，白人不在意你走得多近，你的地位不高就行。在北方，白人不介意你的地位多高，只要你靠得不近就行。"芝加哥的黑人居住地局限于一条窄长的居民区，被称为"黑带"，北靠第二十四街，南靠第三十九街，东面是罗克艾兰铁路公司的轨道，西面是平房格罗夫大街。一战期间及其后，黑人人口有所增长，但是"黑带"范围依然不变。白人以各种手段

限制黑人社区的扩大,既包括和房地产中介签署了文雅的限制性契约,也使用了爱尔兰裔"竞技俱乐部"粗暴的武力,成员还包括汉堡人,其中就有少年迪克·戴利。

1917~1921年之间,仇恨新移民的白人炸毁了58座房子。1919年夏天,一名黑人青年游泳的时候漂到了离白人海滩很近的地方,之后被白人扔石头砸死,随之引发种族暴动,死伤众多。爱尔兰裔的年轻恶棍将黑人从电车上拽下来,持枪黑人朝着毫无反击能力的白人邮差胡乱开枪。15名白人和23名黑人丧生,超过一千座房屋被烧毁。

这场暴动教会了黑人永远待在种族分界线自己那一侧。二十年代末,黑人聚居地上住了三十多万人,人满为患,物价过高,老鼠横行。理查德·赖特的《土生子》和格温德林·布鲁克斯的《布龙斯维尔的一条街》中描述了当时的景象。"黑带"的人口密度和发病率是附近白人社区的四倍。

然而,也正是这种隔离,使得芝加哥的黑人得以比美国其他社区的黑人更迅速地获得政治权力。在这片土地上,黑人们追随的仍然是林肯的党派。黑人选票受到共和党市长威廉·黑尔·汤普森的欢迎。汤普森认为黑人是一个集团,可以对抗与民主党结盟的爱尔兰、意大利和犹太移民。1910年代末期,芝加哥的五十个选区里面,有两个选区已经是以黑人为主的了。他们对汤普森极度忠诚,是汤普森带领芝加哥走过了"兴旺的二十年代"的大部分时间。1919年市长选举时,"黑带"百分之八十的票投给了汤普森,同时也给了他一个满怀钦佩的外号:"小林肯"。按照芝加哥施惠的深厚传统,汤普森以大量的工作机会回报了黑人的忠诚。民主党人因此将市政厅嘲讽为"汤姆叔叔的小屋"。全黑人第一选区的领头,爱德华·赫伯特·赖特,成为了汤普森的助理法律顾问。

选举加剧了因种族暴动而起的关系紧张。根据迈克·罗伊科给理查德·戴利写的传记——《老板》,"黑人除了在住房和工作问题上带来威胁,还给共和党投票,这极大地激怒了亲民主党的白人社区。共和党市长威廉·汤普森那年春天的险胜就归功于这些黑人。"竞选期间,民主党人弹着汽笛风琴,播着《拜拜,黑鸟》,穿过白人社区,发放传单,上面把汤普森画成一个火车司机,拉着一火车的黑人,旁边写着:"如果4月6日汤普森当选,这火车就要开到芝加哥来了。"

更重要的是,黑人们在市议会有自己的议员。奥斯卡·德普里斯特1915年首度当选市议会议员,后来成为了战后重建时期和第二次世界大战之间最重要的黑人政治家。像那个时代的许多杰出黑人一样,德普里斯特也是混血儿,有四分之一黑人血统,四分之三白人血统。他的父母在阿拉巴马州的重建期政治中十分活跃,吉姆·克劳法通过之后,由于担心生命安全,他们被迫逃往堪萨斯州。德普里斯特1889年来到芝加哥,做房屋粉刷工,有时候为了拿到工作要伪装成白人。德普里斯特马上就显露出了政治天分。朋友邀请他参加一个会议,两位候选人竞选一个区长的职位,德普里斯特利用两人僵持的局面,得到了他第一个政治职位。

德普里斯特回忆说:"两个候选人的得票是20比20。我马上就意识到,可以达成协议。我对其中一个候选人说,'成为区长的应该是你——如果你让我当秘书,我就再给你两票'。那人拒绝了。于是我就找了他的对手,给了同样的提议。他同意了,我成了秘书。我一直都这样做，因为这对我来说是娱乐。我喜欢打硬仗；机会和悬念让我很感兴趣。我从来不赌博也不玩扑克，所以这就是我的乐趣了。"

德普里斯特是芝加哥的政治流氓之一。芝加哥的红灯区在他掌握的选区里，是1871年大火之后从北部迁过来的。在市议会任职仅两年后，德普里斯特就被人告发，说他从妓院和赌场收取钱财，然后交给警察，当是保护费。克拉伦斯·达罗为他辩护，德普里斯特被宣判无罪，但是共和党政治机器要求他就此退出竞选。

德普里斯特组建了自己的政治机器——有着六千名成员的"人民运动"，继续操练政治。机会再次来临的时候，他的政治机器支持了他。1927年，他就重返市议会。同年，汤普森在阿尔·卡彭的支持下也回到了市政府。汤普森任命德普里斯特为第三选区的委员——书记。第二年，德普里斯特尽职尽责地支持在任的白人议员马丁·P.马登，在初选中击败了一位崭露头角的名叫威廉·道森的黑人共和党员。马登赢了这一场，但是在11月的选举之前就败下阵来。德普里斯特听到这个消息的时候，正在印第安纳和一群黑人政客泡温泉。第二天一早，他到了汤普森办公室，要求得到提名。

"你知道的，奥斯卡，我站在你这边。"市长说。

德普里斯特的一位竞争对手，威廉·亨利·哈里森，是伊利诺伊州司法部长助理。7月，德普里斯特再次被起诉，这次是因为允许黑人诈骗分子经营赌场。哈里森作为独立候选人，把德普里斯特挤下候选人名单，就能轻松获胜。他提出，只要德普里斯特放弃候选资格，就能撤诉。德普里斯特对他说"去死吧"，最终以四千票的优势击败了这位民主党白人。伊利诺伊州第一国会选区从此有了一个黑人代表，任期在美国历史上历时最长。选举法案的历史已经有几十年，但是在芝加哥，黑人都集中在南边区，白人们无论怎么划分选区，都没办法减少一个黑人席位。

华盛顿特区自从1901年之后就没出现过黑人国会议员。那一年，来自北卡罗来纳州的乔治·怀特在告别辞中将自己的失败称为"黑人对美国国会的暂别"。德普里斯特不仅仅是南边区的代表，他代表了整个黑人种族。他在国会的首次演说支持调查海地美国帝国主义的议案，他批评民主党对西印度群岛的关注程度比佃农更甚。

"我很高兴看到在众议院占少数席位的先生们如此热切地关注海地黑人的状况，"德普里斯特说，"我向上帝祈祷，希望他们也能同样关注美国黑人。"

德普里斯特将黑人指派到安纳波利斯和西点。他致力于在华盛顿特区建立全黑人的霍华德大学。一位阿拉巴马参议员试图阻止德普里斯特使用国会大厦的参议院餐厅。"要阻止黑人国会议员坐在他想坐的地方，你还不够格。"这便是德普里斯特对那位参议员的反击。

在芝加哥，人们对这位唯一的国会议员深感骄傲。德普里斯特沿着"黑带"（第一次世界大战之后开始扩大）中心的四十三街走过的时候，就是个英雄。他带着他的儿子小奥斯卡去地下酒吧。芝加哥白人对纽约总有种第二城情结，但是芝加哥黑人没有。直到1944年，小亚当·克莱顿·鲍威尔在哈林区当选，纽约才有黑人代表。哈林有来自南大西洋地区、西印度群岛和非洲的黑人，人口更多，相比芝加哥，它缺乏政治团结。芝加哥全部家庭社区都从阿拉巴马州、阿肯色州和密西西比州移民而来。纽约还缺少工厂以及工厂提供的优厚收入。南边区的人开车到纽约看乔·路易斯拳击比赛，坐着轿车炫耀地开过哈林区，招来嫉妒的口哨声。

"来自南方的黑人移民团结力量、实现乔治·怀特预言的故事，就是关于机器政治的故事——而且还是芝加哥式的。"圣·克莱尔·德雷克和霍勒斯·R. 凯顿在他们"黑带"研究成果——《黑人大都市》一书中写道。

所以即使风城芝加哥手段阴暗的政客也必须履行《独立宣言》和第十四宪法修正案中给出的承诺了。政治机器的美好之处是它给每个人都提供那么一点好处，即便仅仅是在选举日给投票的人发一只火鸡之类。

德普里斯特爱说："我首先是一个黑鬼，其次才是一个共和党人。"但在新政使得许多黑人转而相信民主党的时候，这不足以拯救他的政治生涯。德普里斯特在国会里是支持赫伯特·胡佛的。1934年，一位黑人委员向选民宣扬"林肯已死"，于是德普里斯特败在了民主党候选人手下。

威廉·道森接替德普里斯特成为了芝加哥黑人的领军。道森就是个"贫民窟贵族"，拄着一只木腿，在布龙斯维尔趾高气扬地四处晃悠，想要威慑旁人的时候，还会把木腿重重地往地上敲。道森与他之前的黑人领军大不一样，并不喜欢以自己的种族为荣。如果说德普里斯特首先是黑人，其次是共和党人，那么道森首先是政治机器的二流政客，其次才是黑人。

道森像新政时期之前的大多数黑人一样，一开始是个共和党人。看到投票箱另一侧的机会更多，他才转投民主党。他在第二区当了六年议员,连任失败之后,接受爱德华·凯利市长的邀请,成了民主党委员。很快,他坐上了德普里斯特之前坐过的位置,成了国会议员。

对道森支持最为慷慨的是南边区的彩票庄家。贫穷的黑人从他们那儿买彩票,一角钱就能玩一把,如果赢了,得的钱足够交房租。这些彩票庄家是"黑带"经济的一支主要力量,最有钱的那些在巴黎和墨西哥都有度假别墅。

"现在,如果我要竞选政治职位,我就得筹集竞选经费,"道森解释说,"如果我逐家拜访职业人士,我可能都筹不到两百美元。但是如果我去找地头蛇或者彩票庄家,几个人就能给我两三千美金。"

在道森一再要求之下,凯利市长给彩票庄家提供了庇护。像道森说的一样,"如果有人要利用我的人的弱点来赚钱,那他也必须成为我的人"。

但是凯利离任之后,庇护也就没有了。凯利一下台,芝加哥组织犯罪团伙"团组",就开始在一次恶意接管中打砸摇奖机。道森向凯利的继任者马丁·肯内利求助,希望他能帮自己维护竞选资金头等来源。但是肯内利这位战后市长认为自己是个改革家(这也使得他在市政府显得格格不入),而改革家是不会袒护赌徒的。道森对这番呵斥耿耿于怀。1955年,肯内利争取再次连任的时候,道森全力支持理查德·J. 戴利,把肯内利推下了台。那次选举中,道森控制的黑人区将百分之七十以上的票投给了戴利。

道森比德普里斯特更能集聚力量的原因是,从德普里斯特时期之后,"黑带"就开始有所改变了。1948年,最高法院裁定住房限制性契约非法,于是,曾经给"黑带"提供了智力和政治领导的富裕职业人士马上离开了"黑带",搬到更繁荣的社区。代替他们的是第二次大移民带来的黑人。这些黑人大多数都是因为密西西比三角洲有了摘棉花机,失去了佃农的身份。

这些初来乍到的人们没有钱,没有什么文化,土里土气的,迫切需要工作和福利,而能给他们这些的,只有政治机器。道森可以给你在崭新的高层安居工程弄一套漂亮的公寓,也可以给你在邮局找份工作,从晚上十二点工作到早上八点分拣邮件。

戴利市长在芝加哥独断专行,容不得道森决定谁是人民的议员。于是他在市议会塞了一堆温顺平庸的南边区和西边区的人,也就是所谓的"无声六人"。政治机器需要支持的时候,可以依靠他们投票。自由混住法案能让贫穷的黑人有机会离开贫民区,但是就算政治机器阻挠自由混住法案,也能得到"无声六人"的支持票。道森抵制戴利的权力游戏,但是结果证明,"无声六人"解决了戴利的政治机器和道森的"次政治机器"的一个棘手问题。

比尔和洛里·格兰杰在《上议院最后的政治机器:芝加哥的政治故事》一书中写道:"黑人想离开贫民区,但是这些老种族社区是支持政治机器的中坚力量,黑人们一走,这股力量就不可避免要遭到破坏,所以政治机器又怎么会鼓励黑人离开呢?另外,削弱黑人贫民区的力量,黑人政治机器的领军也得不到半点好处。在道森的领导下,黑人社区是一股强大的力量,经济上也依赖于道森政治机器。为什么要让煮熟的鸭子飞了呢?"

德普里斯特、道森和鲍威尔这些黑人政治家先驱都有一个共同特点:肤色较浅。直至奥巴马,混血政治家得到的进步之后在整个黑人社群都得以分享。弗吉尼亚州的道格拉斯·怀尔德是重建时期之后的第一位黑人州长，他的皮肤也是浅色的。仿佛肤色障碍只能由那些祖先早在障碍另一侧的人来打破。

"人们都认为他们实际上是白人，"蒂穆·布莱克如此评价芝加哥的首批黑人国会议员，"因为他们有白人祖先，所以他们就更聪明。这就是美国文化的一部分。直到今天也还是这样的。没有人这么说，但是大家心里都明白。"

芝加哥黑人对政治机器的忠诚在六十年代民权运动期间开始瓦解。在道森的控制下，贫穷黑人选区的支持将戴利推上了市长的高位，并且使他能够连任。在西边区一个由白人选区区长和白人党徒控制的区，戴利得票是20300比800。然而市政府回报忠实支持者的却是怠慢。

黑人学校人满为患，只能在拖车里上课，而分界线另外一边的白人学校，教室却只坐了一半的人。罗伯特·泰勒住宅区是芝加哥最大的安居工程，旁边就是一条公路，通往全白人的布里奇波特，目的就是要保持种族分界线。当黑人学生走上街头，白人游行示威要把他们赶出去的时候，戴利什么都没做。

这种侮辱可以承受——在南方，情况仍然更差——但是当戴利手下的警察开始杀戮黑人时，社区就奋起反抗了。之前，在六十年代中期，戴利被视为反战自由人士。这时，为了响应国家"法律与秩序"的号召，戴利改变了自己的政治形象。马丁·路德·金遭暗杀后，西边区发生暴动，戴利公开命令警察"射杀"纵火者。第二年，当地黑豹党的领军人物马克·克拉克和弗雷德·汉普顿被警察开枪击倒。这两人是在清晨的突然搜查中在床上被乱枪打死的。警局和报纸将这次搜查描述为

第二章：哈罗德

"狂野枪战"。这些杀戮刺激了芝加哥黑人政治力量的建立。拉尔夫·梅特卡夫是奥运田径场上的明星，曾经是"无声六人"中的一员，之后接替道森进了国会。这时，他变成了市长的尖锐批评者。黑人们没法扳倒戴利，但是他们成功追究了戴利一手提拔的库克县检察官爱德华·汉拉恩。正是汉拉恩一手筹划了对黑豹党的袭击。1972年，内城的黑人和市郊的共和党人联手罢免了汉拉恩。这是政治机器的第一次大败，然而等着政治机器的，还有更严重的失败。1979年冬，为了解决暴风雪引起的城市交通拥堵，戴利的继任者迈克尔·比兰迪克要求城市捷运系统在内城社区减少停站时间。然而在下雪的时候做这样的决定，比兰迪克选错了时间。民主党内市长初选就在几周之后，黑人社区还没忘记比兰迪克对他们的怠慢，于是全把票投给了比兰迪克的对手，简·伯恩。

"伯恩始料未及的表现恰到时机地给黑人选民带来了对自身的全新认识，政治机器也失去了它不可战胜的光芒。"威廉·J. 格里姆肖在他的《苦果：1931至1991年间的黑人政治和芝加哥政治机器》一书中写道。"如果黑人选民可以选女性当市长，那为什么不选一位黑人当市长呢？"

为什么不呢？当这位女性市长不比政治机器决定的市长好的时候，就更是如此了。伯恩把黑人挤出校董会，用白人代替他们。黑人的权利迫切需要得到保护，于是黑人领袖请求哈罗德·华盛顿竞选市长。

华盛顿的政治生涯始于威廉·道森南边区政治机器，最初只是一名低层职员。在芝加哥，每个雄心勃勃的年轻政客都需要一个"中国佬"，也就是一个有实力的靠山，能够保证他在政府谋职，有职位空缺的时候，能给他拉票，提拔他。华盛顿的靠山是拉尔夫·梅特卡夫。华盛顿从他父亲那里继承了领导选区选民的才干，梅特卡夫很快就把华盛顿安排到市政厅工作，在法律顾问办公室当律师。华盛顿有一次和一个白人同事吵架，威胁要把对方从窗口扔出去，之后就不去工作了，只在发薪的时候才露面。这也没什么，因为他仍然在做他最重要的工作：为他的靠山获取选票。1964年，梅特卡夫把华盛顿送到斯普林菲尔德①当州议会议员。华盛顿支持了一项反对警察残暴行为的法案，让政治机器大为尴尬。结果是，华盛顿是自由派的，符合六七十年代运动潮流，支持经济适用住房、消费者权益保护、妇女解放以及解救受虐儿童。梅特卡夫死后，华盛顿击败了选定接替梅特卡夫的政治机器忠臣。他成为了具有历史意义的第一国会选区国会议员。在芝加哥，这就是一个黑人政治家能取得的最高职位了。

一开始，华盛顿不愿意答应竞选市长。他1977年曾经竞选过一次，但是输得一塌涂地，现在他刚当上国会议员，正享受着新工作。后来华盛顿开了一个条件：只要有十万新的黑人选民登记，他就答应竞选。选民登记人员到街上劝说人们投票，让黑人们"给里根一个信号"，并且"和简·伯恩算一笔账"。他们在选民名单上增加了125000个名字，使得黑人选民增加了30个百分点。

1983年，华盛顿打败了两位爱尔兰裔候选人，赢得了民主党市长竞选的预选。市长简·伯恩和库克县检察官理查德·M. 戴利平分了白人选票，于是华盛顿以36%的得票险胜。自从比格·比尔·汤普森后，这座城市没有共和党人当选过市长，所以这些票数应该可以保证华盛顿的

---

① 译者注：伊利诺伊州州府所在地，亦作"春田市"。

胜利。但是芝加哥从来没有黑人当选过市长。民主党预选过后那天，爱尔兰裔、波兰裔、意大利裔等等经受过民主党洗礼的人都开始追捧共和党的提名人——一个名叫伯纳德·埃普顿的犹太裔律师。

这场选举完全是一场关于种族的选举。华盛顿到西北芝加哥的白人区做竞选宣传时，迎接他的是嘲笑的人群和"去死，黑鬼，去死"的涂鸦。而在南边区，一位巴士司机半开玩笑地对乘客说："这儿谁要是不打算给华盛顿投票，就别坐我的车啊。"在黑人社区，谁要是没戴着蓝色的华盛顿市长竞选徽章，那就是穿得不好。然而不幸的是，华盛顿对自己个人和职业事务的粗心大意给他留下了不良纳税记录以及法律顾客投诉，这使得反对他的白人得以坚持他们的反对与他的种族全无关系。六十年代的时候，因为疏忽，华盛顿好几年没有报税，结果被判入狱四十天。埃普顿趁机做了一个广告，强调华盛顿财务管理得一塌糊涂，忧心忡忡地催促芝加哥人"趁还来得及"，赶紧阻止华盛顿。

芝加哥呈现出两极分化的状态。于是，民主党库克县主席爱德华·弗尔多利亚克议员秘密要求白人选区区长为共和党出力——至少他自己认为自己的行事是秘密的。一次会上，弗尔多利亚克声称这次竞争"事关种族"，而恰好有两位新闻记者混进了这次会议。选举前的周末，报纸刊发了他们的报道。华盛顿获得了51%的票数——所有黑人，大多数拉丁裔人，还有恰好够数的湖畔自由派白人都给他投了票。他们不情愿把票投给一个骗税的人，但是他们更不情愿把票投给一个诉诸种族的候选人。

华盛顿就任以后，弗尔多利亚克又组织了一伙白人议员，成为"二十九"，再次阻挠华盛顿。这些白人议员阻挠所有的市长任命和提案。

当地一位喜剧演员把这一僵局戏称为"议会战争",《时代》杂志称芝加哥是"湖畔的贝鲁特"。黑人社区对华盛顿的支持团结一致,具有浓重的政治色彩,就连在街角散步闲聊的人说起他对校董会的任命也都热切得像是在讨论公牛队第一轮的获选新秀,或者是北卡罗来纳队的得分后卫。

华盛顿的当选给黑人们带来了全新的政治信心。芝加哥出版的《乌木》杂志认为,就像乔·路易斯战胜了马克思·施梅林一样,华盛顿的胜利是黑人力量的证明。白人政治机器统治长达半个世纪,而芝加哥的黑人也已把它打倒在地。下一个被打倒的,会是谁呢?

下一个是国家民主党。杰西·杰克逊在 1983 年市长预选时,萌生了竞选总统的想法。当时,前任副总统沃尔特·蒙代尔和参议员爱德华·肯尼迪对华盛顿是嗤之以鼻。(蒙代尔赞赏伯恩,肯尼迪支持戴利,因为戴利也是爱尔兰裔白人,其父帮助过爱德华的哥哥约翰·肯尼迪当选总统。) 杰克逊展开了一场全国选民登记运动,宣称黑人不再会像民主党想的那样,"理所当然"地给他们党投票了。

杰克逊说:"华盛顿的胜利,是一场尤其重要的胜利。因为这场胜利向世界表明了,芝加哥有了全新的精神鼓舞。"

爱出风头的杰克逊迫不及待要夺回美国黑人头号政治领袖的称号(华盛顿当选市长之后,就算在芝加哥,杰克逊也排不上第一了)。不管他的动机如何,杰克逊的总统竞选在奥巴马心中留下了印象,那时奥巴马二十二岁,还是个纽约的通讯编辑。对于一个对政治抱有兴趣的年轻黑人而言,见到杰克逊和蒙代尔、加里·哈特、约翰·格伦同台竞争,是一件了不起的大事。

第三章
石棉事件

1986年春,芝加哥房屋管理局的楼房前来了一些穿着白色连身服、戴着防毒面具的工人。一天早晨上班的时候,琳达·兰德尔注意到了他们。琳达·兰德尔是艾达·B. 韦尔斯住宅区的社区组织者。艾达·B. 韦尔斯住宅区坐落在靠近中心的城市南部,是由十字结构公寓组成的综合住宅区,略显单调。兰德尔看到门前的水泥地上放着一台白色的大机器,七楼楼顶垂下一张黄色的防水布,连串的碎石砸在兰德尔的脸上。她朝一个穿着防护服的人走过去,敲了敲他的面具,问他在做什么。

"清除石棉。"他告诉兰德尔。但是他清除的只是一楼的石棉,一楼是租赁服务办公室。

每周二,兰德尔都会到社区重生社在市区中心的办公室和其他社区组织者见面。社区重生社是一家非营利机构,致力于消除种族偏见和贫困。第二次开会时,兰德尔提起了韦尔斯住宅区神秘的新工程。奥巴马听到"石棉"这个词,于是就坐到了兰德尔旁边。

"我们奥盖德也有同样的事情。"奥巴马说。奥盖德的一位住户在报纸上发现了清除石棉的招标广告,清除工作只在一栋楼进行,也就是办公室所在的大楼。

五十年代芝加哥房屋管理局开始建贫民楼房的时候，石棉被认为是最安全、最先进的防火保温材料。七十年代中期，医学研究人员发现，石棉的纤维一旦被人体吸入，会附着在肺部，造成组织损伤，危害呼吸功能。接触石棉是引起肺癌的第二大原因，仅次于吸烟。房管局的楼房广泛应用了石棉。厨房地上的水管外侧包裹着石棉，地板上的砖块也含有石棉。

兰德尔还把关于石棉的事情告诉了她的朋友，马莎·艾伦。艾伦是《芝加哥记者杂志》的记者，杂志专门揭露城市事务的内幕。她们揭开了一块地砖，送到实验室。检验结果发现，地砖含有30%～50%的温石棉。艾伦以此为基础，报道了芝加哥房管局的石棉问题。她的报道刊登在当年8月的《芝加哥记者杂志》上，其中还包括对韦尔斯住宅区住户的访谈。住户反映说，管道隔热层腐烂之后会飘出白色的粉尘，总也扫不干净。一位母亲用塑料布把管道包了起来，因为"那东西飞得到处都是"。"我总要擦家具擦地，上面全是石棉。"她说道，"我的小孩一碰到那东西就痒。"

兰德尔一直都住在公共住房，深知房管局的官僚不会把住户的抱怨当回事。那些官僚心里想的是，"别来烦我们，不然我们就去查你们的小孩在干什么勾当，你们的房子里出了什么事情"。但是大媒体注意到了艾伦的报道。《芝加哥每日论坛报》也进行了报道，当地一位名叫沃尔特·雅各布森的主持人开始亲自调查。这些都提高了住户们的影响力。

社区重生社开会时，奥巴马和兰德尔酝酿了一个新计划：用大巴把韦尔斯和奥盖德的居民送到芝加哥房管局总部，要求和负责人泽尔·史密斯见面。

这一次，奥巴马要面对的官僚比就业与培训市长办公室的级别更高，也更麻木不仁。芝加哥房管局远不仅是芝加哥贫穷黑人的房东，它对它的房客行使着封建领主一样的权力。因为害怕被逐出房子，就算房子出现的问题威胁生命安全，黑人们也不情愿主动反映。他们中的很多人等了好几年才住上公寓。如果不能继续住，就意味着要搬回去和亲戚住，或者去找愿意把房子租给低保家庭的房东，而这种房东一般都比较恶劣。这些房屋一般都被地头蛇或者"黑帮信徒"控制，电梯残破不堪，楼梯里也画满了涂鸦，阳台上加了铁网，防止人往外扔东西。尽管如此，比起许多租客小时候住的冷水单元房，房管局的房子还是要好多了。

坐大巴去找房管局这件事完全是阿林斯基式的做法：没权没势的人运用自身的道德力量让当权者难堪了一番。六十年代的时候，阿林斯基对理查德·J. 戴利市长做出过同样的举动。当时芝加哥大学计划将校园四周的社区中产阶级化，阿林斯基让南边区的蓝领工人坐上大篷车，到市政厅要求政府在此事上作出妥协。

在《反叛手册》中，阿林斯基写到，"没有强迫协商的力量，就没有协商的机会"。"这就是社区组织者要起的作用。否则其他一切都是一厢情愿。试图凭着好心而不是权力作为运作基础，只是异想天开。"

奥巴马寄出了一封新闻公告，租了一辆校车，从奥盖德开往卢普区。因为在清早就要出发，奥巴马还带了咖啡、橙汁和多纳圈。自六十年代初就住在奥盖德的黑兹尔·约翰逊也在车上同行。约翰逊曾经带领一群环境主义者和钢铁厂以及污水处理厂进行抗争，因为这些工厂向卡拉麦特河排放有毒成分。十七年前，她丈夫因肺癌去世。她相信，她丈夫之所以得了肺癌，与石棉有莫大关系。因为恰逢出行高峰，大巴沿着丹瑞安快速公路走了一小时四十五分钟，下车的时候，乘客们都十分焦躁，而被迫在走廊等了两个半小时之后，他们就更加焦躁了。

一位助理一遍又一遍地告诉他们："局长在忙着呢。"

兰德尔在密西西比的祖父教导她，永远不要在冲突中让步。兰德尔跟奥巴马说，她想破门而入，扯着史密斯的领带把他拽出来。

"琳达，这样只会让你血压升高，"奥巴马回她说，"冷静。我们得走大道。"

（奥巴马教兰德尔在对付掌权人物的时候，应该怎么保持头脑冷静，同时，兰德尔也教奥巴马在贫民区的一举一动应该如何，建议他在拜访居民的时候，不要穿得像个大学生那样板正。"穿牛仔裤，"她建议，"如果你看着像负责公共救济的社工，没人会开门的。"）

房管局职员发现，在走廊里等着的还有记者，于是连忙把抗议的居民请了进去，给他们喝咖啡吃多纳圈。

"我们要见局长！"居民们大喊。

可是史密斯一直没露面，但是他通过助手，表示愿意到韦尔斯和奥盖德参加集会，告诉他们管道隔热层的检测结果。

这次大巴之行是个成功，但是史密斯的奥盖德之行却是一场惨败。奥巴马预定了圣母花园教会的体育馆作为集会场所，印发传单，发放到每一户安居工程居民的家门口。七百多名住户挤到木质露台上，急切希望知道他们房子的石棉问题有多严重。奥巴马让名叫考利·史密斯的年轻女性主持集会。史密斯不是"社区发展计划"的董事会成员，但是她住在奥盖德，而组织社区活动的一项原则就是让当权者直接面对他们想要玩弄的人民。

过了预定时间半个小时，房管局的局长没有来。过了 45 分钟，他也没有来。过了一个小时，他还是没有来。体育馆里的人开始焦躁不安。奥巴马绕场走着，让人们待在座位上。

"我们这次集会要同心协力！"他拿着麦克风说道。

预定时间之后的 75 分钟，泽尔·史密斯终于坐着司机开的政府用车到达现场。他面对的是一群满腔愤怒并且失去耐心的人。奥盖德的人们觉得自己被蔑视了。而泽尔·斯密斯的第一个回答无疑让人觉得更受侮辱。

"你有没有计划，要清除我们居民家里的石棉呢？"考利·史密斯问他。

泽尔·史密斯耸了耸肩。

"我还不知道，"他回答道，"我们还没完成对公寓的检测。等检查完毕，我们就会开始清除的。"

会场爆发了。"不！"居民们大喊，"不！不！"局长还想再说，但是考利·史密斯抢过了麦克风架。然后体育馆里的一个人发了病。房管局局长在会场待了不够十五分钟，就以急救为借口逃了出去。泽尔·史密斯一边保证用双向无线电叫急救车，一边挤过人群向车上走去。但是奥盖德的人们还不准备让他走。他们还没有得到确切答案，不知道地板上和管道上的石棉什么时候才会被清除。人们从看台上跳下来，涌到门口，追在泽尔·史密斯身后，大喊"免除房租！"人群差点就水泄不通地把史密斯的车围起来，可司机还是及时把车开走了。愤怒的人群完全不受奥巴马控制。他们都没有受过奥巴马的训练，都不知道要"保持冷静"或者"保持专注"。

史密斯逃离会场，居民们也各自回到了狭小的公寓里。奥巴马十分沮丧，让"社区发展计划"的成员留下来收拾会场。他为集会的崩溃而自责。伊冯娜·劳埃德安慰他，这场混乱不能怪他。

"不是我们的错，"劳埃德说。"社区发展计划"的成员都按奥巴马平常训练的做了。体育馆里其他人都像傻子一样的时候，他们也没有站起来大喊大叫。"有时候，你只能控制你自己的人。当有太多其他人在场的时候，你就遇到麻烦了。"

尽管这次集会以混乱结束，但是石棉事件仍然是一场胜利。《芝加哥记者杂志》的报道以及公开集会等宣传推动"社区发展计划"向美国住房和城市发展部申请890万美元，用以清除韦尔斯住宅区、奥盖德花园以及其他三个安居工程住房的石棉。一年半后的1988年冬，居民被安排入住闲置单元以及汽车旅馆，同时，穿着白色工作服的工人——其中一些还是房管局的房客——用真空吸尘器吸走家具上的石棉分子，剥掉管道外侧的石棉隔热层，并且重新铺设地砖。

尽管奥巴马拿着微薄的薪水，在这个城市最微不足道的社区工作，他还是吸引了不少关注，其中包括来自实力强大的导师的关注——这种能力在他日后的政治崛起中至关重要。首先，他引起了阿尔·雷比的关注。哈罗德·华盛顿的市长竞选活动就是雷比组织的，目前，雷比在芝加哥人权部担任部长。雷比一直留心青年才俊。雷比在"社区发展计划"的一个项目过程中接触了奥巴马,之后邀请这位年轻人去喝啤酒、打台球,还把奥巴马介绍给其他南边区自由派人士。雷比把奥巴马邀请到雅基·格里姆肖办公室,让他单独在那待了一小时。格里姆肖是芝加哥政府间事务办公室的主任。

"阿尔有个习惯,见到他觉得是可造之材的年轻人就带到我这儿来,介绍给我,然后就走了。"格里姆肖回忆说,"我猜我的任务就是跟他带来的这些人谈话,然后弄清楚他们有没有发展潜质。"

对于格里姆肖而言,奥巴马只是雷比找来的又一个年轻人。"但是你能意识到,你面前的这个人头脑清晰,也易于交流。他有着良好的幽默感,诸如此类的,但是我记不起谈话的实质内容了。"

雷比也将奥巴马介绍给他最好的朋友,斯蒂芬·珀金斯。珀金斯在社区技术中心工作,那是一个城市环保团体。他们在海德公园的"淡黄"吃了早饭。餐间,奥巴马给珀金斯留下了"有脑子、有担当、有策略"的印象。从那以后,他们每六个月左右就见一次面。

这些见面听起来无关紧要,然而这是美国最宏伟的社会攀登的开端。这场攀登,将奥巴马推上了芝加哥政治的顶峰,继而推上美国政治的顶峰。当奥巴马刚到芝加哥的时候,唯一的社会关系就是在芝加哥大学图书馆工作的一位叔祖父,于是他开始结交可以对他的事业提供帮助的人。有时候,他培养的关系直到数年之后才开始发挥作用。奥巴马申请哈佛法学院的时候,雷比给他写了一封推荐信。奥巴马从哈佛回来之后,珀金斯邀请他到自己的组织当董事会成员。格里姆肖支持奥巴马竞选总统。奥巴马竞选胜利后,签了一份价值不菲的合同写《无畏的希望》,之后买了一栋价值170万美元的房子,就在格里姆肖家的旁边。

奥巴马培养这种关系的能力非凡，他也能让举足轻重的人物觉得是他们在培养他，这种能力同样了不起。约翰·麦克奈特是西北大学城市研究的教授，与人共同创办了加马利尔基金会。基金会负责培训社区组织者，麦克奈特经常出席基金会的会议，但是在十五年间，他没有想过要与社区组织者发展私交。然后他遇到了奥巴马。这个年轻人吸引了麦克奈特的注意，不仅仅是因为他勤学好问，而更是因为奥巴马与阿林斯基大多数的门生不同，他乐于弄清具有影响力的人有何种动机。大多数组织者眼里的世界都是非黑即白的，认为妥协就是背叛。但是奥巴马的思考方式更像是律师的思考方式，希望能看到"所有的黑人、白人和其他人种"。麦克奈特邀请奥巴马到访他在埃文斯顿的房子，后来又邀他去威斯康辛的别墅。在数次长谈中，奥巴马告诉麦克奈特，他开始觉得阿林斯基的模式"有局限性"，因为他的那种模式集中关注的是外部的机构。

　　奥巴马解释道："你把社区里的人组织起来，去对抗社区之外的机构。但是不是也应该训练他们协同一体，有效处理社区内部的问题呢？"

　　这次谈话，成了奥巴马决定放下社区组织、投身法律政治的开端。

　　当奥巴马遇见约翰尼·欧文斯的时候，他已经开始考虑寻找"社区发展计划"的接班人了。那时候，欧文斯还没意识到这一点，他觉得奥巴马只是在交朋友。1987年，欧文斯在"公园之友"做社区规划，奥巴马在努力为帕尔默公园带来更多设施。帕尔默公园是圣母玫瑰天主教堂对面的一块四方的草地。奥巴马与欧文斯见面，希望做一些调查，然后他们开始谈论罗塞岛的问题。欧文斯告诉奥巴马，自己在附近的查塔姆长大，社区在湖边，是中产平房。这似乎挑起了奥巴马的兴趣。

第三章：石棉事件

"我对那儿不太熟悉。"奥巴马承认。

奥巴马迫切希望与欧文斯建立起友谊，于是提出下次继续谈。不久之后，两个人在市中心吃了顿午饭。两人沿着密歇根大街走着，欧文斯指了指芝加哥艺术学院。芝加哥艺术学院有一座长达一个街区的艺术博物馆，石门两侧各有一只铜狮子，门上的横幅告诉人们馆内正在展出亨利·卡蒂埃-布雷松的作品。卡蒂埃-布雷松是欧文斯最喜爱的摄影家。

"我准备最近这几天就来看这个展览。"欧文斯说。

"嗯，我们现在就去吧。"奥巴马提议。

他们在馆里待了一个下午。在欧文斯的记忆里，那些照片都令人十分惊叹。

奥巴马请欧文斯周日一起进餐，使两人的关系更进一层。这意味着奥巴马是严肃对待两人关系的，因为他很少让人进他的寓所。墙上没有张贴海报，詹姆斯·鲍德温、亚当·斯密的书以及马丁·路德·金的传记都被奥巴马放到一个旧军火箱里。欧文斯对一本批判资本主义的书做了评论，觉得奥巴马认同作者的观点。

"巴拉克，"他说道，"这就是我们要改变这个体系的原因。"

但是正如麦克奈特发现的那样，奥巴马爱读书不只是因为他有求知欲，更是因为有思想形态的驱使。

"对，但是，约翰，"他反驳道，"如果你要找到那么一个体系，让你能够真实地面对这一点，除了我们所在的这个国家，又有哪种体系能让你这么做呢？"

这整个场景——两个男人饭后坐着讨论思想——对欧文斯而言是前

所未有的。在他生活的社区里，男人们都是在酒馆里一起喝酒，他们不会这样相处。但是奥巴马所在的地方是海德公园知识界的领地。八十年代中期，芝加哥熊队如日中天。但即便在那时，海德公园的星期天举行的也是思维宴会，而不是橄榄球比赛。虽然奥巴马对自己的黑人身份很坦然，但是他甚少在海德公园之外进行社交；他的黑人朋友不多，欧文斯是其中一个。奥巴马的女朋友也是个白人。

他们认识半年左右之后，奥巴马邀请欧文斯到洛杉矶参加为期两周的领导集训营。集训营是阿林斯基创立的工业区基金会组织的。尽管和奥巴马是朋友，欧文斯还是心存疑虑，他觉得社区组织者就是些不切实际的激进分子，站在街角大喊："让我们横扫巴士底狱！"两个星期的培训彻底改变了欧文斯的看法。他开始明白，一个有组织的社区，经过谋求权力的训练，是可以决定自身命运的。回到芝加哥之后，奥巴马邀请欧文斯到"社区发展计划"工作，当他的助手。欧文斯接受了。他意识到，这就是为什么奥巴马那么积极地栽培自己。毫无疑问，奥巴马做什么都是有计划的。

初到"社区发展计划"，欧文斯有一次在南边市郊的酒店参加培训。这次培训令人难忘，不是因为奥巴马在那个周末说的话，而是因为他做的事。那是"社区发展计划"的成员唯一一次见到平素执著的奥巴马如此放松。

"巴拉克，你怎么找到这个地方的？"奥巴马的本田车在酒店停了下来，洛蕾塔·奥古斯丁问道，"你肯定找了很久。这个地方什么干扰都没有。我们为什么来这儿？"

"我想除去所有让我们分心的事情。"奥巴马说。

第三章：石棉事件

这就是巴拉克，奥古斯丁心想。什么时候什么事情都是为了工作。

"但是，"奥巴马补充道，"周六晚上，培训结束之后，我们要开派对。"

这倒不是她所熟知的奥巴马。奥古斯丁迫不及待地想参加奥巴马的派对。培训结束之后，奥巴马的确让大家吃了一顿大餐，然后拿出一个便携录音机，往里塞了一盘他喜欢的R&B带子，随着节奏摇了起来。欧文斯一见就要伸手去拍他。

"巴拉克，你在那干吗呀？"欧文斯揶揄他，"你知道那不是你的地盘。"

"什么？"奥巴马回道，"谁说我不会跳舞？我能把你们都比下去。"

奥巴马把手举到头顶、划着圈，就像在绕绳子一样。是的，他们的头儿能弄到经费资助，能让官僚到奥盖德来。而且，他也能跳舞。

作为以教会为基础的社区组织，奥巴马经常参加周日礼拜。他的工作内容之一就是拉拢牧师，而奉承牧师的最好方式，就是认真地听一场他的布道。奥巴马刚到芝加哥的时候，还没入教，他的家人对待宗教的态度，既有漠不关心的，又有充满敌意的。奥巴马的祖父母从堪萨斯逃到西海岸的时候，就放弃了他们年轻时信奉的卫理公会教，改而信奉一位论教（Unitarianism）。一位论教是新教的分支，要求不太严格，对其他教派也不太批判。他们到了夏威夷，离大陆足够遥远了，于是干脆就不再信教。奥巴马母亲的前后两位丈夫都是穆斯林背景的。她则属于"精神为上，不信宗教"的一类人，体恤宽容，毫不贪婪，可以认同所有信仰的存在，但是从未加入过任何一个宗教。奥巴马的父亲相信无神论，这使得他成为奥巴马家庭中对宗教问题看法最坚定的人。

因为奥巴马没有受过宗教教育，也没有在非洲裔美国人的社区居住过，对于教堂在黑人生活中的作用，他只是一知半解。他从书上了解到，黑人教会在民权运动中起到了精神支柱的作用。但是他不知道，典型的黑人教会给它的教民们提供社会服务，其中包括食物、衣服、住房协助，还有政治引导。他见到那些牧师就是非裔美国人的拉比，关注这些沮丧人们的世后得救，也关注他们的现世发展。因为一些年老牧师的嫉妒，奥巴马一直犹豫，没有入教，但是随着他在南边区的时间越来越多，他越来越意识到入教的重要性。

奥巴马决心要成为一个成功的组织者，为了缓和与牧师的关系而皈依基督，这点听来讽刺。奥巴马的所有时间都用来和教徒交往，也看到了教会是怎样提高社区状态的。"社区发展计划"每一次会议都是以祈祷开始，又以祈祷结束的。一段时间之后，奥巴马开始有了信仰。

之前，奥巴马和阿尔文·洛夫牧师有过几次长谈，讨论自己的精神信仰。他像他母亲一样，相信上帝，但是不确定自己是否适合宗教这个模式。

"我也祈祷，"他告诉洛夫，"但是还没到承认接受耶稣基督就是我的救世主那个程度。"

洛夫希望奥巴马成为他教会的教民，但是看到奥巴马加入了三一联合基督教会，他也并没感到奇怪。三一联合基督教堂在卡拉麦特高速公路的东侧，不在"社区发展计划"的服务范围之内。加入"社区发展计划"区域内的一家教会，可能就会引起其他教会牧师的不满。另外，在传道上，三一联合基督教堂的牧师小杰里迈亚·A.赖特比奥巴马平常接触的浸信会和神的教会的牧师更具视野，更有思想。浸信会和神的教会起源于南方的福音布道。赖特来自费城，懂希腊文和拉丁文，在芝加哥大学神学院修读过，他的母亲是数学博士。赖特在草坪上摆出"解放南非"的字样，对男女同性恋也一样接受。这在北边区的白人教会很普遍，但是在大多数黑人教会都很传统，布道的时候还有《使徒书信》里面的一段教诲："妇人们，遵从你们的丈夫。"

三一教会提供财务管理课程，对酗酒的教友提供辅导，为打算离婚的教友提供咨询服务——这些项目都很好地展示了教会可以如何服务社区。对奥巴马的背景和抱负而言，这都颇具吸引力。对于受过良好教育、力争上游的人来说——威廉·爱德华·伯格哈特·杜波依斯把这些人称为黑人社区中"有才能的十分之一"——这就是一块磁铁。作为公理会教派分支，联合基督教会在社会阶梯中通常都处于高位。三一联合基督教会的成员在其他芝加哥黑人的眼里是"很中产、很稳定"的。奥巴马太冷静、太理智，看到"真葡萄树圣洁教堂"或者"真爱传教浸信教堂"，要觉得很有归属感，那是不可能的。赖特是一个非洲中心主义的牧师，穿着加纳手工花布包边的大袍，宣扬耶稣是非洲人，以此奉承自己的教徒。他用通俗的语言唤起教徒对非洲的乡情，例如"只有我们是对的"，但是他也出版过《对中产追求之否认》这样的手册。和许多牧师一样，他的布道也针对教徒们最大的弱点。

奥巴马第二本书的题目取自赖特名为"无畏的希望"的布道。布道的主题篇章取自《撒母耳记上》，讲的是以利加拿妻子哈拿没有生育。尽管上帝没有赐给她子嗣，她依然向上帝祷告。然而赖特要传达的信息是关于美国黑人的，他们摆脱了奴隶、贫穷和愚昧，因为黑人人民怀着希望。

"为了让这个因为肤色而受到歧视的种族培养出马丁·路德·金和马尔科姆·X，保罗·吉丁斯和保利·默里，詹姆斯·鲍德温和托尼·莫里森以及名叫杰西的牧师，为了让种族的耶稣血统得到承认，必须要有无畏的希望！"赖特吼道，"马丁坚持上帝给他的启示：终有一天，美国会像对待政治和军事力量一样，重视人民；因为他勇于按越战的本来面目，称之为'上帝眼前的恶行'，所有黑人领袖都反对他，这个时候，他仍能坚持工作、坚持祈祷——要做到这一切，他必须有无畏的希望。"

那个周日早晨，听着赖特的布道，眼泪顺着奥巴马的脸颊流淌着。那时的他，从来没有想到过，自己也会成为一位美国黑人的先驱。

奥巴马在芝加哥的第三年，"社区发展计划"发展得如火如荼。因为有十几所教会向"社区发展计划"提供经费，奥巴马年薪达到了两万七千五百美元，同时欧文斯也被雇为全职助手。于是奥巴马决定从事一项延伸到奥盖德和罗塞岛社区之外的项目——学校改革。这非常符合他"赋权社区"的使命。斯普林菲尔德正在酝酿建立本地学校顾问委员会，通过由学生父母组成的董事会决定雇用或者解雇学生所在学校的校长。这个计划遭到民主党政治机器的强烈反对，因为他们担心，董事会会成为业余政治家的训练基地，董事会成员可能萌发竞选市议员的想法。奥巴马组织了一次到州府的大巴之旅——又是一项久为传唱的游说策略——并且在沿着55号州际公路行驶的三个小时里面做了一场宣讲会。车上的家长们从小生活在理查德·戴利统治下的种族隔离的环境中，怀疑没有官员会听他们的话。

"他们不会听我们的。"他们告诉奥巴马，"他们是选举出来的官员。"

第三章：石棉事件

"他们会听你们的，"奥巴马向他们保证，"那就是他们的工作。"

他把家长们分成几组，每组拿了一个立法委员的名字。他们要写好纸条，交给众议院和参议院议事厅门外事先毫不知情的看门人。仅仅是这个过程就很吓人：走进州议会大厦，从林肯、尤里西斯·辛普森·格兰特、戴利市长的铜像旁边走过，登上三层大理石台阶，经过画着乔治·罗杰斯·克拉克和印第安人谈判场景的两层高壁画，站到高及屋顶的木门前，旁边还都是一群西装套裙的职业说客。然而，看门人接过了他们的纸条，走进门内。然后议员们走了出来。出乎家长们的意料，议员们听了他们的陈述，甚至还问了问题。回家的路上，之前还闷闷不乐、担心会被忽视的家长们此刻都兴高采烈。"充满活力，就好像无所不能一样。"其中的一位家长后来如此说道。学校改革的提案得以通过。

八十年代末，芝加哥的学校老朽破旧，对于指引青少年进入大学的任务漠不关心，以至于教育部长威廉·贝内特谴责芝加哥学校是"全国最差的"。人们印象中，近几任市长都不会把自己的子女送到公立学校。戴利、比兰迪克和伯恩都是天主教徒，所以他们的孩子都在大主教管区接受教育；而华盛顿短暂的婚姻没有给他留下小孩。在市区中心的一些学校，只有不到一半的入学新生能够最终完成学业。

"职业教育网络"致力于防止中学生辍学，是奥巴马最有信心的一个项目。奥巴马想招募教师，在四所南边区高中开展课后项目。教师将会辅导学生学习，同时也教授职业技巧，并且充当导师。奥巴马希望华盛顿市长也参与其中——这标志着奥巴马已经从社区组织者成长为政治家了。

"我们可以跟市里合作，我们也可以跟他们对立。"奥巴马告诉欧文斯。

　　这一次，他选择的是合作。这能够圆他与哈罗德合作的梦想，而且，市长的赞赏会给他带来其他的合作人。奥巴马最终见到了市长的教育顾问，乔·华盛顿。然而进展并不如人意。

　　乔·华盛顿（和市长没有亲戚关系）对这位并非本市的年轻组织者印象不佳。他们激烈争论了社区在学校扮演的角色。"他对罗塞岛的情况屁都不懂。"乔·华盛顿之后对一个朋友说，"对芝加哥也是。"

　　奥巴马毫不气馁，接着联系了州议员小埃米尔·琼斯。琼斯后来担任伊利诺伊州参议院议长，成为了奥巴马的政治教父。然而在八十年代，琼斯只不过是一个无足轻重的后座议员。奥巴马写了封信，申请五十万美元的州政府补助。琼斯只能给他十五万美元。这笔钱足够聘请一个负责人和四位兼职教师，支付租用路德教堂的费用；但是，要像奥巴马设想的那样，使职业教育网络成为独立机构，最终在全市的学校发挥作用，这些钱还远远不够。

　　奥巴马垂头丧气，欧文斯都觉得上司一下子热情全无了。经过了三年，奥巴马终于明白，从外围入手，作为一个社区工作者，向政客乞求施舍，他也只能取得这些成就了。一个周末，他到威斯康辛拜访麦克奈特，告诉这位教授，他想退出社区组织活动，去读法学。

　　"从这段经历里面，我了解了自己的能力，我也看到了社区组织的可能性和局限性，我想进入公共生活的层面。"奥巴马说道。

　　奥巴马请麦克奈特帮他向哈佛写封推荐信。麦克奈特答应了，但是提醒奥巴马，大多数社区组织者在法律和政治领域都不得志。

　　"最重要的是，你得知道什么能让你满足，因为你得每天都做这项工作。"他告诉这位 26 岁的门徒,"从事不能让自己满足的工作就是浪费生命。"

麦克奈特说,当律师,跟当组织者完全不一样,"组织者要站在正确的立场上,并为之奋斗到底"。而作为当选官员,工作的精髓就是妥协。这就是阿林斯基反对他的门生从事法律或者党派工作的原因。

"我认识的大多数组织者都不会乐于从政。"麦克奈特总结道。

奥巴马明白,但是他依然决心要追随自己的新方向。麦克奈特写了推荐信,奥巴马把申请寄到了哈佛。

在这三年里,奥巴马不仅学到了他能学到的一切,还把他学到的一切都教给了别人。因为奥巴马的训练,"社区发展计划"的女人们开始有了自信,自己负责项目。废物处理公司是美国最大的垃圾搬运商,在第 130 街有一处极大的填埋场,那是社区社区的公害。从湿漉漉的垃圾流出肮脏的水,透过具有渗透性的土层,渗入地下水。填埋场里的"大餐"让密歇根湖的鸥鸟离了群,飞到附近,栖息在层层叠叠的屋顶上。有消息说废物处理公司计划将填埋场扩大至奥布赖恩锁石附近,卡拉麦特河上的驳船就是从这进入密歇根湖的,而密歇根是芝加哥饮用水的水源地。"社区发展计划"和一个名为"联合社区组织"的拉丁团体警惕起来,在南芝加哥社区的圣彼得与保罗教堂举行了一次集会,两百人到场。当晚,废物处理公司高层在南芝加哥银行的会议室与社区领导会面,尝试争取扩建的认同。七点,全部两百名抗议者离开教堂,悄无声息地向银行走去。进入银行之后,他们排着队上了楼梯,进了会议室,一句话也没有说。"联合社区组织"的主席宣读了一份关于闭门会谈的声明，要求减少会损害南边区利益的交易。然后所有人都离开了，就像他们进去的时候一样悄无声息。

在同一个教堂的另外一次集会邀请到了芝加哥的新市长，尤金·索耶。索耶是接受任命接替哈罗德·华盛顿担任市长的。1987年感恩节前一天，华盛顿因为心脏病发去世。"社区发展计划"和"联合社区组织"希望组成一个专责小组抗击填埋场的扩张。奥古斯丁准备了讲话。因为听众包括两种语言的使用者，所以她需要口译员。但是她被要求使用一个西班牙短语：vamos a decide。意思是，我们将决定。奥巴马全程辅导了她的演说，包括那三个西班牙语词的发音。当奥古斯丁说出"vamos a decide"时，全场欢呼，一起大喊"我们将决定！"因为这次表现，奥古斯丁被任命为专责小组的共同领导组长，最后成功地阻止了废物处理公司的计划。她相信，是奥巴马给了她在人群面前演说的勇气。

几年之后，奥古斯丁回想说："我愿意跟随他。我感觉他能做成一些事情，而我想成为其中的一分子，而且我真的很想学习。他激发了我心里的某种潜质。在那之前，我都没有那么外向。我会觉得有必要说某些话，但是我不敢说。他改变了我的这种状态：我去开会，而且又觉得有些话是必须要说的；我的内心克服了我对当众说话的恐惧，从'这必须说，但是我害怕'变成了'这必须说，而且如果我不说，就算我害怕，我也得完蛋。我必须说'。"

约翰尼·欧文斯听说奥巴马要退出"社区组织计划"时，十分惊讶；再听说奥巴马是因为要去哈佛法学院才退出的时候，他就更惊讶了。奥巴马婉转地把这个消息告诉他的助手，强调这对欧文斯也是一个改变。

"你准备好当领头人了吗？"一天，在教区住宅的时候，奥巴马问欧文斯。

"当领头人？"欧文斯回应道，"你指什么啊？"

"我被哈佛录取了。"

"什么？"

欧文为他的上司高兴。另一方面，他不确定自己有没有足够的能力接管这个社区组织。他将不得不经营刚刚起步的职业教育网络，和三四十位牧师打交道。而且他要接替的这个人，在过去的三年被追随他的人所爱戴。洛蕾塔·奥古斯丁、伊冯娜·劳埃德和玛格丽特·巴格比对奥巴马就像对"社区发展计划"一样忠诚。

为了使这一改变更易实现，奥巴马带着欧文斯走访了"社区发展计划"的所有教会。

"我准备走了，"他告诉那些神父、主教以及牧师们，"约翰会接替我的工作。我对他有十足的信心。如果你喜欢我做的事情，你也会喜欢他做的事情的，而且他会做得比我更好。"

一些人的确做到了。欧文斯最终在"社区服务计划"当了六年的主任，比奥巴马的时间长了一倍。阿尔文·洛夫最后成了"社区服务计划"的董事长，他认为欧文斯是他所遇到的最好的社区组织者。但是，他总会加一句，是奥巴马训练了欧文斯。

对于"社区发展计划"的女人们来说，情况则大不相同。她们从不奢望奥巴马会永远留在"社区发展计划"——他太聪明，太有天分，不值得浪费生命用来开一辆破本田载她们去教堂开会。她们希望奥巴马去念哈佛，但是奥巴马离开之后，她们对社区组织活动的热情也没了。

"我们还是继续工作，但是我猜，我不知道，我花的时间少了，"玛格丽特·巴格比回忆说，"我只是累了，我想。"

最后，三个女人都离开了芝加哥。巴格比在市郊找了套房子，奥古斯丁跟她第二任丈夫去了密西西比州，劳埃德的丈夫那时候也去世了，她就回了纳什维尔的家。

奥巴马去哈佛之前，写了一篇关于社区组织的文章，刊登在全国发行的政治期刊《伊利诺伊问题》上。文章题目为《为何组织：内城的问题与承诺》，随后在文集《阿林斯基之后》中再刊。

奥巴马论述道，尽管民权运动、黑人市长当选、购买黑人产品等等取得了成功，内城的人们依然受苦。就某些层面而言，情况甚至恶化了，因为曾经受限制性契约约束、只能住在中心区的中产阶级黑人现在可以自由迁徙了，带走了钱财和教育。"除非得到系统的社区组织的支持"，从政者和从商者无法改变贫民窟的现状。

"组织活动基于以下几个前提：（1）内城社区面临的问题并非因为缺乏有效解决方案，而是因为缺乏执行解决方案的权力；（2）社区建立长期权力的唯一方法就是围绕共同的远景将人们和资金组织起来；（3）组建切实可行的组织的唯一方法是依靠具有广泛基础的本地领导——而不是一两个有魅力的领导——将当地机构的不同利益紧密结合起来。"奥巴马写道。

阿林斯基的门生们依然相信，组织者的任务就是从社区之外的权力机构手中争夺资金和资源。奥巴马建议，为什么不在社区内部建立权力呢？

"几乎没有人想到过要利用内部的生产能力，在资金和人力两个方面都是如此，其实这些在社区内部早已存在。"

这可以算是奥巴马第二次芝加哥奋斗的宣言。从哈佛回来之后的第二年，奥巴马就开始了他第二次芝加哥奋斗。

第四章
投票！

在哈佛法学院的第三年，奥巴马当选《哈佛法学评论》的主编，成为第一个当选该职位的黑人。他的当选吸引了《纽约时报》的采访，而由此而来的工作邀约也远多于历任法学评论主编。

各地的法官和律所都给奥巴马打电话。前芝加哥国会议员阿布纳·米克瓦当时在哥伦比亚特区上诉法院工作，邀请奥巴马参加书记员面试。这位头发灰白的老法官听手下的一位书记员提起过奥巴马，那位书记员也毕业于哈佛法学院。米克瓦大多数的年轻助手都是常春藤毕业的"黄蜂族群"（WASP①），希望自己的职员队伍多样化，至少，常春藤毕业的黑人也能添个彩。米克瓦让他的书记员下次去剑桥城②的时候联系奥巴马。她回来之后，报告了坏消息："他不想来面试。"

"哦，"米克瓦说，"他是那种自负傲慢只愿意给黑人法官当书记员的黑人。"

---

① 译者注：WASP 是 White Anglo–Saxon Protestant 的首字母缩写，指盎格鲁撒克逊系的白人新教徒；小写的 wasp 也指黄蜂。
② 译者注：马萨诸塞州剑桥城，哈佛大学所在地。

"不是的，"书记员回答说，"如果他想当书记员，肯定会来面试的。但是他准备回芝加哥竞选公职。"

米克瓦既失望又为之赞叹。他来到芝加哥的时候，也是个局外人：他是个来自密尔沃基市的犹太人，在芝加哥大学法学院完成学业，决定留在芝加哥发展。他第一次尝试进入政治事务的时候，走进区办公室，说他想为阿德莱·史蒂文森的州长竞选当志愿者。办公桌后面的工作人员问道："谁派你来的？"没谁派我来，米克瓦承认。他只是一个志愿者。那位选区走卒一句话就把米克瓦拒绝了，这句话后来成了芝加哥政治传统的一部分："我们不接受没有派遣人的人。"

米克瓦心想，这可真是个轻率的小孩。他不知道，奥巴马已经在南边区待了三年了。你不能往芝加哥一站，就说"我来了，选我吧"。

奥巴马可以到西德利-奥斯汀工作，那是一家"黄蜂族群"掌权的芝加哥律师事务所。他之前暑假在那实习过，遇到了后来成为他未婚妻的米歇尔·罗宾逊。罗宾逊也毕业于哈佛法学院，指导奥巴马在律所的工作。虽然在西德利奥斯汀律师事务所能赚很多钱，但是成为公司几十名新助理律师中的一员，对奥巴马一点吸引力也没有。奥巴马接受了戴维斯-迈纳-巴恩希尔的橄榄枝。戴维斯律师事务所是一家小型律所，专门承接民事诉讼。创办人之一小阿利森·戴维斯的父亲是第一个获得芝加哥大学终身教授称号的黑人。贾德森·迈纳是另外一位创办人，曾是哈罗德·华盛顿的法律顾问。迈纳在《芝加哥太阳时报》上看到奥巴马担任《哈佛法学评论》主编的报道后，给奥巴马打了电话。文章提到，奥巴马对公民权利很感兴趣，并且计划返回芝加哥。迈纳分析，所有人都会想雇用这个人，而戴维斯律师事务所曾是芝加哥首屈一指的民事律师事务所。参与这场雇用大战，他也没有什么可损失的。一边想着，管他呢，迈纳一边给《哈佛法学评论》的办公室打了电话，要找奥巴马。

"您打这电话是要招聘他吗？"秘书问道。

"嗯，我实际上不认识奥巴马，所以我猜，这是为了招聘他吧。"迈纳回答，"是为了好奇。"

"好的，"秘书叹了口气，说，"我把您记在列表上。您是第643号。"

"好。好极了。这样吧，如果你保证快轮到我的时候提前告诉我，我就允许你们使用我的名字。那样我能提前为通话做些准备。"

秘书一直没给他打电话。但奥巴马打了，而且是当天就打了。迈纳晚上骑自行车锻炼完回到家里，女儿告诉他，有一个"名字很奇怪的男人"给他留了言。奥巴马知道迈纳在华盛顿任市长期间的工作。他们约好，奥巴马下次到芝加哥面试的时候一起吃饭。

"如果我用另外一家律师事务所的钱坐飞机去，您不介意吧？"奥巴马问。

迈纳经营的这家律所只有12名律师，所以他回答说不，他毫不介意。

他们在一家泰式快餐连锁店见了面，谈了三个小时。奥巴马听说戴维斯律师事务所向黑人和拉丁社区的非盈利组织提供法律意见、帮助他们建立政府合作关系，不由好感大增：这为他继续组织社区活动提供了可能。

"作为律师解决这些问题，有多满足？"奥巴马问迈纳，"您有没有想过通过律师之外的途径能更有效地解决这些问题？"

迈纳回到办公室，给他妻子打电话，告诉她，自己刚和一个给他留下最深刻印象的法律系学生共进午餐。像他之前和他之后的许多有权力、有成就的人一样，他为奥巴马吸引潜在导师的天赋所折服。

"天，我从来没有遇到过比他对自己更自在的年轻人，"迈纳滔滔不绝，"他对自己的学识拿捏得恰到好处，一点也不咄咄逼人，完全是一种十分正面积极的态度。他从来不刻意向我强调自己的身份。这小孩的资质很丰富，但是他没自吹自擂或者觉得'我想做什么就能做成什么'。他就是一个好奇的孩子，有很多问题。他的平衡把握得很好。"

他们又一起吃了好几次午饭，奥巴马同意加入戴维斯律师事务所。但是，他要先休假一年，因为他在写一本书，也就是后来出版的《来自父亲的梦想》(*Dreams from My Father*)。他希望等写书不会分散精力的时候，再成为全职职员。迈纳知道基本上芝加哥所有的律师事务所都希望将奥巴马收至麾下，给他提供律师考试的经费，让他做他想做的事，直到他准备好了开始工作。《哈佛法学评论》的第一位黑人主编无疑是91届最炙手可热的职场新丁。于是迈纳说："好吧，巴拉克，明年见。"

"投票！"计划是桑迪·纽曼的主意。纽曼是华盛顿特区的一名律师，同时也是一位公民权利活动家，致力促使少数族裔进行选民登记。纽曼工作的重心在华盛顿特区，只是偶尔关注芝加哥的工作，曾经捐助给帮助哈罗德·华盛顿当选的选民登记运动。他一般不在芝加哥开展活动，因为当地的选区组织严密控制着选民登记，街头宣传者每登记一个选民，就能拿到这些组织支付的一美元。

第四章：投票！

在九十年代初期，芝加哥的黑人政治社区让人避犹不及。华盛顿去世四年之久，新市长理查德·M. 戴利连续两届击败黑人对手，获得选举胜利。黑人们创立了"哈罗德·华盛顿党"，希望控制市政厅。虽然以华盛顿为名，但是它的行动却缺乏哈罗德·华盛顿的政治天分，最终失败。华盛顿以包容吸引了拉丁裔和开明的人；而他的准接班者们却大肆宣扬赋权黑人，将其他人都驱逐殆尽。因为力量的丧失，黑人们筋疲力尽、灰心丧气。1991 年，芝加哥黑人投票率创下历史新低。黑人社区人口流动频繁，租住人口比例很高，需要不断提醒，才会投票。而在近十年的时间里，也没有人给他们一个好的投票理由。纽曼觉得通过建立"投票！"计划的分会或许可以扭转局势。

纽曼致电他在芝加哥社区组织的联系人，寻找合适的项目主任。他们都提到了这位刚从哈佛法学院回来的前社区活动组织者。于是纽曼聘用了巴拉克·奥巴马。

奥巴马还没开始登记选民，"投票！"计划就取得了巨大的突破。卡罗尔·莫斯利·布朗是库克县契税记录员，职位毫不起眼，但是她决定要争取国会参议员民主党提名，因为提名竞争者之一，当任国会参议员艾伦·狄克逊曾投票给克拉伦斯·托马斯，让托马斯进入了联邦最高法院。还有一名富有的诉讼律师也参与了竞争，于是成了三方竞争。两位白人相互诋毁，莫斯利·布朗得到机会，赢得了 3 月的初选。黑人们激动万分，因为他们可能会把一位黑人姐妹选进全是白人的参议院。

"投票！"计划作为一个草根竞选活动，连接了奥巴马作为社区组织者的过去与他作为政治家的未来。这也是奥巴马的一个机会，培养曾经将他的偶像哈罗德·华盛顿推上高位的那股力量。

奥巴马对芝加哥的政治机制依然一窍不通，于是去拜访了一位曾经在华盛顿选民登记活动中负责工作的西边区市议员，萨姆·伯勒尔。奥巴马背着一个书包走进了伯勒尔的办公室，看起来就像个学法律的学生。

"您这方面很成功。"奥巴马对伯勒尔说。

伯勒尔的回答或许是奥巴马不愿听到的。

"我这么成功的原因是因为我给他们报销经费，"伯勒尔解释说，"一张票一美元。"

伯勒尔告诉奥巴马可以找他的业务经理，卡罗尔·安妮·哈韦尔。他们在密歇根大街开设了总部，有五名员工。名义上，哈韦尔是秘书，负责处理办公室那些"女人的事情"，但是实际上，哈韦尔成了奥巴马了解芝加哥黑人政治的向导。哈韦尔是西边区的人，她告诉奥巴马，西边区和奥巴马熟知的南边区截然不同。西边区的黑人甚至比南边区的更为贫穷，更接近历史上的南方黑人。南边区黑人觉得西边区黑人"土气"，而西边区黑人则觉得南边区的人是高傲自大的"资产阶级"。奥巴马对这些闻所未闻。

"他什么都不懂。"哈韦尔回想当年，说道，"他很天真。我给他西边区一个会议的地址，那时候也没有手机或者呼机。巴拉克一向很准时，但他那次迟到了几分钟。他用有点堪萨斯的口音说：'你们肯定都觉着我到不了那儿。我真从来没想过芝加哥有那么大。'"

那个夏天，可能是奥巴马生命中最紧张的一个夏天了，考验了他在作为社区组织者和法律学生的时候已经显现出来的纪律性和组织性。他不仅张罗着选民登记活动，还一边写着回忆录，准备律师考试，准备秋天和米歇尔的婚礼。纽曼给他提供了20万美元的种子基金，奥巴马保证新登记十五万选民。奥巴马不顾伯勒尔的建议，决心不用芝加哥式的手段来"买"选民名字。然而奥巴马需要伯勒尔的联合选民登记联盟，在西边区进行选民登记。于是奥巴马想出一个会计手段，表面上看起来毫不投机取巧，实际上还是遵循了城内政治的现实。伯勒尔的工作人员可以报销车费和饭费，报销的总额实际就是登记一个选民拿一块钱。

在南边区，黑人社区历史更悠久也更繁荣，公民组织更健全，也就更容易找到志愿者。奥巴马首先从自己熟悉的教会开始。一旦得到赖特神父的支持，奥巴马每个周末就能有四五十个志愿者。（三一教堂是二十一区最大的教堂，所以奥巴马也不用请求二十一区的议员帮忙。）有色人种协进会和拯救人道民众联合会提供了志愿者。社区组织改革协会也提供了志愿者，奥巴马与这个活动团体的联系从此开始。志愿者们站在捷运站点、超市和福利办事处门外，他们在"芝加哥美食节"上推广选民登记——芝加哥美食节将超过六位数的人群吸引到了湖畔绿地格兰特公园。奥巴马还参加花蕾福神游行，从中登记选民。花蕾福神游行每年七月举行，游遍南边区的黑人社区。

但是不是所有人都欢迎"投票！"计划的。奥巴马遭到了卢·帕尔默的拒绝。帕尔默是一名激进记者和电台主持人，负责"黑人独立政治组织"。这个组织自认为是哈罗德·华盛顿精神的传承者。帕尔默实际上是一名分裂主义者，对有着一半白人血统一半肯尼亚血统、拿着哈佛文凭、住在海德公园的奥巴马十分怀疑。

"在我记忆里，奥巴马第一次来的时候，是要弄一个什么选民登记活动的。"帕尔默几年之后回忆道，"他来到我们办公室，想让我们也参加，但是我们不想听他的，就让他走了。我们不喜欢他的傲慢，他的气场。"

因为当过社区组织者，奥巴马本能地想绕过政客，直接和社区团体合作。卡罗尔·莫斯利·布朗让人民掌权的理想易于实现。她在预选中的胜利异常混乱。对手艾伦·狄克逊是前伊利诺伊州州务卿，一个和蔼可亲、普普通通的议员，被亲切地叫做"艾老兄"。本来在大选里面，选区头目会更积极支持狄克逊的。但是有色人种协进会的主席和带着白手套、带着羽毛帽的教堂女士们更为投票给莫斯利·布朗而激动。重建时期只有过一位黑人国会参议员，但是从来没有过黑人女性当上国会参议员。就官方立场而言，"投票！"计划是不属于任何党派的，但是实际上，它成了布朗竞选活动的左右膀。"我们要让卡罗尔当选"成了每一位志愿者的心愿。整个城市的黑人都在跟登记人员说，"我想登记。卡罗尔·莫斯利·布朗在竞选国会参议员呢。"那一年，比尔·克林顿的名字也在投票单上，但是对于芝加哥黑人，他根本不是关注点。

1992年，黑人自豪感空前高涨。那年夏天，斯派克·李的电影《马尔科姆·X》上映了。年轻人戴着印着银色X字母的棒球帽，穿着印有"黑人权力"的T恤衫。一件衣服上引人注目地印着"这是黑人的事，你们不懂"。另外一件上面印着三位黑人偶像：马丁·路德·金、马尔科姆·X以及纳尔逊·曼德拉（那时候刚出狱，不久后当选南非总统），图释是"马丁、马尔科姆、曼德拉还有我"。

奥巴马希望充分利用这种精神，于是他让工作人员设计口号，把"投票！"计划和马尔科姆·X的传承结合起来。

有人想出了"使用一切必要手段登记与投票"。

"这有点太严厉了。"奥巴马说道。他听出了这对白人而言,显得太激进。

"那'关乎权力'怎么样?"一位叫布鲁斯·狄克逊的员工提议,他受雇负责北边区的活动。

奥巴马很喜欢这个口号。他加上了"登记并投票"几个字,并用红黄绿的花纹把口号框了起来。这就是那个夏天最抢手的T恤和海报。

"投票!"计划让奥巴马在黑人社区小有名气。他在教堂的布道坛上演讲,在杰西·杰克逊的彩虹拯救人道民众联合总部集会发表讲话,在芝加哥黑人电台WVON(原为Voice of the Negro即黑人之声,后改为Voice of the Nation即民族之声)接受采访。因为奥巴马还要负责筹款,补充纽曼资金不足的部分,所以他第一次被引见给富有的芝加哥人,后来也正是这些人资助了他竞选国会议员和总统。埃德·加德纳是柔亮护发的创始人,公司是美国黑人护发产品制造商,捐了数千美元。筹款副主席约翰·罗杰斯是名投资银行家,后来成了奥巴马最好的朋友。筹款主席约翰·施密特也是毕业于哈佛的律师,曾经是理查德·M. 戴利的首席参谋。施密特在大学俱乐部组织活动,让奥巴马和民主党的热心捐助人见面,其中包括刘易斯·马尼洛和贝蒂卢·萨尔茨曼,他们都爽快地给奥巴马写了支票。芝加哥的自由派精英都被这位哈佛法学院毕业的能说会道的年轻黑人迷住了。

施密特回忆说:"在那些听众前面,他的表现再好不过了。他知道在一屋子的律师面前,他的影响力有多高。"

在"投票!"计划的总部,奥巴马是位神情严肃、举止庄重而又低调的领导。他坐在窄小的办公室里,一支接一支地抽着波迈牌香烟,研究账本，心里总想着他向纽曼保证的十五万选民。

"我们还需要登记多少选民？"每周例会奥巴马都会问现场组织者，"我们必须要有这么多登记选民，才能拿到这笔资金。"

布赖恩·班克斯是哈佛毕业的奥盖德本地人，负责南边区。他试图雇用自己的同居女友参加活动的自由项目，但是他马上就领会到了一点，他的老板不是芝加哥的。

"看，你不能这样做。"奥巴马平静而坚定地告诉班克斯。

班克斯摆出一副"你疯了吧"的表情，但是奥巴马依然继续。

"我们这个项目不能白给你家里人钱。"

奥巴马也学会了利用自己的魅力作为政治工具。他有着一副好听的男中音，高高瘦瘦，微笑灿烂，聪慧过人，对女性有着巨大吸引力。之前在"社区发展计划"中，他就像是那些中年妇女的儿子，但现在，他年过三十，掌握着六位数的资金，运行全市性的项目。"投票！"计划的主管将会展现和他的女性追随者更深的渊源。奥巴马正是这样做的。在政治上，1992年就是女性年。大多数"投票！"计划的志愿者都是女性，对莫斯利·布朗的性别和对她的种族一样兴奋。她们也受到奥巴马个人魅力的驱使。那个夏天，一个忠实的选民登记员拿到了超过一千个选民的名单。

班克斯高中和大学期间都在篮球队，所以他了解追随者的心理，也知道怎么利用女性崇拜者。奥巴马也意识到自己的魅力，但是他一心一意专注选民登记，没有心思闲混。

班克斯认为，"这个项目如此成功，原因之一就是很多女性希望和奥巴马相处。他一走进房间，就有人神魂颠倒。我见到的很多人会利用这一点寻找床伴，但是奥巴马只是想利用这一点来成就事业"。

"投票！"计划在选民名单上加上了超过 15 万新选民的名字，创下了芝加哥选民登记运动的记录。黑人为主的选区选民数第一次超过了白人为主的选区选民数。而且因为总部给选民们打电话敦促投票，他们十一月份也前往投票点投票了。最终有超过 50 万黑人投票，投票率是哈罗德·华盛顿第一次参加选举之后的一个新高。卡罗尔·莫斯利·布朗以 53% 的得票率击败了得票率 47% 的共和党对手。比尔·克林顿也成为林登·约翰逊 1964 年当选之后第一个代表伊利诺伊州的民主党人。那年伊利诺伊州成了"蓝州"①，从那以后就没有变过。

莫斯利·布朗不仅继承了哈罗德·华盛顿的活动，还在他成就的基础上有所扩展。在哈罗德之前，芝加哥黑人政治家最高的理想是当选美国国会众议员；在哈罗德之后，最高理想成了当选国会参议员，最后，最高理想成了当选美国总统。许多其他城市也有黑人市长——底特律、亚特兰大、达拉斯、休斯敦、纽约、洛杉矶、费城、巴尔的摩——但是没有哪一个城市能有黑人在全州范围取得如此巨大的政治成功。（莫斯利·布朗实际上是第二个在伊利诺伊州取得全州选举胜利的黑人政治家。1978 年，隶属于南边区政治机器的罗兰·伯里斯当选州审计长，并于其后两度连任。他之后成为首席检察官，后因被州长罗德·布拉戈耶维奇指定填补奥巴马当选总统后留下的参议院席位空缺而臭名昭著。)

芝加哥有两个得天独厚的优势。第一，芝加哥在库克县，而库克县几乎占了全伊利诺伊州选民的一半，第二，当地民主党在全国范围组织

---

① 译者注：蓝色是民主党颜色。

活动。莫斯利·布朗预选胜利之后，芝加哥白人社区和市郊的选片片长在普选的时候为她拉了大量的票。

政治顾问唐·罗斯解释说："他们必须大力宣传黑人，以显示民主党依然是个开放的党。这是件费力的事。如果你把哈罗德·华盛顿的当选作为支点，那么你就会开始看到，黑人政客挑战传统组织，然后这些组织还要支持这些黑人。"

奥巴马的成功让他第一次获得了《芝加哥论坛报》的关注。在一期黑人历史月的专门栏目中，奥巴马被列入"25位即将改变历史的芝加哥人"之一。

"巴拉克·奥巴马，31岁，律师。"5.5磅的铅字印着，"一位领导'投票！'计划的社区活动家。在去年十一月的历史性选举中，十五万名新增非裔登记选民中的大多数都由此计划登记。1990年，他是《哈佛法学评论》的首位黑人主编。"

奥巴马在三一联合基督教堂举行了婚礼，婚宴设在南岸乡村俱乐部。俱乐部在海德公园南侧，地处湖边平地，俱乐部一度实行种族隔离制度。通过与米歇尔的婚姻，奥巴马让自己和芝加哥黑人紧密联系在一起。他选择了芝加哥作为家庭和事业的据点。奥巴马一家最后成为芝加哥黑人精英的分子，融入了由企业家、医生、出版商、律师以及政治家组成的黑人社群。他们的哈佛文凭终将帮助他们征服那个世界，只是那个时候，他们还没有征服。米歇尔在中产阶级家庭长大，住在高地，那是南岸的一块飞地；她父亲在芝加哥滤水厂工作，而她曾就读于惠特尼杨高中，一所公立精英高中。

奥巴马有两位伴郎：来自肯尼亚的同父异母哥哥马利克，还有约翰尼·欧文斯。宾客名单代表了他行将离开的生活以及他即将进入的生活：杰里·凯尔曼出席了婚礼，洛蕾塔·奥古斯丁、伊冯娜·劳埃德、玛格丽特·巴格比也到场参加。到场的当选官员只有萨姆·伯勒尔和托妮·普雷克温克尔，这两位市议员都在"投票！"计划中工作过。小杰西·杰克逊也参加了婚礼，因为他妻子桑迪是米歇尔的儿时好友。

"社区发展计划"的女人们看见奥巴马和米歇尔结婚都很激动。她们之前一直担心这位前程锦绣的年轻人会成为"举止放荡头脑简单的女人"的猎物。但米歇尔显然丝毫不比奥巴马逊色。一对新人敬酒的时候，巴格比告诉米歇尔，她的丈夫注定要进白宫的。

"啊，对，是的。"奥巴马笑了，巴格比坚持说某一天他会成为总统的时候，他也是这么笑着说的。然后一对新人就到下一桌敬酒去了。他还是一个法律学生的时候，一回芝加哥就会到罗赛岛；他领导"投票！"计划的时候，也招募了"社区发展计划"的成员作为志愿者；但是在婚礼之后，这三个女人就很少再见到奥巴马了。

第五章
青年律师

1993年初，奥巴马开始到戴维斯律师事务所全职工作。他办公的地方是二楼楼梯间尽头一间狭窄的办公室，紧靠贾德·迈纳办公室。奥巴马在办公室挂了哈罗德·华盛顿的照片——南边区的很多客厅都挂着一样的彩色照片——开始为这位已故市长未完成的事业奋斗。

戴维斯律师事务所是芝加哥自由主义白人和民族主义黑人的一面旗帜。十年前，他们团结在一起，将华盛顿推上市长的高位，而现在，他们已经失去力量。1989年，理查德·M.戴利打败未经民主党预选、以华盛顿党候选人身份参选的市议员蒂莫西·埃万斯，接替华盛顿未完成的任期。那也是一场种族对立的选举。埃万斯无能团结华盛顿创下的多种族联盟，仅拿到了7%的白人投票，是华盛顿当年的三分之一。而随着戴利家族重掌市长一职，曾经在市议会就能解决的斗争都要被呈到法庭解决。

"迈纳基本是靠起诉市政府生存的。"在迈纳所接的一件案子的专家证人如是说。

奥巴马加入迈纳律师事务所的时候，迈纳的确就是这么做的。奥巴马接手的最初一批案子包括巴尼特诉戴利的案子，案称芝加哥1991年的选区划分存在种族偏见，应该重新划分，以保证有更多的黑人当选市议员。这本质上是"议会战争"的延续：哈罗德·华盛顿之所以能通过专门选举取得议会多数，是因为联邦法官判决八十年代划分的选区应重新划分，以保证种族平衡。案中原告是华盛顿原在市议会的集团，而被告则大多是和爱德华·弗尔多利亚克同一立场的白人议员。

1990年人口普查中，芝加哥黑人人数首次超过白人人数，然而市议会白人占23席，黑人占20席，拉丁裔占7席。案件称，戴利政府的选区划分使得某些选区超过90%的人口为黑人，从而保持了议会白人多数的局面。种族之争最为激烈的西南区有68%的非洲裔，然而区内所含选区中，有两个白人选区，另外两个选区则分别有98%和99%的黑人。

"到目前为止，芝加哥的选举政治广受种族偏见和种族诉求的影响。除非黑人享有对选区的应有投票控制，否则他们参与选举过程以及自主选择代表的权利将会受到侵犯。"迈纳在陈词中如是说，控告重划选区违反第十四修正案、第十五修正案以及选举法案。

在巴尼特诉戴利一案中，奥巴马作为副手准备了披露文档，和迈纳一起采集证言，撰写备忘。案子在联邦法院一直拖到1998年，那时候奥巴马早已离开戴维斯律所担任州议员。结果原告胜诉——可以这么说。美国联邦地方法院上诉法庭责令重新划分西南区的一个选区，增加黑人选民人数。爱尔兰裔的当任市长获得专门选举的胜利。

奥巴马在戴维斯律师事务所的大部分工作都和种族或者社会公平有关。他为一位控告雇主性骚扰的黑人医疗器械推销员赢得了庭外和解；

第五章：青年律师

他成功起诉了一家在贷款保险业务上对黑人社区存在歧视的银行。奥巴马还深入参与了社区组织改革协会诉埃德加一案，起诉伊利诺伊州州长、共和党人吉姆·埃德加拒不实施联邦的《全国选民登记法》。《全国选民登记法》又常被称为"机动选民"法，要求各州在图书馆、公共援助处以及州务卿办公室进行选民登记，旨在防止选民被除名。因为奥巴马曾经领导过"投票！"计划，接手这一诉讼对奥巴马而言自然而然——这是连接法律和政治的一座桥梁，和连接社区组织和政治的"投票！"计划是一样的。因为在"投票！"计划中曾与社区组织改革协会合作，奥巴马意识到如果州政府拒不执行"机动选民"法，将会难以进行贫穷选民的登记。

奥巴马执笔社区组织改革协会诉埃德加一案的最后陈词，于1995年1月19日呈交。此时"机动选民"法生效还不满一个月。

"伊利诺伊州政府未能如期于1995年1月1日开始实施《全国选民登记法》约束性条款之要求，致使社区组织改革协会受到侵害，因为此种行为严重损害社区组织改革协会有效推动选民登记的能力。《全国选民登记法》的简化登记方法包括寄送登记以及在机动车登记、公共援助、残障服务以及其他指定办事处进行的基于服务机构的选民登记，本可大幅推进选民登记。"奥巴马如是写道。

"相当数量的社区组织改革协会成员已登记为选民，但由于缺乏解决他们诉求的候选人以及其他原因，在过去两个自然年内未进行投票。这些成员希望保留有效登记选民的身份；如被清出投票登记名册、被剥夺在联邦案件中作为陪审员的权利，他们的权利将受到侵害。相当数量的社区组织改革协会成员并未登记为选民、未在现居住地登记，或很可能在可预见的将来变更地址。相当数量的社区组织改革协会成员前往机动车管理部门申领或换领驾照，到政府机关获取公共援助或残障服务。如果这些机关按照《全国选民登记法》的要求实施提供登记程序，这些协会成员就很有可能登记，投票，或者在已经进行选民登记的基础上更新住址。"

共和党控制的州参议会以及选举委员会反驳道，如果允许人们在任意地点登记，将导致芝加哥选举舞弊——伊利诺伊共和党永恒的梦魇。

在起草陈词的时候，奥巴马与几位民权律师开展会谈、往来传真，征求他们的意见。但是他毕竟还是一个初出茅庐的律师，而这又是一件广受关注的案子。奥巴马提交陈词之后，女性选民联盟和司法部马上介入此案。奥巴马退到一旁，由他们的律师进行辩论。实际上，在整个诉讼程序中，奥巴马只有一次发言。他问州长的辩护律师，州政府遵守机动选民法的方法是不是就是设立两级系统，联邦选举时只允许人们在州务卿办公室登记。

"在法庭上，的确是由其他律师引领辩论的。"库克县书记员办公室的律师史蒂夫·梅尔顿回忆道，"他比较年轻，我们中间好些人比他大。其他律师又是大律所来的，所以听从他们的意见是很自然的事。提起诉讼之后，势头良好，他仍然参加法庭听证。很快法官就明显站到了我们这边。其他人扮演的则更多是推动案件发展的角色。"

一位联邦法官责令伊利诺伊州实施机动选民法。诉讼胜利为奥巴马赢得了一个奉行善政的团体支持，后来这个团体也为奥巴马的政治事业提供了支持，这个团体就是伊利诺伊独立选民独立选片组织（Independent Voters of Illinois Independent Precinct Organization，IVI-IPO）。组织名称的两个部分相互独立，顾名思义，IVI-IPO代表了芝加哥政治中反戴利的力量。这一团体在其创建地——海德公园——影响力尤其显著。因为在社区组织改革协会诉埃德加一案中的表现，奥巴马赢得了IVI-IPO授予的法律金鹰奖章。在黑石酒店的晚宴上，参议员保罗·西蒙将奖牌颁发给了奥巴马。西蒙是广受慈善家喜爱的政治童子军，后来在奥巴马当选国会议员的过程中发挥了重大作用。

《哈佛法学评论》的主编或许是奥巴马一生中赢得的最重要的职位。它为奥巴马提供了进入芝加哥上流社会的"黄金门票"，为他日后的成就打下了基础。如果奥巴马只是一个哈佛法学院的黑人毕业生，或者一位《哈佛法学评论》的白人主编，他不会从记者、出版商、律师事务所以及政治捐助人那里获得如此高的关注，如此多的钱财，如此丰富的工作机会。然而，作为担任世界最负盛名的法学院这一职位的第一位黑人，奥巴马就是一支潜在的蓝筹股，对于总是把最聪明的法律学生拱手让给纽约和华盛顿的芝加哥而言，更是如此。《哈佛法学评论》主编的职位让奥巴马得到了芝加哥大学的教职，他在芝加哥大学一直教书，直到当选国会参议员，而且在芝加哥大学，他也见到了他第一位政治导师，阿布纳·米克瓦法官。

奥巴马的叔祖父查尔斯·佩恩是芝加哥大学的图书管理员。佩恩是奥巴马祖母梅德林·邓纳姆的兄弟，他向一位法律图书管理员吹嘘自己的侄子是《哈佛法学评论》的第一位非洲裔主编。法律图书管理员把这个消息告诉了法学院招聘委员会的主席，道格拉斯·贝尔德。贝尔德很困惑，因为佩恩属于"黄蜂族群"。

"很抱歉，你肯定是搞错了。"贝尔德对图书管理员说，"我知道查尔斯·佩恩，可能他侄子的确是《哈佛法学评论》的主编，但是肯定不是担当主编的第一位黑人。"

不久以后，贝尔德的同事迈克尔·麦康奈尔拜访贝尔德。麦康奈尔后来被乔治·W. 布什任命为联邦法官。那时麦康奈尔刚在《哈佛法学评论》发表了一篇文章，对奥巴马大为赞赏，因为奥巴马对他文章的编辑十分精彩。

"我们应该找找他，"麦康奈尔建议，"他可能有兴趣教法律。"

贝尔德拨通了那个春天很多律师都在拨打的剑桥城电话，和奥巴马通了话。

"我对教法律不感兴趣，"奥巴马告诉贝尔德，"我签了一份合同，写一本关于投票权利的书。那会占掉我毕业后第一年的大部分时间。"

（《纽约时报》刊登了一篇文章，介绍奥巴马担任《哈佛法学评论》的主编。之后一家文稿代理商交给奥巴马一份价值十二万五千美元的合同，为西蒙与舒斯特公司写书。因为法学院的要求，奥巴马无法完成写书项目。之后奥巴马接受了来自时代出版公司预付款，金额较之前的合同低，这本书就是后来的《来自父亲的梦想》。）

"你为什么不在这儿写书呢？"贝尔德建议，"我们会聘你为法律与政府研究员。我们可以给你象征性工资，给你提供带文字处理器的办公室。"

贝尔德心想，如果奥巴马决定教法律，那他就会留在芝大校园里。而每一位律师都知道，现实占有，十诉九胜。

奥巴马接受了贝尔德的提议，答应留在法学院工作。法学院楼高六层，玻璃外墙，院中有一眼极浅的喷水池。大楼四四方方的结构，泛着暗光的窗户和主校区牛津式院落大不相同——主校区是二十世纪初期，由约翰·D. 洛克菲勒投资建设的。奥巴马在法学院待了一个月之后，来到贝尔德办公室，告诉贝尔德，他写的书出现了意料之外的变化。

"实际上，与其说它是一本关于投票权利的书，还不如说是我的自传。"奥巴马说道。

贝尔德有点惊讶——奥巴马的年纪对于写自传来说，似乎还太年轻——但是他想放纵一下自己的猎物。

"这不是问题，"贝尔德说，"你应该写你想要写的书。"

1992年秋，奥巴马在"投票！"计划的工作进入尾声，《来自父亲的梦想》也即将付梓，贝尔德劝说奥巴马开设名为"种族主义与法律时事"的研讨课。随之而来的是一个新职称——法学讲师，贝尔德希望这是奥巴马进阶教授职位的第一步。

芝大是美国学界报酬最为优厚的大学之一。它实际算不上常春藤盟校，但是从教师账户上的收入看来，和常春藤盟校没有什么区别。那个时候，教职员工和学生中白人比例都达到90％，而奥巴马十五人的研讨课却吸引了与此不成比例的非洲裔和拉丁裔。学生们不仅因为这是一门讨论少数族群权利的课程而欢欣，他们也因为能够见到一名黑人教师而深受鼓舞。贝尔德让一位叫杰西·鲁伊斯的拉丁裔学生去见奥巴马。鲁伊斯找到奥巴马时，这位新讲师正坐在办公室里，写着自传。奥巴马抽出时间和鲁伊斯谈话，告诉鲁伊斯，他自己曾在罗塞岛当过组织者。

"我在罗塞岛长大的。"鲁伊斯回答道，十分惊讶。

奥巴马还提到了他在《哈佛法学评论》当过主编。那些日子，他总提起这一点，那时的他还没有进入政治圈；政治圈里，《哈佛法学评论》的主编身份不足以让他得到自己想要的东西，而且对这一身份的吹嘘实际上让人兴趣全无。鲁伊斯意识到，他之前就听说过这个人。在上法学院之前，鲁伊斯曾经在印第安纳州一个钢铁厂工作过。一天，他坐在桌前，看到了关于《哈佛法学评论》第一位黑人主编的报道。我不会永远都待在钢铁行业的，鲁伊斯心想，如果这个在芝加哥工作过的黑人都能成为《哈佛法学评论》的主编，我也可以去读法学院。不久之后，鲁伊斯就来到了芝加哥大学。

奥巴马从不利用研讨课宣扬利用自由主义治疗种族弊病的思想，尽管他的学生或许会对此表示欢迎。那从来就不是奥巴马的政治风格，也不是他的教学风格。他的授课内容涵盖了大量最高法院的判决，其中包括普莱西诉弗格森案、布朗诉托皮卡教育委员会案以及普莱勒诉多伊案，这一德克萨斯州的案件判定，无论移民身份如何，所有在校儿童享有同等权利。奥巴马要求学生站在白人立场看待这些案件——"有时候，人们对一些事情有着一些固有的看法。"奥巴马解释道，或许想起了他外祖母对黑人青年的猜疑。奥巴马还告诫少数族裔的学生，不要把委屈不满带到法庭上。

"不要意气用事。"奥巴马说，"作为拉丁裔、非洲裔或者亚洲裔的律师，你们会有自己的关注点，但是你们思考的时候要像律师一样，把那些都先放在一边。"

后来，奥巴马成了高级讲师，讲授宪法。吉姆·马迪根在九十年代末上了奥巴马的课，这名学生后来也成了法学讲师。马迪根担心，一位黑人教授对着满教室的白人小孩讲奴隶制度，恐怕会让这早晨的课变得令人难受。奥巴马以权利受侵的弱势一方的角度切入案件，展示了他的自由主义思想：不管弱势一方是诉求自由的奴隶德雷德·斯科特，还是1982年被乔治亚州判定犯了鸡奸罪的同性恋迈克尔·哈德威克，都是如此。但是即便是德雷德·斯科特案，奥巴马也能肯定奴隶主一方的考虑，奴隶主希望自己的财产得到尊重；奥巴马还肯定了最高法院的考虑，最高法院担心作出有利黑人的裁决会刺激南方各州脱离联邦。然而，综合考虑，奥巴马认为法院应该在纠正不公方面发挥积极作用。

作为一名同性恋，马迪根很有兴趣知道奥巴马如何分析鲍尔斯诉哈德威克这桩鸡奸案。奥巴马不仅是个异性恋的已婚男人，他还是个绅士而英俊的男人，女人们都迷恋他。这让奥巴马与法学院大部分老脸阴沉、心不在焉的教授截然不同。

"我记得我自己，作为同性恋者，快讲到鲍尔斯案的时候，有点想知道奥巴马会怎么分析这个案子，因为他有那种很受女人欢迎的气质。"马迪根回忆说，"我想，对于他的处理手法，我还是挺吃惊的。他切入这个案件的方法和切入德雷德·斯科特案的方法是一样的，始终如一，还是采取了这个同性恋者的角度。我觉得这是种具有一致性的模式，给我印象很深。因为同性恋这件事对我而言是非常个人的，对他而言则是很陌生的，他处理的方法，就像是对待一件对他很个人、但对我很陌生的事情——比如说，基于种族的法律。"

奥巴马关注案件对人产生的影响，而不仅仅是法律原则，这只是他与法学院传统背道而驰的一种方法。芝大的教授都是极有才智的：中午在教工休息室里，他们乐于展开激烈的辩论，讨论最高法院判决的法律依据，而至于案件如何影响距校园仅数英里的贫穷南边区家庭，他们则兴趣不大。在课堂上，讲授和接受的过程同等咄咄逼人。一位教授，后来的联邦法官，曾经在课堂上把学生说哭了。（奥巴马的课更像是对话式的。比起居高临下地讲话，奥巴马更愿意让学生加入讨论。政治家和法官不同，希望被人喜欢。）芝大是法律思想的堡垒，尤以保守思想家闻名。理查德·波斯纳是学校最负盛名的学者，接受罗纳德·里根的任命，上任美国第七巡回上诉法院。理查德·爱泼斯坦是公司法专家，后来成为了奥巴马的批评者，在"保守派是否应该给奥巴马投票"的辩论中采取了反方立场。然而，芝大仍然是一所都市化、知识化、国际化的院校，所以学校教授更加接近自由主义派而不是社会保守派。这些教授们更加信奉自由市场，而非传统价值。（经济学院的许多诺贝尔奖得主都有同样的观点，学院的一个研究机构是以前教职员工米尔顿·弗里德曼命名的。）

"热衷个人自由的想法和许多公民权利问题——至少是六七十年代出现的公民权利问题——实际上没有那么不协调。"贝尔德如此解释教职员工如何在思想保守主义和海德公园盛行的个人自由主义之间取得平衡，"法学院的每一个人都绝对不会容忍种族歧视、性别歧视、基于性取向的歧视以及其他类似事情。"

保守自由主义听起来像是学术上的故弄玄虚，但是"如果你说'保守自由派'，你就错了，"贝尔德说，"他们反对大政府，但是这和反对投票权利是不一样的。"

作为教师，奥巴马是很受欢迎的。但他不是受追捧的明星，即使在他当选州议员之后也不是。大多数学生更热衷选择联邦法官或者全职教授开的课，议员的魅力没那么大。奥巴马为法学院慈善拍卖捐出在斯普

第五章：青年律师

林菲尔德的一天时，这一天的时间只拍卖出区区几百美元。奥巴马在教工休息室的时间也不多。讲师们通常不会参与到法学院的激烈讨论里，在法学院教书只是他们混口饭吃的工作。奥巴马清早在楼下的"绿色休息室"喝咖啡，或者下班之后在体育馆打篮球。

"保守自由主义"对一个在奥盖德花园上了政治这一课的讲师丝毫没有吸引力。但是奥巴马在法学院的确找到了志同道合的盟友。卡斯·桑斯坦研究宪法，是在美国著作被引用次数最多的法律专家，他是奥巴马在芝加哥大学最亲近的朋友（奥巴马后来委派桑斯坦在政府担任"监管沙皇"①）。他们两人都是进步民主党人，但他们也是实用主义者。桑斯坦深化了奥巴马的实用主义特征，用严密的辩论考验他的思想，促使他向司法极简主义的方向靠拢。司法极简主义认为，法官应该尽可能严格地依据法律判案，而不是大胆地改造法律。在芝加哥大学，没有什么权威答案，每一种答案都会引起进一步的问题。这种理性严谨的态度在日后奥巴马作为律师开展工作的时候有所体现：他将意见相左的两方聚到一起，尝试寻找共同点。

在芝加哥大学，奥巴马还遇到了埃琳娜·卡根，她后来到哈佛法学院担任院长。奥巴马当选总统后任命她为美国司法部副部长。

今天，走进芝加哥法学院的大堂，左手侧的第一个房间门外挂着这样的一个牌子：

---

① 译者注：白宫信息与管制事务办公室（Office of Information and Regulatory Affairs, OIRA）主管。该办公室是美国政府执行部门中的最具权力的办公室之一。

巴拉克·奥巴马

高级讲师 1996~2004

法律讲师 1992~1996

法律与政府研究员 1991~1992

第 44 任美国总统

美国国会参议员 2005~2008

伊利诺伊州参议员 1997~2004

在芝加哥大学的十二年里，

奥巴马先生讲授过"宪法学Ⅲ"，"种族主义与法律时事"，

以及"投票权利与民主进程"。

第五教室是他上课时最喜欢的教室。

第五教室是一个可容纳八十名学生的阶梯教室。也正是在这里，奥巴马培养了雄辩的口才；这种口才一经黑人教堂其次启应韵律的调和，使奥巴马成为了他那一代人中最伟大的政治演说家。作为宪法学教授，奥巴马的职责就是鼓励政治观点迥异的学生之间展开对话。

"罗诉韦德一案在宪法中的依据是什么？"奥巴马会这样问，"对宪法第十四修正案的这种理解又应该如何适用到性取向问题上呢？"

从来没有其他总统候选人像奥巴马一样花费如此多的时间，深究美国法律思想的基本原则或者美国宪法的微妙之处。他的公众演说，2004年的基调演讲以及 2008 年的胜选演讲中响彻云天的口才，就是从这个

教室的法律讨论中自然而然地发展起来的。奥巴马在这个教室里教过《解放黑奴宣言》，朗诵过林肯的话语。他比其他所有政治家都更为熟悉早期美国思想家的演讲，但是他用这些古老的韵律所表达的世界观比其他政治家所表达的都更为现代。林肯所做的事情也是一样的：他解放奴隶的一纸宣言就像是由西塞罗撰写的。律师总统是一个优势，然而这只是奥巴马作为公共演说家所受教育的一部分。在后来的一次公职竞选中，奥巴马认识到，政治家不能像大学教授一样讲话：演说和讲课是两件不同的事情。

第六章
海德公园

在哈佛读法律的时候，奥巴马拒绝了阿布纳·米克瓦提供的面试机会。作为芝大讲师和一个有抱负的政治家，他更有兴趣用自己的社交手段笼络这位法官。上回无缘见面之后，米克瓦辞去议院工作，为比尔·克林顿当了两年白宫法律顾问，然后回到了海德公园，住在湖畔平地的顶层公寓，门卫称呼他为"米克瓦法官"。米克瓦已经半退休，在母校兼职授课。

一天，米克瓦来到学校，准备给学生讲立法程序。奥巴马见到米克瓦走进门，便迎上去自我介绍。

"我们见过面，"奥巴马说，"在一次招待会上。"

那一次米克瓦拿拒绝面试的事情跟奥巴马开了个小玩笑。奥巴马担心得罪了这位法官，向他说明那是因为自己太迫切要回到芝加哥了。

"我当然记得你，"米克瓦回答。在法律教师队伍里，奥巴马很是显眼。

这一次，奥巴马提议他们一起吃早饭。他们如约吃饭，之后，很快奥巴马就开始称呼阿布纳为"阿布"。奥巴马为自己的政治事业选择了最可靠的朋友，最优秀的模范。独立自由主义是海德公园的基调，而米克瓦就是独立自由主义的化身。他在密尔沃基市长大，像奥巴马一样，是芝加哥的局外人。在大多数社区，要走上从政道路，就必须是当地高中的毕业生，必须在民主党选区组织有过数年街头走访的经历，在海德公园社区则不然。芝加哥大学欢迎局外人，尤其是常春藤盟校来的毕业生。

正如一位政治老手说的，"我们有很多哈佛毕业的人。"

在芝加哥这个因为种族隔离而臭名昭著的城市里，海德公园是最早欢迎黑人的白人社区，也是最早给黑人投票的白人社区。二十世纪五十年代，最高法院通过谢利诉克雷默案，推翻了限制性契约，随后中产职业人士开始从黑带移居到海德公园。他们没有遇到任何阻力，部分原因是因为社区人口主要是种族包容性强的犹太人和自由派的教授，另外则是因为这些新居民也有大学文凭。海德公园居民或许有些势利，却绝不心胸狭窄。就像谚语说的一样，他们不以肤色取人，他们以读书多少取人。这些新来者——老练而高雅，爱听埃拉·菲茨杰拉德和比利·霍利迪的第一次大移民——发现海德公园比原来的社区更适合他们，不像他们原来的社区那样，满是棉花工人，爱听马迪·沃特斯和"嚎叫野狼"之类乡村蓝调的靡靡之音。

海德公园处于南边区，却不属于南边区。海德公园里林立着可以一览密歇根湖湖景的昂贵高层住宅，看起来更接近湖滨大道另一头北边区的高档社区，而不是湖岸数英里以外困乏萎靡的贫民区，那里陈旧的街角充斥着售酒小店和活鸡棚屋。芝加哥大学自认是东面临水、三面贫民的文化孤岛，海德公园社区的特点正是由芝加哥大学的特点所定义的。

第六章：海德公园

学生们被告诫不要超过分界大道。五十年代，因为城市形势恶化的冲击，芝加哥大学担心惶恐，先是威胁搬离海德公园，后又在学校周围开展激进的城区重建。满怀愤恨的南边区人把重建项目叫做"搬迁黑鬼"，喜剧演员迈克·尼科尔斯嘲弄说，"海德公园就是中产阶级黑人和中产阶级白人携手对抗下层阶级的地方"。（索尔·阿林斯基——意料之中的海德公园人——成立了伍德朗组织来对抗芝加哥大学的行动。）

　　黑人和白人也携手对抗政治机器。海德公园保持了自身的独立，因为戴利市长没有给它的医生们和教授们提供任何好处。选举日的时候，酒鬼们分到葡萄酒，非裔穷人分到火鸡，白人则得到协助岗位，去照看桥梁，视察下水道。而戴利能给手术医师的最好职位也只是在卫生部门，赚的钱还比不上在芝加哥大学医院工资的一半。保罗·道格拉斯是经济学教授，在国会参议院当议员，是海德公园最著名的官员。但道格拉斯有政治机器的支持，因为政治机器需要名单上有一位自由派的改革人士，以转移对政治机器其他龌龊的中坚分子的注意。海德公园最受爱戴的政治家是为所有无党派人士扛起大旗的市议员利昂·德普雷。德普雷是托洛茨基——他在这位共产党人的墨西哥别墅待过——的老熟人，在戴利当选市长的同一天当选市议会议员，之后二十年都是市长的眼中钉，在无数49比1的投票中都是那位持异见者。德普雷公开支持公民权利，他曾提交议案，要求实现房屋自由租售，只有他自己投了赞成票。

　　海德公园人吹嘘说，"我们这里有市议会唯一一个属于黑人的市议员，而且，他是白人。"

　　通常而言，戴利通过削减资助惩罚难以控制的议员，但是海德公园不需要资助。他们需要的是有人填平坑坑洼洼的道路，有人维修供水管道，有警察在街上巡逻——这些实际上更容易得到，前提是他们的议员不会同时向市长乞要工作机会。所以每当德普雷在议会上开始咆哮攻击政治机器，戴利都只是关掉他的麦克风。在海德公园人的眼中，能够对抗戴利的种族歧视和选举舞弊的，就应该在这场为善政而努力的长期斗争中得到嘉奖。

1966年，海德公园选出了它的第一位黑人州议员，理查德·纽豪斯。纽豪斯毕业于芝加哥大学法学院，这就让他在别人眼中成为一个好人。马丁·路德·金也是在同年在芝加哥抗议种族隔离——次年，西装领带的民权运动就被城市暴动所取代——海德公园中很多人都是属于城市联盟的白人，投票给黑人让他们有种温暖而自满的感觉。

那时候，米克瓦已经在议会了。几年前，州议院有一个空缺席位，伊利诺伊独立选民组织（IVI）开始寻找合适候选人。IVI的成立是为了与政治机器相抗衡，在海德公园以及一些住着年轻教授和民间音乐爱好者的北边区选区具有影响力。（IVI后来与独立选片组织（IPO）合并为IVI-IPO。）白人新教教徒都逃往市郊，也带走了共和党人选票，所以无党派独立人士是对抗戴利芝加哥统治的唯一敌手。市长的人给他们起绰号叫"酷酷"（goo-goos），是对追求善政（good-government）一派的嘲笑称号。

米克瓦没有让他的赞助人失望。在斯普林菲尔德，他加入了一个自由派团体，为实现房屋自由租售而努力。当米克瓦在一项反赞助措施的议案中和共和党人一样投了赞成票，民主党人不禁愤怒至极。赞助是政治机器力量的来源，为政治机器提供了大批的政治委派人争取选票。

第六章：海德公园

"他这样投票肯定是疯了，"一位西南区人抱怨道，"他是那个疯了的海德公园来的。"

1968年，米克瓦当选国会议员。其后的人口普查使得伊利诺伊州减少了一个国会众议院议席，政治机器议员决定将海德公园划入拉尔夫·梅特卡夫麾下黑人人数空前的第一国会选区。米克瓦没有那么轻易就被逐出华盛顿。他搬到北岸，那里的自由派郊区市民与海德公园人没有太大区别：只要候选人不和市长同一战线，都能得到他们的选票。很快米克瓦就重返国会，直到吉米·卡特任命他为联邦法官。

米克瓦在州议会的继任者中的一位就是卡罗尔·莫斯利·布朗。重建时期以来的三位黑人州议员，有两位都是在海德公园开始自己政治生涯的，这并非巧合。在美国，黑人政治家如果要学会如何代表白人选民，没有比海德公园更好的地方了。选举法案为黑人获得要职创造了更多机会，但也使得种族隔离区的美国人成为边缘。海德公园就是一个例子，既不是黑人地盘，也不是白人地盘。

莫斯利·布朗"不害怕白人民众"，一位白人支持者说，"她可以很自如地和白人交谈，脑子里不会一直想着'他们眼里的我是一个黑人'。她的想法是这个层次的，'好，我和你是一样的，我受到的教育、拥有的能力都和你是一样的。'像海德公园这种社区的特点就是，每个人都认为，'对，好，就应该是这样的。'你碰巧是个黑人的事实不会削减别人对你的认同。"

奥巴马来到海德公园的时候，这个社区的双重种族特点从瓦卢瓦餐厅（他们的霓虹招牌写着"看见你的食物"，十分吸引消费者）就能看出来，那儿的特色排骨对酒鬼和研究生都是一样的价格。瓦卢瓦餐厅是

《斯利姆的餐桌》一书的主题，此书分析了校园与贫民居所之间小心翼翼的关系。奥巴马经常在瓦卢瓦餐厅吃早餐。他成为总统之后，餐厅老板每天在门口摆出招牌，上面列着奥巴马最爱吃的早餐：鸡蛋，香肠以及薄饼。然而奥巴马最喜欢的海德公园餐厅是法裔主题的迪克西餐厅。当了州议员之后，奥巴马在一栏叫"买单，谢谢"的当地电视节目上对迪克西餐厅大赞不已。（那一期没有播出，因为奥巴马让别人一句话都插不上。）在哈珀庭院的棋桌上，黑人混混可以和数学专业的书呆子激烈对决五分钟一盘的快棋。混混把街头黑话变成了象棋行话，吃了对方的车或者象之后，大声叫嚣"给我他们的裤子！我要他们把裤子脱了！"棋战变得过于激烈之后，棋桌也都收起来了。海德公园美发沙龙是奥巴马理发的地方，店里放着《乌木》和《喷气机》供等候的顾客阅读，但店主扎里夫不光会剪普通的发型，他还会剪怪异的发型。

巴拉克和米歇尔在东景公园买了一套两卧的公寓。东景公园离密歇根湖只有几百码，盖着一模一样的三层小楼，街区四周围着围栏。奥巴马常在海德公园商店，拿着妻子列的购物清单买东西——这个任务让他可以偷偷抽支烟；或者是在普罗蒙特里角附近的篮球场打球，高高跳起的人看起来就像翱翔在湖上空灵的天空里。

奥巴马还在海德公园的政治圈和知识圈里提升自己的存在感。在时髦的北边区社区，灯柱和售货亭上贴满了独立摇滚的传单。而在海德公园，这些地方贴的都是讲座信息。心智生活是一流的娱乐。美国民主社会主义者邀请奥巴马出席题为"美国城市中的就业与生存"的研讨会——这对于法律讲师而言是一个意外之得。研讨会主力是社会主义者威廉·朱利叶斯·威尔逊。他是芝大的偶像人物，总能把大批的人吸引到校园。(九十年代中期,《普林斯顿评论》将芝加哥大学评为美国最差的派对学校,于是有了这么一个笑话:"问:需要几个芝加哥大学学生才可以拧好一个灯泡?答:嘘!我这试着在黑暗里学习呢。"芝大学生一年还是会放松一次,就在光明节前后,学校发起辩论,讨论土豆烙饼和三角糕哪种更好吃。)

奥巴马也和海德公园的同伴威廉·艾尔斯一起参加过另外一个研讨会,探讨"孩子可否被称作'超级捕食者'"。

比尔·艾尔斯和妻子伯纳丁·多伦是六十年代最为耀眼的激进派夫妇:他们就是"地下气象"(激进政治组织)的"邦妮和克莱德"[1];一次意外爆炸炸毁了格林威治村的一座市内住宅,他们的三名同事在事件中丧生,之后的十一年里,他们一直处于隐匿状态。艾尔斯来自上层家庭,他的父亲托马斯·艾尔斯是芝加哥最大公用事业设备公司——联邦爱迪生公司的首席执行官。因而当艾尔斯夫妇摆脱孤立之后,他们没有像亡命鸳鸯那样去蹲监狱。因为美国联邦调查局的行为不当,对他们的诉讼得以撤销,父亲利用自己所有的社会影响力,重建比尔的名望。艾尔斯后来成了伊利诺伊大学芝加哥分校一名德高望重的教育学教授,他的妻子则成为了西北大学法学院的教职员工。作为教授,艾尔斯提倡"社会公正的教学方法",希望让学生更大程度地控制课程,让家长更大程度地控制学校。他和奥巴马一样,在八十年代末,试图通过游说争取在本地学校成立校董会,虽说两人从未为此事共事过,但他们都作出了一样的努力。

---

[1] 译者注:出自美国1967年电影《邦妮和克莱德》,又译《雌雄大盗》。

艾尔斯和多伦在海德公园定居，受到自由派圈子的接纳。他们慷慨资助左翼运动，将自己的孩子送到芝加哥大学实验学校。芝大实验学校是私立学校，为哲学博士、法学博士、医学博士甚至少数成功文学学士的子女提供教育。在学校就读过的学生包括最高法院法官约翰·保罗·史蒂文斯、"心跳杀手"理查德·洛布，学生常被称为 Labbies。（艾尔斯夫妇除了亲生儿子马利克和栽德，还抚养了凯西·布丹的儿子，凯沙·布丹。凯西·布丹也投掷了炸弹，因为参与致使两名警察丧生的银行抢劫而入狱。）

"比尔和伯纳丁是社区里令人尊敬的成员。"这对夫妇的一位朋友如是说。这位朋友是一家激进杂志的编辑。

然而，另外一位熟人则斥责艾尔斯为"自恋狂"，因为艾尔斯如此宣传回忆录《逃亡的日子》："我不后悔安装了炸弹。我觉得我们做的还不够。"在一次新书宣传时，艾尔斯给《芝加哥》杂志摆的姿势是把美国国旗揉成一团扔在脚底。

奥巴马在《论坛报》给艾尔斯所著《慈祥而公正的家长：少年法庭的孩子》一书写了简评，文中称此书是"对少年法庭体系以及从绝望中拯救希望的勇者的一部热情而及时的记述"。艾尔斯在库克县的少年法庭教过五年书。少年法庭是由简·亚当斯创立的，她是芝加哥最早的行善家，是教育改革和社区组织的先行者。

奥巴马和艾尔斯都曾在伍兹基金会当过董事，伍兹基金会曾资助奥巴马的社区组织工作。两人合作的最大项目是安嫩伯格挑战基金会芝加哥分会。1993年，《电视指南》的"瓦尔巴克老爹"出版商、前驻英大使沃尔特·安嫩伯格宣布自己计划将投资五亿美元改革美国各地的城区学校。艾尔斯和奥巴马为芝加哥共同撰写了一份资助申请，指出安嫩伯格挑战基金会和芝加哥校董会相关法规所致力的学校改革工作存在共同点。

"过去五年里，芝加哥以前所未有的深入力度，重整主要城市学校系统。"艾尔斯在资助申请中写道，"芝加哥改革法规使得大量民间力量得以围绕教育事业发挥作用。自1989年以来，社区组织、民间团体、商业团体、大学、社会服务机构以及街道组织等与一所或数所学校共同协作，形成了强有力且不断壮大的资源基础，已经蓬勃发展并为学校提供支持。基金会及企业对公共教育团体的捐赠已经翻了两番。"

安嫩伯格给了芝加哥4920万美元，相信芝加哥分会可以在未来五年中筹集两倍的善款。乔伊斯基金会董事长德博拉·莱夫提名奥巴马担任安嫩伯格挑战基金会芝加哥分会董事。乔伊斯基金会曾资助"社区发展计划"，一年前将奥巴马任命为基金会董事。（乔伊斯基金会成了安嫩伯格挑战基金会的主要捐资者。）作为年仅33岁的小律所助理律师，奥巴马是董事会里最不起眼的成员。其他成员则包括美瑞泰克副总裁兼法律总顾问，还有伊利诺伊大学校长。然而，董事会在斯潘塞基金会（一家教育研究基金，办公室设在密歇根大街一栋豪华办公楼）召开第一次会议时，奥巴马当选董事长。

奥巴马有了在体制内的新职位，回过头帮助他当社区组织者时曾工作过的社区。这就是他去哈佛的原因。现在的奥巴马不用为了讨要50万美元帮助几所南边区的高中而向州议员苦苦乞求，他掌控的上千万美元足以帮助整个学区的所有学校。安嫩伯格挑战基金会给一个受"社区发展计划"赞助的团体10万美元，帮助它提高罗塞岛学校的家庭参与程度。这和以前奥巴马和约翰尼·欧文斯开展的辅导项目没有很大区别。

安嫩伯格挑战基金会在其五年的历史里，发放了210项拨款，其中大部分都是给小学的，目的是资助一些项目，以利于增加教师用于专业发展的时间、减小班级规模、加强学校之间的联系。学校被分成不同"网络"，于是几家学校可以参与一个项目。西南区一个拉丁社区的"新学校多元文化网络"得到65万美元的拨款，用以提高家长的英语水平以及学生的西班牙语水平。南边区非洲部落协作组织得到2.75万美元的拨款，为南边区的10所学校（其中包括米歇尔·奥巴马的母校——布林莫尔小学）各聘请了一位"部落长老"。安嫩伯格挑战基金会还给了由艾尔斯主持的小型学校工作室价值26.4万美元的大额拨款，而这笔拨款直接来源于乔伊斯基金会，也就是说，这笔拨款得到了奥巴马两次批准。

一些学校取得了巨大成功。伽利略学校聘请了一位全职的扫盲协调专员，负责对教师进行名著培训，并且开展了小作家比赛。在五年间，伽利略学校阅读能力高于国家标准的学生比例几乎翻倍。

芝加哥学区很大——当时拥有41万名学生——所以，即使是1.5亿美元，分配到每个学校之后也显得很微薄了。安嫩伯格挑战基金会的每个学校平均分到4.7万美元，仅相当于普通年预算的1.2%。安嫩伯格挑战基金会资助项目结束后，伊利诺伊大学在芝加哥调研发现，这些钱起的作用不大。

"我们的研究显示，安嫩伯格挑战基金学校学生的学习水平与非安嫩伯格挑战基金学校学生以及芝加哥学校系统学生整体水平差距不大，说明安嫩伯格挑战基金会对所资助学校的学生学习水平几乎没有影响。"研究结论如是说。

安嫩伯格挑战基金学校学生的学术参与度"略高",而至于课堂表现、自我效能感以及社交能力都"较弱"。

市中心办公楼里发放出来的"行善"资金并不能改变芝加哥公立学校的人口分布:85%的学生是非洲裔或者拉丁裔,同样比例的学生来自低收入家庭。沃尔特·安嫩伯格构思安嫩伯格挑战基金会的时候,他很奇怪为什么全世界的人都想上美国高校,而对美国的公立学校却不闻不问。他的五亿美元没能改变这种状况。奥巴马的长女马利亚出生的时候,奥巴马还是安嫩伯格挑战基金会芝加哥分会的董事长,然而像大多数富有的海德公园居民一样,奥巴马最后让她念了实验学校。

安嫩伯格挑战基金会无疑帮助了奥巴马,它让奥巴马成为了一个大型民间项目的领导,让他有机会和芝加哥最富有的慈善家们并肩而坐。在最初的六个月里,董事会每月召开一次会议,后来每个季度召开一次会议。奥巴马的任务包括和布朗大学校长瓦尔坦·格雷戈里安会面。奥巴马和格雷戈里安在大都会俱乐部共进午餐,在座的还有市长夫人玛吉·戴利、《芝加哥论坛报》的出版商斯科特·史密斯,以及彭妮·普利茨克。普利茨克家族经营凯悦酒店集团,财富价值数十亿,四处捐资,以家族名字命名了许多剧院、图书馆、公园以及芝加哥大学医学院。午宴后五年,普利茨克成为了支持奥巴马竞选国会议员的首要捐资者。奥巴马竞选州议员的时候,将安嫩伯格挑战基金会和他的民权活动一同列在竞选文宣里。

比尔·艾尔斯不像右翼分子后来宣称的那样,是奥巴马的"恐怖分子朋友"。但是他远不是奥巴马意图与之划清界限时所称的一个"和我住在同一个社区的人"。他们是同僚,是相互交汇的社会以及职业圈子的成员,但他们并非密友。

奥巴马曾是一位富有争议的阿拉伯裔学者——拉希德·哈立迪——的朋友。奥巴马和哈立迪的共同点远多于和艾尔斯的共同点。他们都是芝加哥的局外人,父亲都是穆斯林,都在有影响力的大学中脱颖而出。哈立迪在纽约出生,母亲是黎巴嫩的基督徒,父亲是在联合国工作的巴勒斯坦人,他是牛津毕业的博士,领导芝加哥大学国际研究中心。哈立迪是《巴勒斯坦身份》一书的作者,支持建立巴勒斯坦国,严厉谴责美国对以色列坚定不移的支持。芝加哥大学校报《芝加哥放逐者》称他为"因其对以色列国以及美国政策的严厉批评而既受尊敬又遭谩骂的芝大风云人物"。奥巴马和哈立迪的友谊是那种世界一流大学培养的友谊。虽然奥巴马定居在芝加哥,和芝加哥家庭的女儿结了婚,他骨子里还是火奴鲁鲁、雅加达还有纽约的汉子。他关注当地事务,也一样关注全球事务。对于在国际交流中心的餐厅里讨论中东政策,以及在吉米家伍德朗酒吧争论白袜队投手阵容,奥巴马显然更热衷于前者。和奥巴马一样,哈立迪也要回归东方以实现自己的抱负。2003年,哈立迪被任命为哥伦比亚大学中东研究的"爱德华·萨义德教授"。在一次欢送会上,奥巴马热情地向哈立迪祝酒,提起他们的谈话曾经"不断提醒我自己存在盲点和偏见"。

《来自我父亲的梦想》最终于1995年出版。奥巴马在第五十七街书店的后屋为二十多位朋友办了一场读书会，成功地在海德公园引起一阵小轰动。《纽约时报》和《华盛顿邮报》都刊登了《来自我父亲的梦想》的书评。(《纽约时报》说:"令人信服地描述了这样的现象：属于两个截然不同世界，于是不属于任何一个世界"。) 同样令人印象深刻的是，这本书让社区周报《海德公园先驱报》对奥巴马做了专题报道。很多海德公园居民都写书，写书是当地一项产业。要用学术成就真正打动人，你得拿个诺贝尔奖，而即使是诺贝尔奖，在海德公园也还是有点普通。芝加哥的诺奖得主比世界上任何一个城市都要多——芝加哥的诺奖得主大部分都跟芝大有点关系。《先驱报》的记者被奥巴马迷住了。她在文中提到他"深褐色的眼睛"，以他的口吻说，在芝加哥做一名社区组织者帮助自己解决了种族身份危机。

"我来到芝加哥，就像回到了家。"奥巴马说，"我开始意识到，我自身的身份问题和个人斗争，和芝加哥民众要面对的斗争是一致的。当我开始代表着比我自己更广泛的群体开展工作时，我便开始有了身份认同感。通过这样的工作，我可以做到为非裔美国人的困境而愤怒的同时却不会因此怨恨所有白人。"

奥巴马希望 *N'DIGO* 给他的书写书评。*N'DIGO* 是一份面向芝加哥上层黑人的杂志。奥巴马每个星期都给杂志出版商赫尔曼妮·哈特曼打电话，但哈特曼总是拒绝他。哈特曼想，奥巴马很聪明，也很有抱负，但是写自传还是太年轻了，而且故事本身发生在夏威夷和肯尼亚，对于杂志读者而言太奇怪了。*N'DIGO* 的拒绝预示了奥巴马后来难以让芝加哥黑人信服他是他们中的一员。

《来自父亲的梦想》的精装版和一年以后讲谈社国际部的平装版一

共卖出约一万本，只能算是小有成就。这本书对奥巴马的政治事业帮助不大，他从来没在竞选文宣中提及此书，只是在新闻简介里面列出来，作为有助了解奥巴马生平的材料发给记者。很多1995年之后认识奥巴马的人都不知道他写过书，在书架上看到奥巴马名字的时候都很吃惊。《来自父亲的梦想》在芝加哥的书店里卖了好几年，最终停印，直到2004年，趁着奥巴马在民主党全国大会发表了一举成名的演说，出版商仓促推出了一个新版本。从那以后，这本书开始大卖，足以让奥巴马成为百万富翁。对于作家而言，没有比参加总统竞选更好的宣传了。

虽然奥巴马和N'DIGO不欢而散，但是奥巴马的人际网络却在别处给他带来实惠。奥巴马这么瘦的人通常不会因为饿就总在外面吃饭。在芝加哥，奥巴马成为了人际交往的冠军。在一个其他人从小学就开始培养友谊的地方，作为一个二十三岁才来到这个城市的外乡人，人际交往是一项关键的技能。

奥巴马在当社区组织者的时候，经常在"淡黄"餐厅和社区技术中心的副主任斯蒂芬·珀金斯吃早餐。奥巴马去哈佛读书之后，珀金斯认为社会变革运动失去了一位大有可为的领袖。现在奥巴马又回到了芝加哥，珀金斯邀请奥巴马加入社区技术中心的董事会，中心需要一位像奥巴马一样关注内城经济发展的人。和所有心怀大志的政治家一样，奥巴马希望履历上有一长串参与公民事业的记录。然而不幸的是，奥巴马待的时间不长，没做什么贡献。珀金斯一直都赞赏奥巴马是一个"有远见"的人。基本在加入董事会的同时，奥巴马就开始准备竞选州议员了。

第七章
首次竞选

一桩性爱丑闻为巴拉克·奥巴马创造了步入政坛所需的踏板。

芝加哥人习惯见到他们的政客们做出不端的行为，然而通常这些不端行为都和金钱欲望有关：州务卿在斯普林菲尔德的酒店寓所身亡，形单影只——除了塞在鞋盒里的九十万美元回扣；国会议员用公款购买烟灰缸当礼品，把邮资卖了换钱，就像在超市里兑换救济补助票一样；市议员向售酒执照申请人索要贿赂。类似的官员行为简直就是反反复复、不胜枚举，大家一转眼就忘了。

众议员梅尔·雷诺兹的罪行引起轰动倒不是因为金钱，而是因为肉欲。雷诺兹是南边区的国会众议员，正是在第二任任期上。他被指控在1992年竞选期间和一位年仅16岁的女孩发生性行为。雷诺兹当时开车在选区里转悠，见到这位女孩，于是停车上前搭话——虽说他要做的应该是拉票，况且她也还没到投票年龄。不久之后，她加入了雷诺兹的竞选团队，成为了一名志愿者，以及情妇。两年之后，这位女孩对邻居倾诉此事，而这位邻居又恰是一名芝加哥警察。州检察官设了一个电话性爱的圈套。女孩在检察官办公室给雷诺兹打电话，告诉他因为要带小孩，没法跟他幽会了。

"你穿什么呢？"雷诺兹问。

"嗯，粉红的内衣，是你要的。我之前想着我们能做些很特别的事情，但是现在我想是不行啦。"

"我一定要干你。"雷诺兹说。

"真的吗？"

"就在我办公室这儿。我要打飞机。"

雷诺兹议员喘着粗气一再要求，女孩编了一个女同性恋性爱的故事。雷诺兹问女孩认不认识愿意来一次三人行的女人，女孩儿说不认识——但是她认识一个15岁的女孩，可能会愿意。一个15岁的天主教女学生。

"我中奖了么？"雷诺兹喊。

根本就没有什么十五岁的女学生。雷诺兹这句充满了对少女欲望的话成了一句流行语。杰伊·莱诺在"今晚秀"里拿这句话开玩笑。这件事淫荡至极，在芝加哥当了一年多的头条。雷诺兹在民主党选票众多的选区里赢得了连任，但是1995年，他面临的指控让他在国会的席位岌岌可危。

雷诺兹的倒台令人十分苦恼，因为他不该是又一个芝加哥政客。他的当选曾代表了后种族时期希望以及权力的世代更替，和十几年后奥巴马的当选的意义别无二致。雷诺兹在密西西比州出生，在保障安居工程的房子里长大，读了哈佛，还获得了罗兹奖学金。在两次预选失败之后，雷诺兹终于从格斯·萨维奇手里夺过了众议员席位。萨维奇是位粗野的黑人国家主义者，竞选手段只是大声列出雷诺兹的捐资人，来回重复犹太人的名字。

雷诺兹申辩自己只是犯了电话性爱和性爱幻想的过错，然而随着审讯工作的临近，他受到挑战。州参议员艾丽斯·帕尔默宣布将在来年3月在民主党预选上与雷诺兹展开角逐，而1996年帕尔默的州参议院席位将要进行改选，所以，无论输赢，帕尔默都要离开参议院。帕尔默作为一个中年妇女，相对于一位身陷性丑闻的国会众议员而言，是个具有感染力的候选人。帕尔默马上就得到了"埃米莉名单"的支持，"埃米莉名单"在全国范围内捐资资助女性政治家。

帕尔默州参议院席位的选区中包括了海德公园，所以，这是奥巴马的机会。

"如果艾丽斯决定参选，我想竞选她在州参议院的空缺席位。"奥巴马对市议员托妮·普雷克温克尔说。

奥巴马还和他以前在法学院教过的学生杰西·鲁伊斯讨论了他的想法。他们两人现在已经成为了朋友，每年夏天都参加同一个午餐会。1995年，鲁伊斯带了一本《来自父亲的梦想》，让奥巴马签名。

"你是我认识的人里面唯一一个出过书的。"鲁伊斯说道，"谁知道呢，说不定你哪一天就成个人物了。"

那一天就是今天，奥巴马告诉鲁伊斯。按照奥巴马的规划，他的政治事业始于州参议院，并以当选哈罗德·华盛顿的旧职——芝加哥市长作为顶峰。

"我需要你的帮助。"奥巴马诚恳地说。

"巴拉克，戴利市长会一直占着那个位子的。"鲁伊斯冷笑，但是他答应加入奥巴马的参议员竞选团队。当个州参议员看起来还是可以的。

鲁伊斯在他当时女朋友（现在成了他的妻子）的公寓开了一场小型的筹款会，筹到了一千美元。

同一时间，奥巴马在和道格拉斯·贝尔德共进晚餐。贝尔德已经是法学院的院长了。他把奥巴马带到商业区一家高档饭店，公园大道餐厅。贝尔德院长心里打着算盘，他希望奥巴马能成为一位全职的副教授，集中精力进行法律教学以及学术写作。

吃饭的时候，贝尔德问奥巴马在法学院的成绩如何。奥巴马一向重视自己的知识形象，听到问题，颇为恼怒地看了贝尔的一眼。难道哈佛学位还不足以证明自己懂法律吗？

"道格拉斯，"奥巴马说，"我是以优等毕业生的身份毕业的。"

于是贝尔德给奥巴马提供了一份工作。

"巴拉克，我希望你可以成为一名全职的大学教师。"贝尔德说，"但是你得明白，如果你成了全职大学教师，就要全心全意投入学术工作。如果你没有相对清晰的预期，就没必要去做那件事情。"

"道格拉斯，我不是那样的人。"奥巴马说。

奥巴马喜欢教课，但是不觉得自己会喜欢写学术论文或者参加学术会议和别的学者讨论理查德·波斯纳作品。那离现实生活太遥远了。他要踏入政坛，奥巴马告诉贝尔德。他要竞选州参议员。奥巴马甚至让贝尔德捐款。贝尔德给他写了张支票，但是吃饭过程中，他发现了很有意思的一点：奥巴马探过身子的时候，贝尔德看见奥巴马的领带是阿玛尼的。贝尔德心想，一个打着阿玛尼领带的人管我要钱。

奥巴马希望能带着艾丽斯·帕尔默的祝福参加议会的竞选。但是尽

第七章：首次竞选

管奥巴马参与过政治活动，他从来没见过这位州议员。不过，他有内线：布赖恩·班克斯。在"投票！"计划的时候，他曾与奥巴马共事，而现在他正管理着帕尔默的竞选团队。于是奥巴马给他打了电话。

"我想参加竞选，"奥巴马告诉班克斯，"我想跟艾丽斯谈谈。"

班克斯安排他们在北边区哈尔·巴伦家里会面。巴伦曾经是华盛顿·哈罗德的政策主任，现在担任帕尔默竞选团队的主席。会面的时候，奥巴马把自己的计划告诉了帕尔默。

"您对这有什么意见吗？"奥巴马问道，希望得到肯定，"万一您输了您会不会回来？"

第二个问题对于奥巴马来说尤为重要。他和帕尔默见面的时候，梅尔·雷诺兹已经被判有罪，辞去了国会众议院的席位。这也就意味着，帕尔默参加的不是1996年3月的预选，而是1995年11月28日举行的专门选举，即使败选，也有足够的时间准备参加州参议院的竞选。而且，她的败选也是极有可能的，因为有两位更为知名的候选人加入了角逐：州议院少数党党魁小埃米尔·琼斯，以及小杰西·杰克逊，同名民权领袖三十岁的儿子。帕尔默向奥巴马保证，她是全力以赴，要么进国会，要么就不干。

艾丽斯·帕尔默不是海德公园人——她住在附近的南岸——然而她的品性和海德公园完全一致。她是作为一名学者开拓自己的事业的：她是西北大学的博士，在学校担任非裔学生事务主任。尽管她积极参与政治事务——芝加哥自由南非委员会就是她创立的——她直到四十九岁才涉足选举政治，参加反对政治机器余党的抗议。她的委员会委员曾经支持简·伯恩与哈罗德·华盛顿争夺市长之位。华盛顿去世后，芝加哥的激进派开始对没有支持哈罗德的黑人和拉丁政客进行反击。1984年，帕尔默作为"新选区委员联盟"的成员走马上任。联盟成员都是自由主义人士，在一家墨西哥餐馆定期召开会议，支持亲华盛顿的市议会候选人。

七年之后，帕尔默经营着一家名叫"校中城市"的非盈利组织，为内城的学校带来老师和资金。理查德·纽豪斯是代表第十三选区的州议员，已经在州议院服务多年，病倒后辞去了州议员的席位，空缺席位由议会委员指派人选接替，他们希望指派帕尔默。

"我正在写拨款申请，"她表示反对，"我很忙。"

然而她还是被选派到了斯普林菲尔德，成为议院中的独立民主党人，协助确保彩票彩金用于教育资助，并且为全民医疗保险召开听证会。

帕尔默不仅仅给了奥巴马祝福以及不阻碍奥巴马的保证，她还将奥巴马作为自己的接班人，向众人介绍。1995年9月19日，奥巴马在湖滨华美达酒店向两百名支持者宣布参加竞选。帕尔默首先发言，将奥巴马捧为湖畔自由运动的命脉。

帕尔默说道："在这个房间里，哈罗德·华盛顿宣布竞选市长。现在虽有不同，但是场上的精神仍在。巴拉克·奥巴马传承了这个选区的独立传统，这种传统精神也曾为我以及纽豪斯议员所传递。奥巴马的参选就是这种精神的薪火相传，因为他正是人们所拥护的，也是人们想要推选的选区代表。"

表示奥巴马是独立运动的选择的不仅仅只有帕尔默。到场的还有海德公园的两位市议员，芭芭拉·霍尔特和托妮·普雷克温克尔。库克县

第七章：首次竞选

书记员戴维·奥尔也到场了，他当市议员的时候，是哈罗德·华盛顿在市议院里少数的几位白人同盟之一。

奥巴马以一个关于律师的笑话开始了他第一次竞选发言。"现如今，政治家不像以前那么受尊敬了——他们的地位比律师低了那么一点点。"奥巴马接着说出了海德公园人最想听到的话，"我想给政治道德的重生注入力量。我会鞠躬尽瘁，死而后已，做好你们的代表。"

奥巴马在第71街设立了竞选办公室，远离海德公园，却靠近选区中心。选区南至南岸，西至恩格尔伍德，芝加哥最为贫穷、最为荒芜的社区之一。他聘请了另一位"投票！"计划的老将，卡罗尔·安妮·哈韦尔，作为自己的竞选经理。哈韦尔曾经为许多人组织过竞选活动，其中包括市议员萨姆·伯勒尔、县书记员戴维·奥尔以及县委员会委员丹尼·戴维斯（后进入国会参议院）。奥巴马对当选的热切让哈韦尔百般困惑。

"你为什么想参选呢？"奥巴马告诉哈韦尔他计划参选的时候，她就问道。

"我们可以改变一些事情。"奥巴马回答道。然后他加了一句："是艾丽斯让我这么做的。"

哈韦尔的任务就是将奥巴马从一位法学讲师变成一位芝加哥政客。尽管有帕尔默的支持，还是不能保证奥巴马一定就能成功当选。奥巴马还有两位对手：马克·尤厄尔和加斯·阿斯基娅。马克·尤厄尔的父亲是前州议员；加斯·阿斯基娅则有着国会参议员埃米尔·琼斯的支持以及和奥巴马一样奇怪的名字。出了海德公园，奥巴马在选区毫无名气。他不仅要提高知名度，还要消除南边区人对芝大人自命不凡的看法。奥巴马决定将竞选的大部分时间都放在恩格尔伍德。每天晚饭时间，奥巴马就脱了西装，卷起袖子，披上当学生时穿的皮夹克。

"你去哪儿？"哈韦尔问。

"我们得去征集些请愿签名。"

"巴拉克，外面很冷。"

奥巴马一点也不怕，开着萨博就往贫民住区奔去。即便是寒冬笼罩，他也不愿费点劲儿把帽子或者手套戴上。关于当地政治，他还有要学的事情。他得了感冒之后，哈韦尔批评了他。

"巴拉克，这是芝加哥。"哈韦尔说，"你得学会怎么穿衣服。"

奥巴马拜访了恩格尔伍德那些破旧的两居小房和腐朽的房子，里头住着的小老太太们给他开了门。对于这些小老太太们来说，奥巴马很受欢迎。她们就像"社区发展计划"的那些女人们一样，热切地把这位瘦削的年轻人当孩子看待。她们给奥巴马端上了刚出炉还滋滋作响的烤鸡，请他坐下，解释他那有趣名字的来历。

"我父亲是从非洲来的，"他解释说，而这解释又引起了更多的对话交谈。十五分钟之后，奥巴马的请愿书上又多了一个名字。晚六点到晚八点是奥巴马的敲门时间，有时候，奥巴马在一间房子只能拿到三个签名。

"巴拉克，你不能坐着跟他们聊。"哈韦尔告诫奥巴马。"我要给你一个目标。我们得有两张名单。"

就像他所尝试的所有其他事情一样，这再次证明了奥巴马学得很快。他在恩格尔伍德的突击重新唤起了他在海德公园以及哈佛都用不上的生存技巧。一个周六，奥巴马和杰西·鲁伊斯在一个选片里走着，一群竞选志愿者跑了过来，告诉奥巴马一个严峻的消息。

"那边有一伙流氓过来，问我们是谁允许我们在他们地盘活动的，他们有一个人还露枪了。"一个志愿者报告说。

通常，奥巴马对付街头团伙都毫不迟疑，但这些是他的志愿者，而且对方还有枪。

"该走了。"他打了个响指。

奥巴马得到了另外一位老同事的大力支持。比尔·艾尔斯和伯纳丁·多伦在他们家里组织了一次有十多位海德公园人参加的周日早午餐。帕尔默依然在场，还是将奥巴马作为自己的接班人介绍，对他作为社区组织者、哈佛毕业生以及法学院教师的经历大为夸奖。

竞选期间，奥巴马抽出时间参加了华盛顿特区的百万民众大游行。在《芝加哥读者》，一份芝加哥独立运动的内部双周刊上，封面故事刊登了一篇对奥巴马的介绍文章，通篇满是溢美之词。几千字的长度让这篇文章成为奥巴马第一份长及新闻特写的人物介绍。奥巴马告诉文章作者汉克·德楚特尔，他竞选是为了赋权普通民众，就像他当社区组织者时候所做的一样。

文章提到，奥巴马心想，"如果政治家能将自己看作社区组织者，既传播知识，又发起号召，不再低估投票民众，而是教育他们认清面前的切实选择，会是什么样的呢？比如说，我作为民选的政府官员，比起作为社区组织者或者律师，能更容易将教会以及社区的领军人物团结在一起。我们可以携手形成切实有效的经济发展策略，利用现有的法律及组织，为社区的各个领域搭建桥梁、建立联系。我们必须建成草根组织，保证我以及其他的民选官员对自己的行为更加负责"。

这段话得追溯到很久之前，奥巴马和约翰·麦克奈特在威斯康辛别墅的谈话。奥巴马之所以放弃社区组织，不是因为他不认同社区组织的目标，而是因为他想进入内部决策层。作为社区组织者，他曾对决策者发起过抗议；作为律师，他曾对决策者发起过诉讼；而当他成为州议员，他也终于成了决策者中的一员。

作为对帕尔默支持的回报，奥巴马成了帕尔默的国会竞选顾问。他参加策略会议，并且帮助起草了关于在南部城郊建立货运机场的立场文件。尽管如此，奥巴马对于支持帕尔默还是充满了挣扎：他愿意帮助这位导师，但是自己的妻子米歇尔是小杰西·杰克逊妻子桑迪的儿时校友。哈韦尔建议奥巴马在国会竞选一事上采取中立立场，避免得罪杰克逊一家或者支持埃米尔·琼斯的理查德·M. 戴利市长。

对阵势力强大的芝加哥家族，帕尔默的竞选显得举步维艰。就本质而言，她是一位学者，而不是一位政客，驱使她的是改变公共政策的需要，甚于通过竞选胜利而实现的自我价值。她和奥巴马共有的这一弱点也是他们一拍即合的原因之一，但是也正是这个弱点让她在国会的竞选里显得格格不入。帕尔默作为选区委员的时候，对于建立选区组织为之甚少，因此，甚至一些她自己选区的选民都不认识她。

小杰西·杰克逊的知名度则毋庸置疑。他的父亲是芝加哥最为著名的黑人之一，他灵活利用这种关系，从彩虹拯救人道民众联合的捐助人那里获取资金，进行花销不菲的广告邮寄以及电话宣传。杰克逊的大部分资金都来自伊利诺伊州之外，比尔·科斯比和约翰尼·科克伦都给他写了支票。琼斯则是政治机器的子嗣，依靠选区组织。而帕尔默的竞选则是草根竞选,与她的背景相符。她试图将杰克逊蔑视为利用家族名望的年轻新贵。

帕尔默先是挖苦了杰克逊的父亲,而后紧接着说道:"政治,就像精美烹调一样,需要佐料。我一向严肃认真地对人,不是什么东西都能被压缩成辞藻华丽的影音片段的。"

小杰克逊——过去人们这么称呼他,现在也仍然这么称呼他——继承了他父亲能言善辩的天赋,同时他的表现更为严谨,更少煽情,每一个词都咬字清晰,就像是接受过演说训练一样。他承认,是的,他自己的年龄只有两位对手的一半,但这也是他的资本。国会议员需要时间来积累资历,而他有足够的时间。他的目标是当上众议院筹款委员会主席,成为芝加哥的丹·罗斯滕科斯基,也像丹那样在三十岁的时候当选国会议员。埃米尔·琼斯在现在的职位上,担当州议院民主党人的领导,更能发挥自身作用,为什么要选琼斯这样的老人呢?小杰克逊引用了1995年芝加哥最为重大的体育新闻——公牛队前锋B. J. 阿姆斯特朗在扩军选秀中被多伦多猛龙队选走,迈克尔·乔丹从篮球场上退役——给琼斯一记重击,其辞藻之华丽无疑让老杰克逊甚是骄傲。

小杰克逊坚称:"我参加竞选不是要和埃米尔·琼斯竞争,我是要建立一个强大的团队。B. J.① 应该留在公牛,M. J.② 应该留在球场,E. J.③ 应该留在斯普林菲尔德,而 J. J.④ 应该去国会。"

---

① 译者注:指阿姆斯特朗。
② 译者注:指乔丹。
③ 译者注:指埃米尔·琼斯。
④ 译者注:指小杰西·杰克逊本身。

琼斯对此没有太多回应。他不是一个有感染力的演讲人，说话含糊不清，最适合在选区办公室的密室下达指令。

"如果他的名字不是杰西·杰克逊，而是杰西·史密斯，他根本就没法入围。"琼斯抱怨道，完全不顾裙带关系从来无法影响芝加哥选民的事实。（琼斯从议会退休后，埃米尔·琼斯三世接替了他的席位。）

选举前一周，《芝加哥论坛报》的民意测验显示，杰克逊在选区的知名度达97%，琼斯为69%，帕尔默为61%。在白人选民中知名度最高的是帕尔默，白人选民对杰克逊家族持有强烈的反对态度。帕尔默在市郊开设选举总部，试图利用这一优势。白人曾经帮助梅尔·雷诺兹战胜了格斯·萨维奇，然而他们的决定作用只有在势均力敌的竞赛中才能得到发挥。而这次竞选，根本不是一场势均力敌的竞赛。

11月28日，专门选举当晚，帕尔默和她的支持者聚集在哈维市郊的一间酒店里。收到第一批计票结果的时候，帕尔默的落败已经显而易见，只是随着数据的更新，惨败程度愈加明显。杰克逊获得50600票，琼斯获得38865票，帕尔默获得9260票。她在自己所属选区，甚至是自己所属选片都败选了。

奥巴马和哈韦尔在奥巴马的竞选办公室紧密关注计票情况。对于哈韦尔而言，帕尔默的败选对于州议院竞选毫无影响。

"我们必须继续前进。"哈韦尔告诉奥巴马。

然而，奥巴马真正感到了矛盾。帕尔默曾经大力支持自己，自己不能没有先跟她谈过就做决定。

"我们得给艾丽斯电话。"奥巴马说，"她还是伊利诺伊州的参议员，如果她还想留在州参议院，她应该把这个席位要回去。"

奥巴马驱车前往酒店，帕尔默正在发表落选讲话。

"我想建立一个联盟，联结城市和郊区，联结青年和老年，联结男女，联结种族，锻造崭新的社会契约。"帕尔默对她面前的一小群支持者说道。对于投票人数并不多的事实，帕尔默这样说道："我并不对我自己失望，我失望的是人们放弃了表达我们需要改变的机会。"

帕尔默走下讲台之后，对奥巴马和哈尔·巴伦重申她并不打算重返州议院的竞选。这让奥巴马很满意。

他告诉巴伦："如果她不参加竞选了，那我就继续参加。"

然而，这让帕尔默的丈夫爱德华·"嗡嗡"·帕尔默很不满意。爱德华·帕尔默是一名政治活跃的芝加哥警官，曾经协助创立了美国非裔巡警联盟。

"她说的什么屁话？"爱德华·帕尔默向巴伦吼道，"去告诉她把席位拿回来！"

第二年3月预选申请提交的最后期限是12月18日。三周的时间对于一个政客来说，足够在自己的选区里收集到757个签名，让自己的名字在选票上出现。落败次日，《论坛报》报道，帕尔默对于是否取回席位"尚无定论"。

帕尔默的丈夫并不是唯一想让帕尔默留在斯普林菲尔德的人。在立法党员核心会议深具影响力的国会众议员，卢·琼斯认为不能失去帕尔默。他们料想，要避免竞争，最容易的办法就是说服这位年轻新贵奥巴马让出路来。在艾丽斯·帕尔默毫不知情的情况下，奥巴马被召到琼斯家里。爱德华·帕尔默在场，历史学家蒂穆·布莱克和在西北大学教授政治学的阿道夫·里德也在场。这些都是芝加哥黑人社区的长者。他们告诉奥巴马,他是一个前途无量的年轻人,但是现在还轮不到他。伊利诺伊州参议院的席位属于艾丽斯。在芝加哥,通过组织往上爬才能出人头地。如果现在奥巴马退出竞选,他们将来就会支持他竞选别的职位。

奥巴马摇了摇头。

"我不会那样做的。"奥巴马说。

奥巴马说,他和帕尔默有约定,竞选之夜她告诉奥巴马,她不会参加竞选。他已经设立了竞选办公室,从支持者那里收集了几千美元了。

总之,这次会面让奥巴马更加坚定了继续竞选的决心。奥巴马离开了琼斯的家,对刚听到的一番居高临下、盛气凌人的说教十分愤怒。直到见到哈韦尔的时候,他还是很生气。依哈韦尔所见,奥巴马发泄情绪的时候为数不多,这是其中一次。

"他们跟我说话的语气就好像我是一个小孩。"奥巴马气急败坏,"他们说,'你不知道你自己在做什么。'总是'艾丽斯说这,艾丽斯说那'的。"

因为奥巴马拒绝让步,艾丽斯·帕尔默劝选委员会成立了,由布莱克领衔,成员包括州参议员多恩·特罗特以及奥巴马之前的一位支持者,芭芭拉·霍尔特。这场突如其来的预选之争让海德公园的独立选民左右为难。奥巴马和帕尔默都是激进人士,都曾受到 IVI-IPO 支持。选民们要自问哪个更重要:是帕尔默对奥巴马的承诺,还是她在斯普林菲尔德的经验。

"和许多人一样,我支持奥巴马成为艾丽斯的继任者。"IVI-IPO 前主席萨姆·阿克曼接受《海德公园先驱报》采访时说,"但是现在我们不需要继任者。"

第七章：首次竞选

落败国会竞选一周之后，帕尔默决定尝试重夺州参议院席位，并要求支持者开始收集签名。于是奥巴马突然被迫展示强硬政客角色，想方设法暗示帕尔默是"印第安送礼者"①，同时又避免使用这个政治不正确的词。奥巴马向《先驱报》预言，预选结果取决于选民如何看待他的这个信息。

"我不会因为人们觉得帕尔默食言就赢得竞选。"奥巴马以姓称呼对手，以免旁人觉得他们还是朋友。

然而，对于这些咄咄逼人的政治手法——土生土长的支持者们认为这些对于打败艾丽斯·帕尔默来说是必需的——奥巴马私底下觉得心有不安。12月18日，帕尔默提交了选民签名请愿书。第二天，海德公园老手政治活动家艾伦·多布里前往市中心的竞选委员会，翻看请愿书。多布里是帕尔默的长期支持者。他是第五选区委员会的委员，曾经鼓励帕尔默参选州议院议员，向她保证，她作为政治家比作为非营利组织的领导更能为教育做贡献。帕尔默参加国会竞选期间，多布里甚至还为她挨家挨户敲门访问，但他也曾经承诺支持奥巴马竞选州议员席位，而且他不准备因为帕尔默国会竞选落败就食言。海德公园人尊重多布里的政治判断，所以如果多布里到社区里告诉大家"哦，我们犯了个错误。我们得有所改变，我们不准备支持巴拉克了，我们准备重新支持艾丽斯"，那么他就像个傻子。

作为奥巴马的支持者，多布里认为自己有义务竭尽所能帮助奥巴马取得竞选胜利。在芝加哥，质疑请愿的策略可以追溯到选民用钢笔签名

---

① 译者注：指送礼给别人而后索回或者希望得到还礼的人。

的年代。政客们支付高薪，聘请精通辩出无效签名的选举律师。多布里作为独立组织的成员，曾经对抗过政治机器试图使多布里一方候选人候选资格无效的行为。通过回应质疑，多布里也学会了如何提起质疑。如今，他和他的妻子洛伊丝正在检查帕尔默的请愿签名，试着找出其中的不妥之处。他马上就找到了问题，发现了请愿工作的仓促和草率。一张签名上名字来自相互毗邻的区域；一些请愿签名书上，一整户人家都签了名，但是家庭地址上的一些人并没有进行选民登记。多布里怀疑帕尔默的竞选团队招募了南岸中学的学生，然后学生又让自己的朋友签了名。帕尔默的请愿签名共计1580个，是获取选举资格所需人数的两倍有余，但是按这些首批签名来看，有足够多的无效签名，能让帕尔默的有效签名个数降到所需签名个数之下。

当天，州参议员里基·亨登也在选举委员会，希望能阻挡那些觊觎他西边区席位的挑战者。见到多布里夫妇，亨登一点也不奇怪——他们是知名的政治操手——但是亨登觉得他们举止奇怪。多布里夫妇离开后，亨登偷偷起身瞥了一眼他们之前在看的内容，他无法相信他所看到的。

亨登心想，哦，天啊。艾丽斯·帕尔默。

亨登和帕尔默在斯普林菲尔德既是朋友，又是同盟。他们背景相似，都来自内城，而且同是激进的政治人物。帕尔默的举止仍然更像老师，而不是政客，这让亨登很喜欢——有时候，她会带着曲奇到参议院。于是亨登找了电话，给帕尔默家里打电话。

"艾丽斯，"亨登告诉帕尔默，"多布里夫妇今天在城里查你的请愿签名。"

"但是他们之前还给我宣传呢。"艾丽斯反驳道，想起了她竞选国会的时候，多布里夫妇给她的支持。

"他们现在想让你的候选资格无效。"

帕尔默这才意识到自己大意了。她忽略了老芝加哥的座右铭"我们不接受没有派遣人的人。"当初也没有谁给她派巴拉克·奥巴马，他是他的哈佛同学布赖恩·班克斯给介绍的。至于多布里夫妇，他们是海德公园政治集团的一部分。海德公园人和哈佛人一样，总是粘在一起。

IVI-IPO 的下次会议计划在 1 月 6 日召开。艾丽斯·帕尔默劝选委员会决定亮相会议，要求 IVI-IPO 改变支持对象。会议在路德教堂的地下室召开，争吵激烈之甚险些让帕尔默支持者和仍然挺奥的托妮·普雷克温克尔盟友拳脚相交。然而 IVI-IPO 坚持自己最初的意见。这对奥巴马的重要性比对帕尔默的重要性更大。奥巴马需要所有他可以得到的支持。如果两人都成为候选人，那么奥巴马必败无疑：名字奇怪的政治新手对阵现任议员。"巴拉克·奥巴马"听起来像是那些自己信奉伊斯兰教的人起的名字，在自己门口设立清真寺，穿着大袍、留着胡子、戴着头巾帽子出现在公共电视节目"穆罕默德与朋友"上。选民们能看出奥巴马和同样参加州议院竞选的黑人穆斯林加斯·阿斯基娅有什么不同么？实际上，淘汰帕尔默是赢得竞选的唯一办法。

一开始，奥巴马不愿意去质疑帕尔默的请愿书。圣诞节和元旦之间的一个星期，哈韦尔都在选举委员会，结论和多布里一样：帕尔默的名单上满是错误以及非选民。然而，在奥巴马看来，将自己的恩人挤下候选名单是那么粗鲁，那么手段强硬，那么……芝加哥。他的政治学习来自伟大的反政治机器运动：索尔·阿林斯基的社区组织，海德公园的独立运动，哈罗德·华盛顿的改革，代表人物就是他的老板贾德森·迈纳。而现在，他被要求挤掉一位57岁的女学究，以取得自己第一次政治选举的胜利，所用手段或许会在选区的年度男士集会上被人取笑。

芝加哥人绝不会思前想后，但是奥巴马是夏威夷来的，那个地方在他出生前的两年甚至都没有政治这一说。最后，奥巴马终于被哈韦尔以及现场协调人罗恩·戴维斯说服了。戴维斯一声怒吼，打消了奥巴马的痛苦："去他的。那些请愿签名就是垃圾。"

奥巴马对三位对手的请愿签名都进行了核对：帕尔默，尤厄尔以及阿斯基娅。选举委员会认定他们都没有收集到足够的有效签名。帕尔默还有最后一个机会：如果她的支持者能从签名受质疑的民众处收集到两百份书面证词，证明他们曾经在请愿书上签名，则委员会可能认可她的候选人身份。她的竞选团队努力了一把，但是在1月17日的听证会之前没办法联系上所有的人。于是帕尔默退出竞选。六个月之前，在挑战有性怪癖的国会议员时，帕尔默曾经遥遥领先。而现如今，她把职位输给了一个34岁的新手。

许多年后，当被问及当时对帕尔默的质疑，奥巴马对答如流，"我认为选区有了一位相当好的州参议员。"帕尔默则认为不是这样的。她一直不能原谅奥巴马夺走了自己的席位，对布赖恩·班克斯也是大加诅咒，因为是班克斯给她引见了奥巴马。

"那都是阴谋。"她坚持。

"你看，"班克斯说，"当初是你跟他坐下来谈的，也是你给他支持的。"

帕尔默依然认为奥巴马在背后插了她一刀。她告诉她的朋友，她曾经的门生是"一个忘恩负义的人"。离开参议院后，帕尔默重拾学术，到伊利诺伊大学芝加哥分校教授公共事务课程，并担任校长办公室特别助理。

帕尔默一直与政治绝缘，直到2008年，她给希拉里·克林顿助选，让全世界都知道了她对奥巴马的看法。她甚至作为克林顿代表团成员参加了丹佛的民主党全国大会。当大会要求代表们以欢呼提名奥巴马的时候，帕尔默一声不吭。

第八章
州议会参议员奥巴马

奥巴马的州议院之路通畅无阻——他将共和党的对手也挤下了候选名单——然而当他来到斯普林菲尔德，他不得不为自己对待艾丽斯·帕尔默的方法负责。帕尔默过去是黑人立法党员核心会议一位深受喜爱的成员，因此核心会议的一些成员对奥巴马心怀怨恨。

新参议员独立递交第一份议案的时候，老议员们通常都会提出些荒谬的问题戏弄这位提案人。1997年3月13日，宣誓就职两个月之后，奥巴马在参议院议事厅发言提倡一项温和无害的措施：允许社区大学向当地企业提供毕业生名录。

"主席先生，参议院的女士们，先生们，我谦恭地来到你们面前，谈谈这份尤为谦恭的提案。"这就是奥巴马作为民选官员记录在案的第一句话。

奥巴马描述了他这份谦恭的提案，之后参议员里基·亨登要求发言，他有问题要问这位新晋参议员。亨登是位华而不实、行为戏剧化的政客，花名"好莱坞"，因为他喜欢电视镜头，同时还是独立喜剧《奶油糖与巧克力》的制片人。他似乎天生就擅长开涮。

"参议员先生，您能否为我念一下您的名字？"他问奥巴马，"它的发音对我来说有点难。"

奥巴马念了一遍自己的名字。

"这是个爱尔兰名字吗？"亨登问。

"当我参加全国竞选的时候，就是了。"奥巴马笑着说。

"这笑话不错，但是这个提案还是必死无疑。这份名录，里面会不会有那些1-800-①的色情热线号码呢？"

"我很抱歉，"奥巴马说，"我完全没有注意到参议员亨登。"

"好，很显然，以这份提案的拙劣程度看来，你也没有太注意它。我的问题是，这份名录里是否会有1-800的色情热线号码？"

奥巴马似乎因为亨登询问的粗鲁话语而感到慌乱。他以对亨登选区的嘲笑回答了问题。

"不——不会的——这个想法基本上是出自南边区的社区大学。我不知道你们在西边区的社区大学是怎么做的，但是我们大概不会把你说的那些放到我们的学生名录里。"

亨登随之提醒参议院成员，这位名字难念的海德公园参议员是怎么来到参议院的。

"我好像记得有一位可敬可爱的参议员，名叫帕尔默——比奥巴马好念多了——她总是带着曲奇，说着好听的话，而你桌上什么都没有。你怎么还奢望得到赞成票呢？而且——而且你也没有参议员帕尔默那么好的香水……我怀念参议员帕尔默，因为这些毫无说服力的替代者提交

---

① 译者注：美国成人热线电话号码都以1-800开头。

的议案也都迂腐烦人，绝对毫无意义。我——我坚决主张投否定票。管你叫什么呢。"

以戏弄新人的标准来看，这已经是敌意极浓。其他参议员问了些没头没脑但是和蔼友善的问题。"在议案中，你提到促进就业，"丹尼·雅各布斯，一位罗克岛的民主党员笑道，"这和寄养儿童或者类似的什么有什么关系呢？什么是寄养就业①？"盖尔斯堡的卡尔·霍金森，议事厅里除奥巴马外唯一一位哈佛法学院毕业生，问道："这些问题和以前德肖维茨、特赖布以及内森教授问你的问题相比，质量如何？"

"我得说他们不相上下。"奥巴马回答，"实——实际上，那是最——这是我遇到的最艰难的拷问。如果我能安然度过，我将永远心怀感激，并且以此作为我法律以及立法职业生涯的亮点。"

最后，奥巴马的议案得到全票通过，即便是里基·亨登也投了赞成票。

然而，奥巴马和亨登——以及其他黑人立法议员——的冲突比起和在任议员的预选之争远为激烈。从政就像经商，政客要学会和新手共事，就像球员要学会和取代自己挚友出战的新手合作比赛一样。亨登刚开始自己的第二任任期，有志争取在参议院领导层占有一席之位，而他将这位聪慧过人、才华横溢的新人视作威胁。同时，相比奥巴马，亨登是一位更加传统的政治家，也是一个更为传统的黑人。他来自芝加哥西边区，那里有着芝加哥黑帮信徒最为暴力的团体，最早的蓝调酒馆，赌

---

① 促进就业英文为 fostering employment，寄养儿童英文为 foster child，此处利用 foster 一词的不同意思，生造 foster employment 一词来开玩笑。

注最高的惠斯特桥牌，以及最繁忙的毒品街角交易场所。1968年暴乱期间，亨登还是个青少年，参与过麦迪逊街商铺纵火。他靠给政治大腕制造电视节目和电视剧赢得的第一个职位——市议员——正是那些大腕提名的。他和奥巴马不同，他是有付出的。不管他到哪，他都带着西边区的姿态，认为南边区的中产阶级黑人拿到了一个馅饼的八九块，而西边区的人只拿到了饼屑；认为南边区的人看不起西边区的人；认为海德公园的人最是居高临下；认为有自尊的西边区人绝不能让南边区的人欺负。

那次戏弄之后，亨登开始在黑人核心会议不断针对奥巴马。每当奥巴马提出建议，亨登都以"你以为你很聪明，你上过哈佛"来打发他。空闲时间，亨登坐在办公室，和代表芝加哥偏远南边区的参议员多恩·特罗特抽雪茄。他们满怀恶意地将奥巴马形容为"傲慢"以及"哈佛"。他们在奥巴马背后管他叫"参议员哟妈妈"。他们甚至买了一本《来自父亲的梦想》，发掘其中能让人尴尬的花絮。为了得到可以用来攻击奥巴马的额外弹药，给他点版税也值得。

奥巴马试着漠视这些指责。"啊，亨登，你总是说些其他的事情。"核心党员会议上，埃米尔·琼斯试着让这些参议员和平相处。

"请将注意力放在议题上。"他命令道。

然而即使这样也激化了矛盾。琼斯是少数党领袖，是议事厅最有权势的民主党人，对于任何一位参议员的发展都起着关键作用。从奥巴马在斯普林菲尔德的第一年来看，琼斯显然把奥巴马当作外来者。

也许奥巴马的黑人同事的确是心存嫉妒，然而奥巴马自己的行为以及整体态度也无益于关系的改善。他总是乐于告诉别人自己曾经念过哈

第八章：州议会参议员奥巴马

佛，虽然这已经在整个州议会都传遍了。而且他有一个习惯，听辩论的时候总是下巴朝天，就像赛特犬在嗅远处的味道。再综合他的教育背景和他的居住社区，这个姿势让他更显得高傲自大。有时候他给人的印象就是他在议院屈尊就坐，打发时间，直到去更能利用他的才智和所受教育的职位。市议员萨姆·伯勒尔坐着大巴来到斯普林菲尔德进行游说活动的时候，见到的奥巴马和以前已经大不相同：几年之前，奥巴马还是个年轻的法学院毕业生，背着背包走进伯勒尔的办公室，问他对"投票！"计划有何建议。而现如今，伯勒尔下了车，奥巴马悠闲地踏过州议会的草坪，朝他挥手招呼"嗨，萨姆"。悠闲的步伐，自若的问候，让伯勒尔觉得他就像是个白人。每个美国黑人的脑子里都有一个声音说着，"你不行"。作为一直被隔离于最好的教育、最好的工作、最好的社区之外的种族族人，这就是必然的经历。可奥巴马的脑子里从来没有这么一个声音。他的白人母亲、白人外祖母以及白人外祖父从来就没对他说过"你不行；白人不让"。看看他现在。他的样子就好像他掌控着议会大厦锡色圆顶之下的一切。

在斯普林菲尔德，奥巴马和白人同事的关系比和黑人同事的关系要好，不管是在会上还是会下都是如此。州政府的斯普林菲尔德和草原城市斯普林菲尔德完全是两码事，被戏称为"春天地块"①（Springpatch），或者干脆"地块"。每年1月到5月间，成群的政客、说客、记者、游客以及立法助理就进城把这变成一场临时的嘉年华。这些来客大都来自

---

① 译者注：城市名斯普林菲尔德（Springfield）中的 spring 为"春天"之一，field 指"田野"。Springpatch 是对此的仿拟，以 patch（一小块地）代替 field。

180英里以外的芝加哥地区。路途遥远，晚上没法回家，所以他们就在桑加莫俱乐部或者林肯酒店的酒吧打发时间。一些人则会工作到很晚或者和说客在隐秘的办公室里喝酒。奥巴马则习惯打扑克。两位院外活动说客放话说，要在豹溪乡村俱乐部组织扑克游戏。奥巴马在大学的时候学会了怎么打牌，于是他也去了俱乐部。晚饭之后，奥巴马和三位小城镇来的民主党人坐在了楼上的房间里：罗克岛的丹尼·雅各布斯，弗农山的特里·林克，以及埃尔伍德的拉里·沃尔什。电视一边播着公牛队的比赛，他们一边玩着三块钱封顶的奥马哈扑克和七张桩牌扑克。奥巴马和同桌的三位政客类型不同：他都市味浓，有心改革，比只会鼓掌赞成的人更有头脑。他是个抱负远大的三十五岁男人，而他们这些中年男子能当州议员已经是"登峰造极"了。但是奥巴马努力使自己合群。他们的扑克游戏后来被叫成是"委员会议"，最后搬到林克家里去了。奥巴马会带上啤酒——虽说他不怎么喝，然后几个人凑钱买披萨。

九十年代，民主党在参议院是少数党，所以民主党人空闲时间比较多。（林克是和奥巴马同时进入州议院的，头两年任期里，他的提案没有一件能通过。）通过一个又一个的周二夜晚，奥巴马和他的牌友们建立了友谊。雅各布斯最广为人知的成就就是把河船赌博带到了伊利诺伊州。他向妻子吹嘘说自己认识未来的美国总统。

"你最好别在这儿待着，"他对奥巴马说，"在这儿你的聪明都没处使。"

沃尔什是芝加哥南部威尔县种植玉米和大豆的农场主。他发现奥巴马也是白袜队的忠实粉丝。（沃尔什欣赏奥巴马的原因和黑人议员讨厌奥巴马的原因是一样的：他不是个打种族牌的人。当奥巴马考虑议案的

第八章：州议会参议员奥巴马

时候，他首先想的不是"这对美国黑人有什么好处？"而是"这对伊利诺伊有什么好处？"。）林克和奥巴马成了高尔夫球友，经常从议院里溜出来到豹溪打上一回合。篮球仍然是奥巴马最喜欢的项目——他每天早上都在斯普林菲尔德基督教青年会打球——但是他意识到，立法交易就是在豹溪的高尔夫球道上谈妥的，于是报了高尔夫课程，决心不再做个菜鸟。但是即便有指导，奥巴马都很难打出 90 杆以内的成绩。

他们四个人并不总是政见一致。奥巴马是支持大政府的自由派，而他的牌友则是财政保守派。每次开会，奥巴马都会提起一项宪法修正提案，要让伊利诺伊州的每个人都享受医保。

"你总以为除了切片面包就是全民医保最好了。"雅各布斯责备他。

这项提案每次都无法通过，但是它引起了埃米尔·琼斯的关注，他任命奥巴马为民主党卫生保健发言人。

奥巴马在斯普林菲尔德的第一年还成为了民主党福利改革的核心成员，福利改革影响着城内选区成千上万的家庭。在华盛顿，"共和党革命"仍然是个影响力较大的运动。国会通过的一项法案要求各州修订福利法律，旨在促使领取公共救济的人积极就业。这是福利系统自经济大萧条建立以来最大的改变。自由派坚决保证穷人找工作的同时能够接受职业培训并享受儿童保育服务。伊利诺伊州议院共和党人领袖是一位白胖的市郊居民，名叫詹姆斯·"佩特"·菲利普，曾经公开贬低黑人的职业道德。他们的提案态度强硬，将领取福利的最高年限设为五年，而且基本不提供训练和教育。总之就是找工作才能领福利。作为少数党的新议员，奥巴马对于提案写作没有发言权。但是所有福利法案都必须经州众议院通过，而州众议院是由芝加哥民主党人掌控的。对于呈到州长面前的那份折中方案，奥巴马是有贡献的。奥巴马和另一位海德公园的自由派，众议员芭芭拉·弗林·柯里，以及国家贫困人口法律中心的职员协作，拿出了修正方案，让穷人有机会为了得到更好的工作而接受教育。每周工作时间超过三十小时的人领取福利不受五年时间限制，基本就是享有终身工资补贴。仅有三分之一的人薪水被纳入削减福利的范围。同时，平均成绩在 C 以上的高中生或大学生不受五年时间限制。

即使是自由主义的福利激进分子也认为这个新系统优于"抚养未成年儿童家庭援助"。个案数量大幅降低，从 250000 户降至 30000 户。奥巴马努力保证节省款项用于补贴托儿所。如果州政府迫使母亲们出门工作，那么给她们的孩子一个去处也是应该的。

移民不在这一福利法案涵盖范围之内。奥巴马对此很不高兴，但是他还是投了赞成票，因为共和党人拒绝让步。（拉丁裔参议员投了反对票，以示抗议。）这是必要的妥协，但在就法案投票之前，奥巴马发言，恳求参议院成员务必保证每一位贫困的伊利诺伊人都能享受到福利改革的成果。发言肯定了自由派以及保守派的观点，引经据典，显示出奥巴马的政治口才已经初见端倪，这种能言善辩的能力后来也出现在《无畏的希望》和总统竞选中。

"这也许是我们这次会议通过的最重要的一项法案。"奥巴马说道，"这会影响数量庞大的人群。对于福利的现状，我并不赞同。话虽如此，我大概不会支持联邦法例，因为我觉得它有问题。"

奥巴马，一个外国学生的儿子，恳求参议院议员能重新审视法案对移民的限制——"在这个议事厅里的每一个人，在某个时候，都是来自移民家庭。我不喜欢这样的概念：那些合法来到美国的人们，做着贡献，按时交税，但却不能享有和我们其他人同等的福利，同样的社会保障。"

福利改革需要立法监督，否则福利救济家庭的呼声怎么有人关注呢？他们无力雇用说客，他们没法接触筹款。低层民众和政治阶级的相遇纯属偶然。上周末他才刚刚经历过这样的相遇。当时他在公寓后面的巷子抽雪茄，见到一家人正在翻检罐头：那位父亲推着购物车，那位母亲推着婴儿车。

"这就是他们用以维生的方式。"奥巴马说道，"如果没有福利待遇，这就是等着他们的工作。我们对那个家庭负有责任。我们对那个孩子负有责任。我强烈呼吁——尽管我们在这个法案上已经迈进了一大步——我们仔细审视这个法案，并且继续致力保证伊利诺伊州的每一个孩子、每一个家庭都有机会在这个经济体中取得成功。"

赠与禁止法是又一个让奥巴马站在牌友雅各布斯对立面的法案。雅各布斯是密西西比河的"肉食政客"，和说客们纵情享受昂贵大餐，而奥巴马则是议员里少有的自付餐费的人。1997 年，保罗·西蒙刚从国会参议院退休，要求立法会成立伦理改革特别小组。通常，类似的提案都会和创建一院制议会或者将州府搬迁至都市的提案归到一类。伊利诺伊州自七十年代中期起就没有改过伦理法，当时因要应对水门事件，伊利诺伊州制定了竞选披露制度。美国只有少数几个州不限制对政客竞选捐助及礼物，伊利诺伊州是其中之一。一心多用的院外活动说客拿着一沓支票，站在议会大厦的圆形大厅里，发给往外走的参议员们。一些议员每天早晨想的第一件事就是中午谁会请自己吃饭。

但是 1997 年是不同往常的一年。伊利诺伊州最有权势的官员都身陷丑闻。州长吉姆·埃德加最大的竞选赞助商——伊利诺伊管理服务公司——未经投标便与州政府签了数份合同，骗取纳税人的钱财达七百万美元之多。州务卿乔治·瑞安办公室的职员以卡车司机执照索贿，贿款纳入瑞安的竞选基金，而其中一位非法卡车司机肇事，导致六名儿童身亡。伊利诺伊州的政治家们自我改革的频率就跟山里人洗澡的频率一样高：不到臭不可忍，绝不行动。而这就是一个决不可忍的时候。

当然，这也是保罗·西蒙要求的。他是伊利诺伊"最受欢迎"、"最为诚实"的政客；"simon-pure"（纯净得不真实）这个词或许不是因他（Simon）而起，但是对他绝对适用。五十年代，西蒙在小镇报纸当编辑，曝光圣路易斯对岸城镇的嫖赌事件，名声大噪。当选议员之后，他在《哈珀斯》杂志发表文章，揭发议院同事，老好人的形象更进一步。在国会参议院，他收的每一件礼物都进行公报，即便只是一盒五美元的曲奇。西蒙一丝不苟的账本让他获得了由国会职员投票选出的"直箭奖"。1997 年退休离开参议院之后，西蒙到南伊利诺伊大学开办了一个公共政策研究所，研究所第一个项目就是伦理提案。

伊利诺伊州肮脏的政治文化很大程度上是芝加哥政治机器的产物。坦慕尼厅以及其他政魁团体都偃旗息鼓之后很长一段时间内，芝加哥政治机器依然屹立不倒。然而，即便是伊利诺伊人本身也已厌倦了佣金回扣和内幕交易，这也就意味着伊利诺伊州也为改革提供了一个独特的平台。想有埃利奥特·内斯①，就不能没有阿尔·卡彭②。在一本关于芝加哥政治的流行书里，这两类人分别被称作"酷酷"和贪污分子。保罗·西蒙就是个"酷酷"，阿布纳·米克瓦也一样。两人都向埃米尔·琼斯推荐奥巴马，于是琼斯热切地指派奥巴马到改革小组任职，让这个海德公园来的新人告诉那些家伙不能再在桑加莫俱乐部大吃大喝了。丹尼·雅各布斯当然是不会这么做的，像他自己喜欢说的，"公众根本就不在意什么伦理。要论能引发公众关注的事情，伦理排在"香港脚"后面。这只不过能引起媒体的注意而已"。

改革小组和西蒙以及他的研究所合作，提出议案，禁止说客在产权归国家所有的地方进行捐赠，并且禁止在斯普林菲尔德五十英里内进行募捐。如果说客和议员或者本州职员外出进餐，花费金额不得超过七十五美元。议员不得接受赛事门票或者度假旅游。奥巴马还想限制竞选捐助的数额，但是这会削弱参众两院领导的力量。两院领导从说客处得到大量的金钱，然后分给其他议员，议员们无不心怀感激。议案最终只要求捐助金额必须上网公布，而1997年，对于大多数从政人员来说，网络还是个新鲜事物。

禁止赠与法在共和党控制的参议院顺理成章地通过了。乔治·瑞安正在竞选州长，不想满城报纸都对伦理法案大肆报道。（瑞安竞选胜利之后坐了四年的州长宝座，接着坐了六年的联邦监狱，罪名就是贪污。）对于一个拿着说客的钱到牙买加度假的州务卿来说，伦理法案的确是个

---

① 译者注：芝加哥著名警察，使阿尔·卡彭伏法。
② 译者注：芝加哥著名黑帮头目。

敏感话题。议院的议员都担心会因为度假而被罚款或者监禁。一位众议员抱怨法案禁止个人使用竞选资金。如果他用竞选资金买了一件国庆游行时穿的爱国衫，然后和家人野餐的时候又穿了这件爱国衫，那他是不是犯法了呢？另外一位议员则想知道，如果转过身在背后接受捐助，这个捐助还算不算是"当面"的捐助。

这个法案让各报编委大为赞赏，也让奥巴马成了伦理改革组织的必找之人，然而在州议会大厦，法案只是让奥巴马自以为正义的"酷酷"形象更加显著而已。

"在斯普林菲尔德，要接过伦理改革的衣钵，会让你有几分像是局外人。"辛西娅如是说。她来自"伊利诺伊政治改革运动"，这个团体的宗旨就跟在巴西禁酒那么理想而无望。用帕迪·鲍勒那不朽的话来说，"芝加哥没准备好改革！"（他后来在此基础上说了更经典的一句话，让反奥巴马派觉得颇为有趣："天！如果这样谁他妈还想住在这儿？这是大城市，小子！不是火奴鲁鲁！"）

丹尼·雅各布斯是第一个违抗这条新法规的人。他在诺博·安迪餐馆举行募捐。诺博·安迪以一道斯普林菲尔德美食闻名——"马蹄铁"：面包上放着牛肉馅饼，上面再盖着薯条，浇了一层奶酪。雅各布斯不是理想主义者，对政敌总是很友好：他把捐助人放在一旁，抽时间给人行道上的抗议者端上饮料。

威尔县一位和蔼的法官宣告赠与禁止法违宪，但上诉后，伊利诺伊最高法庭判定法律有效。这条法规最大的贡献就是电子申报。应用网络申报之前，记者以及其他好事者需要填写一式三份的表格才可以查看竞选捐款情况；应用网络申报之后，只要有电脑，任何人都能知道——打

第八章：州议会参议员奥巴马

个比方——参议院交通委员会主席拿了铺路承包商的钱。说客依然可以给议员各种报酬，但是至少现在每个人都可以对此进行监督了。

在芝加哥，州参议员算不上是大人物；然而一路南下，在伊利诺伊欠发达的中部和南部，立法委员就是当地的英雄。在迪凯特，在杂货店遇到参议员的家庭主妇在晚饭的时候肯定会大说特说，而大多数的芝加哥人甚至都不知道代表自己的州议员叫什么名字。奥巴马可以在海德公园商店购物或者在第五十七街书店看书，没有人会在旁边窃窃私语，说"那是参议员奥巴马"。市议员的知名度则和州议员的知名度完全不同。市议院的人才是芝加哥的大人物。两位戴利市长的政治生涯都起源于州参议院，最后都选择了更富魅力的市级职位。

为什么立法机构在政治上的地位如此卑微呢？首先，州议院开会的地点是在遥远的斯普林菲尔德。其次，芝加哥人也认为立法议员只是当地政治机器的齿轮，是选区头目安插的傀儡。罗德·布拉戈耶维奇能够登上政治舞台，是因为他的岳父是一位有权势的市议员，想通过操纵州众议院议员选举来展示自己的政治影响力。一旦这些半明半暗的人物到了斯普林菲尔德，大多数的决策都是由"四大人物"——控制所有竞选金额的参议两院两党党魁——来制定的了。

比起其他的芝加哥人，海德公园人对他们政治代表的态度没有那么冷嘲热讽，但也没有其他芝加哥人那么热情追捧。毕竟，芝大英语教授的收入是州参议员的两倍。而且，讨好当选官员也不符合海德公园关于世故老成的概念。为了引起注意，奥巴马颇费了一番工夫。IVI-IPO 在海德公园联合教堂举行每年一度的筹款会，他负责上意大利面条；哈珀庭艺术委员会举办第二届年度创意写作比赛，他担任"名人评委"；海德公园社区俱乐部举办年度筹款会，他烙薄饼；国庆游行，他穿着殖民时期的服装参加了第五十三街的游行活动。

奥巴马还在《海德公园先驱报》开设专栏——"斯普林菲尔德报告"。当地政客人手一份。在"斯普林菲尔德报告"早期的一篇文章里，奥巴马抨击共和党人拒绝通过对竞选捐助的限制："我，作为其中的一员，将会继续坚决拥护限制竞选捐助、提倡公共筹资。如果没有限制、没有公共投资，就难以消除大笔资金对选举过程的影响。"一个代表"酷酷"选区的少数党浅资历议员有这样的观点，不足为奇。文章后面，奥巴马在官式语言里加了一句少有的私人语言："你们中的一些人或许注意到，今年我没有参加国庆游行。我有个很好的理由：那一天，我的妻子米歇尔生下了我们第一个孩子，玛丽亚·安·奥巴马（8 磅 15 盎司），母女平安。我们谢谢所有寄来卡片以及电话祝福我们的人。如果可以的话，明年玛丽亚就可以和我们一起参加游行兼生日庆祝了！"

对于一个新人而言，奥巴马给自己选区引进的市政工程数量之多令人侧目。例如，1998 年，州政府拨款 4460 万美元，改造第五十五街南侧已被侵蚀的密歇根湖湖岸沿线。实际上，这笔拨款也不是奥巴马的功劳，而是州议会众议员芭芭拉·弗林·柯里的功劳。柯里是在奥巴马成为州参议员的同一年成为众议院多数党党魁的。作为州议员而言，柯里更具影响力，而因为奥巴马的高中是在夏威夷念的，柯里更了解本地社区事务。

在议会，奥巴马的权力和影响力都不大。他的办公室在夹层，是一个拥挤的套间办公室其中一间，新晋参议员都在这个夹层。奥巴马的收

第八章：州议会参议员奥巴马

入也不高，对于要还房贷以及哈佛学生贷款的年轻父亲而言，更是不够。参议院的工作算是兼职，每年工资 48403 美元，大多数议员都有律所、家族企业或者农场。一开始，奥巴马以为自己可以继续在律所当助理律师，但是在斯普林菲尔德待了几个星期之后，他给贾德·迈纳打电话，说议院工作太多了。

"贾德，这对你们不公平。"奥巴马说，"这会比我设想的多花很多时间，我在议会的时候你们照给我工资，倒不如按我工作时间支付工资。我五月回去，我们再谈谈吧，看看能不能有个合理的安排。"

奥巴马拒绝了本可以轻而易举拿到的工资。这是对他坦诚正直的最佳证明，迈纳心想。奥巴马保留了自己在角落里的办公室以及"法律顾问"的头衔，不过，他短暂的执业律师生涯已告结束了。

不过，这也意味着他需要一份工作。面前有一份芝大的工作。奥巴马又回头找了道格拉斯·贝尔德，想要一份比全职教授低一点，但又比兼职讲师高一点的工作：承担三分之二的教学任务，不需发表学术论文，享有全部福利，其中包括医疗保险以及子女就读芝大实验学校的学费。上课时间定在周一和周五，也就是参议院不开会的日子。这是个不同寻常的请求，但是奥巴马已经开始意识到自己的与众不同了。大把的学校、大把的律所都愿意挤破了头留住《哈佛法学评论》的首位黑人主编。芝大答应了奥巴马的要求。贝尔德把方案报呈法学院教务长，教务长只对授予奥巴马"高级讲师"这一条持保留态度，因为"高级讲师"一般都是留给联邦法官以及其他显要人物的头衔。但是奥巴马也还是得到了这个头衔。贝尔德觉得这个协定很不错。学校能够让这位广受欢迎的讲师多做工作，而且一旦奥巴马厌倦了州议会参议员的低微地位——

像他这么有天赋的人肯定会这样的——他可能就会考虑成为全职法学教师。

大多数芝加哥人都认为，伊利诺伊州80号州际公路以南的部分人烟稀少，野蛮荒芜，是可有可无的附生乡下，可以种玉米大豆，但是不值一游。奥巴马是个活在都市的参议员，对乡镇美国的了解还不如对肯尼亚乡村生活了解得清楚，想要看看伊利诺伊州的其他地方。通过与保罗·西蒙的合作，他有了这么一个机会。西蒙在伊利诺伊南部边陲居住，当地被称作"小埃及"。1997年年中，他的公共政策研究所在芝加哥举行筹款晚宴，奥巴马和约翰·施密特一起出席。施密特是奥巴马在"投票！"计划时认识的主要捐资者。他们和史蒂夫·斯凯茨坐在一起，后者来自与肯塔基隔俄亥俄河相望的肖尼敦，拥有自己的农场。斯凯茨体格魁梧，说话慢声细语，和西蒙是老朋友，曾被西蒙任命为农场服务局的全州主管。奥巴马之前没有到过"小埃及"——"小埃及"远在梅森-迪克森线以南，离纳什维尔比离芝加哥更近。然而，如果奥巴马要参加全州竞选，他就得让自己的穆斯林名字以及黑面孔在全州变得无人不晓。要这么做，最好从斯凯茨入手——他是奥巴马选区里最重要的民主党赞助人。

"虽然我只是一个州议会参议员，来自芝加哥，但我也想了解伊利诺伊州其他的地方。"奥巴马在晚宴上告诉斯凯茨，"我想到您的农场会会你们。"

斯凯茨邀请奥巴马南下。奥巴马回到斯普林菲尔德后，向立法主任丹·绍蒙提议一同出行，休会期间一起开车南下，和同事们来次远足高尔夫。绍蒙觉得这是个好主意。绍蒙曾经是新闻记者,已经在州议会工作了八年,希望让他那久居都市、书生气太浓的上司接触一下乡村生活,另外,坦率地说,他也希望教会奥巴马普通人的言行举止。奥巴马在议会有着桀骜不驯的名声。如果选民也同样认为他桀骜不驯,那么奥巴马在政治上永远也没法成功。奥巴马和绍蒙走在一起看来很不协调:奥巴马又高又瘦,而绍蒙则又矮又胖,毛发浓密,双眼乜斜,戴着厚厚的眼镜。但是他们的合作关系却能一直持续到奥巴马竞选美国国会参议院的时候,完全符合长期以来的传统:八面玲珑、富有魅力的政客,聪明绝顶却形象邋遢的助手,各自都为政治成功贡献着必不可缺的要素。想想路易斯·豪之于富兰克林·D.罗斯福,西奥多·索伦森之于约翰·F·肯尼迪,或者卡尔·罗夫之于乔治·W·布什。那就是绍蒙在奥巴马早期事业中所扮演的角色。

从密歇根湖到俄亥俄河,伊利诺伊州涵盖三个不同区域,它们的语言和文化都截然不同。北部那三分之一的伊利诺伊是从新英格兰和纽约西部来的扬基人开拓的。这些人受教育程度高,怀有理想主义,创立了小型的宗教学院并且支持废奴运动、禁酒法令以及妇女选举权利。随后又从爱尔兰、意大利、波兰以及俄国来了数以百万计的移民,其中包括农民、天主教徒以及犹太人,这些人对政治不抱太强的理想,使得选区头目成功取代了旧世界地主和公爵的地位。中部那片草原牧场是玉米和大豆的国度,人们会把 wash 说成 warsh,周三晚上和周日早上会到福音教堂,秋天会打野鸡。林肯在这里住过,他当过律师的每一个镇上都建了他的塑像,挂着介绍他的匾牌,以此表示对他的缅怀。(州政府把林肯住过的整个街区都恢复成十九世纪八十年代的盛况;在查尔斯顿,林肯和斯蒂芬·A·道格拉斯辩论的地方，游客们还可以看到林肯掰断的栏杆上的碎片，布置得就像展览圣十字架上落下的碎片一样。）第三部分就是"小埃及"了。这是伊利诺伊州最古老的一部分，在安德鲁·杰克逊的年代，就有来自肯塔基、田纳西以及弗吉尼亚的殖民。这里有着丰富的煤矿资源、森林以及影影绰绰的洼地。"小埃及"一名的起源不明，有些人说是因为俄亥俄河与密西西比河在此交汇，就像尼罗河三角洲一样，另一些人说是因为一次严冬，北方的农民被迫南下觅食，就像雅各的子嗣被迫南下埃及一样。不管"小埃及"的称谓从何而来，"埃及风"反映在城镇的名字上——开罗、卡纳克、底比斯——还有南伊利诺伊大学的吉祥物——萨卢基犬。《血腥的威廉森》一书详细介绍了"小埃及"的家族世仇、三K党活动以及罢工矿工屠杀二十二名拒绝罢工工人的事件。作者保罗·M.安格尔在书中就"小埃及"的"家族仇恨、劳工冲突、宗教偏见、原始狭隘"，将它比作阿巴拉契亚。

"小埃及"和它南部根源一样，有着种族冲突的历史——1967年开罗镇的暴乱引发了长达数年的黑人抵制运动，最终迫使白人经营的商业全部撤出。另外，"小埃及"很穷——它是伊利诺伊州最穷的地方——还和他们先人一样，亲民主党，这些也是和它的南部根源如出一辙的。民主党黑人曾经在这里取得过成功。罗兰·伯里斯在中部土生土长，竞选州审计长以及首席检察官期间，都在"小埃及"赢得了多数选票。1992年，卡罗尔·莫斯利·布朗和比尔·克林顿以及阿尔·戈尔同台竞争，横扫了"小埃及"的选票。克林顿和戈尔这两位南方民主党人著名的"大巴巡回"止步于万达利亚。奥巴马的任务不像看起来那么艰巨。

绍蒙之前在几次全州竞选中担任南部协调员，于是他让奥巴马入乡

第八章：州议会参议员奥巴马

随俗——哈佛毕业、煤城落户的黑人律师能做多好，奥巴马就该做到多好。按奥巴马后来在《无畏的希望》中的讲述，绍蒙这位完备的政治搭档甚至还会批评奥巴马的穿着和口味。

他四次提醒我打点行李——只要卡其裤子和马球衬衫就行，别拿花哨的亚麻裤子或者丝绸衬衫。我告诉他我没有亚麻或者丝绸的衣服。驾车南下的途中，我们在一家星期五餐厅停了下来，我点了一份芝士汉堡。服务员端上汉堡的时候，我问她有没有第戎芥末。丹摇了摇头。

"他不要第戎芥末了。"他坚持说，挥手让服务员离开。"这儿，"他把一个黄瓶的法式芥末推给我——"这儿就有些芥末。"

服务员一脸茫然。"如果您要第戎芥末，我们有。"她对我说。

在肖尼敦，奥巴马和绍蒙参观了斯凯茨的农场。农场占地 15000 英亩，分布在两个县，种了玉米、大豆和小麦。就斯凯茨所见，奥巴马从来没到过农场。奥巴马问了关于农场经营的问题，还想知道在当地不种地的人如何谋生。斯凯茨把他带到老肖尼敦的希腊复兴式的银行——伊利诺伊最老的银行——奥巴马在那拍了张照片留念。

"这个年轻人前途无量。"斯凯茨的妻子凯皮说。凯皮在参议员迪克·德宾的马里恩办公室工作。她买过一本《来自父亲的梦想》，后来借给保罗·西蒙。西蒙很喜欢这本书，于是自己又买了一本。史蒂夫·斯凯茨认为奥巴马"脚踏实地"，指的是奥巴马根据听众调整自己角色的天赋——这是政客的共同特点，但是对于一个代表了两个种族、要同时维护大学校园以及安居工程利益的议员而言，这至关重要。斯凯茨很高兴自己的地盘上来了一位芝加哥人。"小埃及"地处欧扎克山脉的最北端，拥有伊利诺伊州最吸引人的自然风光，其中包括众神花园，一个有着砂岩和瀑布的保护区。但是很少有城市居民愿意花六个小时，驱车经过大片大片的农场去看它。他们宁愿在附近的密歇根州或者威斯康辛州度假，这两个地方都挨着密歇根湖，而且当地人也没有南方口音，也不会见到保险杠贴纸上写着"神如是说。我如是信。就是如此"。（奥巴马经过一家商店，看见商店提供"便宜枪剑"，着实让他体验了把文化休克。）南部人喜欢抱怨芝加哥把伊利诺伊州其他城市的资源都耗费了，虽说芝加哥产的罪犯把各地监狱都填满了——这个依然衰退的煤城，监狱可是有好工作的唯一地方。斯凯茨在斯普林菲尔德也有办公室，总是想组织议员到自己家乡旅游。在众议院，关于狩猎、枪支以及动物权利的辩论通常不是以党派为界，而是以地区为界，南部的民主党人和共和党人一同抗争来自都市和近郊的同僚。

奥巴马答应在农场服务局的多样性日演讲，作为对斯凯茨的回报。要让非洲裔和拉丁裔人士提起与农民合作的兴趣不容易，但斯凯茨一直在努力，他觉得请来一位黑人州议会参议员会对此有所裨益。

奥巴马的"小埃及"之行让他认识到，他的第二故乡伊利诺伊州就是美国的缩影，他后来参加更高层次的竞选时反复提到这个观点。根据人口调查局公布的数据，伊利诺伊州的人口构成最接近全国的平均水平。

奥巴马后来这样说过："南方、北方、东边、西边、黑人、白人、都市、农村、南部、北部。对于深切关心这个国家以及这个国家正在经历的奋斗的每一个人来说，要对抗摆在我们面前的迫切问题，伊利诺伊

第八章：州议会参议员奥巴马

都是我能想到的最佳实验室。"

1998年奥巴马竞选连任的时候，没有遇到任何对手。尽管如此，他还是筹集了4.6美元，其中大多数都属于小额捐赠。他需要竞选经费。在州议会参议院仅仅两年后，他已经有点待不住了。像拉里·沃尔什和丹尼·雅各布斯这样的人心里知道，自己的交际手段出了自己的地盘就一无所用，所以在斯普林菲尔德待得很好。沃尔什甚至都不在乎自己的党派是少数党。因为没有"立法之类高强度的压力"，他可以到处交朋友，和别的议员打成一片，和自己的选民会面。但是奥巴马却有些沮丧。沃尔什认为奥巴马胃口有限。他是一个没有权势的民主党人，难以分得半杯羹。为纪念已故的芝加哥大主教约瑟夫·伯纳丁，奥巴马后来把自己的全民医保提案称作"伯纳丁修正案"。而这个提案再次搁浅。实行处方药品公平定价、提高养老院助工待遇、向公职人员提供反家暴培训等等提案也是如此下场。不过他还算达到了自己作为立法议员的想要实现的目标之一：降低对贫困人口的税收。这一点相对容易获得共和党人的首肯。减税就是共和党的存在理由。

起初，奥巴马想在本州建立所得税累进税制。然而那是不可能的，因为伊利诺伊州宪法规定必须采用单一税制，从厨子到银行家，每个人都同样交3%的税。于是奥巴马提出在伊利诺伊州实行劳动收入所得税抵免制度。一开始，他提出要抵免20%，因为伊利诺伊州所得税税率（3%）为低收入工人交给联邦政府税率（15%）的五分之一。结果他只争取到抵免5%。奥巴马还提议提高个人免税额，他进入州参议院时，个人免税额为一千美元。奥巴马希望可以实行分级免税额，让穷人享受更高的免税额度，但是这可能也是违宪的。后来，共和党人将免税额度提高至两千美元,每个人都享用同样的免税额度。这也就意味着,处在贫困线水平的四口之家有一半的收入不用向州政府纳税。

奥巴马还为了另一个法案奔走游说,该法案将允许享受低保福利的父母能获得更高的儿童抚养费。过去的法律规定监护家长领取25%,余下的75%给予州以及联邦政府,作为所享受福利的返还部分,以作抵消。民主党人希望领取比例对父母工作的家庭提高至三分之二。他们认为这是奖励人们停止领取福利的一种途径。法案在众议院得到通过,但是州长乔治·瑞安坚决反对这一法案。奥巴马和来自芝加哥市郊的共和党人戴维·沙利文合作,游说公众卫生及福利委员会的其他委员。委员会主席也反对法案举措,但是奥巴马和沙利文说服了足够多的参议员,使得议案可以提呈议院表决,最后成功通过。这是项繁琐而艰难的立法工作,对于一位出了名讨厌"衣帽间交易"的参议员而言更是如此。

州长瑞安否决了这项法案。法案返回参议院时,以一票之差未能推翻州长否决——一位民主党参议员因堵车未能到场。几位共和党员投了弃权票。参议院参议长看见法案在议院所获支持,于是和州长达成协议:单身家长可以领取50%的儿童抚养费。

在斯普林菲尔德期间,奥巴马曾拜访过阿布纳·米克瓦,请教在议院与人相处的建议。这一次,奥巴马提出了另外的问题:自己和第一选区的国会议员博比·拉什同台竞选,米克瓦会有什么意见。米克瓦认为,奥巴马已经开始不安了。这并非意外。对于一个有着远大想法、想要成就伟业的人来说,斯普林菲尔德或许是个难以施展的狭小空间。米克瓦在斯普林菲尔德待了十年才抓住机会去了华盛顿。奥巴马想要用四年完成米克瓦十年完成的事情。这小孩显然是已经下定了决心。他不是在征求意见，他是在寻求帮助。

当年拉什和理查德·M. 戴利竞争芝加哥市长一职，犯了严重的错误，因为戴利在芝加哥享有国王般的知名度。拉什仅获得28%的选票，似乎元气大伤。即便如此，他也仍是难以打败的——任何一个现任官员都是如此。但是之前米克瓦曾经输过竞选。有时候，失败比胜利更能让你认清自己的朋友，自己的敌人，还有你自己本身。米克瓦希望竭尽所能帮助自己的门生发展事业。于是他答应奥巴马对付博比·拉什。

奥巴马从他的牌友们那儿得来的反应完全不一样。他们提醒他，别这么做。你会违反政治的一条基本准则：绝对不与本党的现任官员同台竞争。

第九章
败选

　　奥巴马的权力之路途经哥伦比亚大学以及哈佛大学，而博比·李·拉什的政治积累则来自街头巷尾。拉什的一生都在不断逃离摧毁他那个年代众多黑人的命运。他在乔治亚州的农村出生，父母的骄傲使得他们无法容忍种族隔离。拉什还是小孩的时候，他们就举家搬往芝加哥。拉什十七岁从内城的高中退学参军，但是越战期间当了逃兵，协助建立了伊利诺伊黑豹党。

　　拉什是黑豹党的防卫部副部长，是黑豹党统治三头中唯一幸存的。另外两大统治头目马克·克拉克和弗雷德·汉普顿在1969年的警察袭击中中枪身亡。这场袭击促使黑人政治力量奋起反抗政治机器。拉什头戴裘毛帽、挥舞着长筒手枪的照片成为了六十年代芝加哥剑拔弩张状态的最著名影像之一。

　　拉什抛下激进的过往，获得了两个硕士学位，成为了浸信会牧师，并且赢得竞选成为市议员，与哈罗德·华盛顿并肩对抗试图控制市议会的白人议员团体"二十九"。由始至终，他都将自己看做弱者，专注于自我提高。他的父亲形容他小时候的模样，告诉他，"你那么想读书，那么想学习，以至于你自己都说想死在教室里"。成年之后，他成为了潜能激励大师托尼·罗宾斯的门徒。罗宾督促追随者"唤醒心中的巨人"。拉什是民权运动的英雄，是黑人权力运动的英雄，是华盛顿时代的英雄，也是黑人可以获得成功的证明。在芝加哥，博比·拉什是和黑人密不可分的。

奥巴马并不打算尝试。他不觉得自己需要尝试。在那场遭遇惨败的市长之争中，拉什甚至没能保住自己的选区，而他的选区自从哈罗德·华盛顿前任之后就没支持过白人候选人。对于许多人来说，这次市长竞选预示着戴利终于终结了"湖畔的贝鲁特"——芝加哥黑人与白人的政治战争——同时拉什激进对抗的模式也寿终正寝。

第一选区是黑人政治的风向标，不仅在芝加哥如此，在全国范围也是如此。拉什使马丁·路德·金选民登记运动老手、众议员查尔斯·海斯落马，获得席位。奥巴马认为第一选区已经做好准备迎接新的权力更迭，拥抱一位有能力和白人打交道的后种族政治家。

另外，作为一位精于煽动富有经验的人而言，拉什却是出奇地沉稳。他幼年口吃，努力改掉之后说话流利，但是演说的时候却极少提高嗓门。在奥巴马看来，拉什是个号召力弱、疲软无力的国会议员，是依靠自己的公众形象才登上了华盛顿特区的高位，而现在对自己的选区作为甚少。然而在自己的老巢南边区作战，拉什还是比奥巴马想象的要更加狡猾、更加强大。

1999年9月末的一个周日，奥巴马参加了海德公园的一个儿童书展之后，举行了新闻发布会，宣布参加国会议员竞选。他承诺自己会关注那些他认为被拉什忽视了的问题：犯罪、教育、卫生保健以及经济发展。而后他基本把拉什定位为已遭淘汰的革新者，拉什对身份认同政治的嗜好使得他不会支持有意义的法案。

"拉什代表的政治植根于过去，是被动的，不能很好地提出实际的解决方法。"奥巴马如是说。

拉什只热切关注一个问题：枪支控制。黑豹党将武器浪漫化了，然而拉什与自己以前持枪的形象果断决裂，他在国会与别人共同提出三十一项枪支管制法案，其中包括布雷迪法案以及攻击性武器禁令。

那年秋天，拉什又有了一个憎恨枪支的个人理由。1999年10月18日，他二十九岁的儿子休伊被两名男子枪杀，他们认为休伊为毒贩收钱。休伊于四天后不治身亡。

休伊死后，拉什开始媒体巡演，谴责枪械的"荣光"。他的故事让人无法抗拒：他是一个曾经因为非法持有枪支被判刑六个月的前黑豹党党员，而现在他切身体会了枪支所带来的恶果。拉什的图片登上了《新闻周刊》、《人物》，美国国家公共广播电台、奎因·拉蒂法秀、今日秀等都邀请他参加节目。

休伊的遇害使拉什获得了巨大的同情。许多南边区人都曾因为街头暴力失去了儿子、孙子、侄子或者堂兄弟。奥巴马在广播上听到这个消息的时候正开车赴会，本还希望赢得为数不多的不喜欢拉什的南边区政客中的一名。后来，他接到杰西·杰克逊的电话，告诉他："你知道，巴拉克，这场竞争的风向已经变了。"奥巴马明白个中含义，一个月没有进行竞选活动。

奥巴马还有另外一个更实际的问题。竞选初期，奥巴马四位数的"战争基金"里，只有一小部分用于民调。结果是拉什在选区的认知度为90%，而奥巴马仅有11%。

关于拉什和休伊的关系，奥巴马有些内幕消息，休伊是拉什和一位黑豹党同党的非婚生子，由姨妈带大。然而现在奥巴马不能利用这个消息了。于是他试图对拉什发起政治攻击。然而，从一开始，奥巴马的竞选就和南边区格格不入。

那年早冬，在布龙斯维尔社区的一所教堂里，我第一次见到了奥巴马。我当时在为《芝加哥读者》撰文报道这场竞选。那是一个周六的下午——作为一个初出茅庐的挑战者，奥巴马拿不到周日布道的邀请——大约有十几个人零零散散地坐在教堂破旧的长凳上。12月弱弱的阳光透过斑驳的玻璃洒了进来。奥巴马穿着西装，打着领带——那时他还没开始采用开领的休闲打扮。站在洗礼池前，奥巴马姿势有点别扭，试着用自我贬低的形式和听众套近乎。

"人们问我的第一个问题就是'你哪儿来的名字——"奥巴马"？'虽说他们并不总是能把发音弄对了。"他轻轻地说，"有些人念成'阿拉巴马'，有些人念成'哟妈妈'。我的名字是个肯尼亚名字，肯尼亚是我父亲的故乡；我的口音是堪萨斯口音，堪萨斯是我母亲的故乡。"

奥巴马的标准笑话听着就像学期初的时候，急于证明自己还是有幽默感的法律教授通常要讲的笑话一样。有人听懂了奥巴马是想要将自己和民权诞生地以及久享盛名的党派笑话联系起来，但是既没笑也没点头。

奥巴马继续往下说，对对手旁敲侧击："国会议员拉什先生是被动式政治的典范，等着危机发展，然后召开记者招待会。这对于建立具有广泛基础的联合政府效用不大。"

他说话的方式甚至也像是法律教授。

奥巴马批评拉什在竞选市长的时候拘泥于黑人社区。黑人是时候停止诅咒白人和拉丁人了，黑人应该开始思考种族的共性。奥巴马说，他自己曾经当过社区组织者，所以他可以走进安居工程；他也当过哈佛的法律学生，所以他也可以走进企业董事会议室。

"相比之下，我更有能力建立各种联盟，传达的信息能够吸引广大范围的人们，而这就是在国会里成事的方法。"

然而民主党的初选不会被广大范围的人们所左右，它是由南边区的黑人决定的——主要是在吉姆·克劳法盛行的南部、限制性契约以及种族界限界定的芝加哥成长起来的年长黑人。在这些选民当中，奥巴马和富裕的白人的关系备受质疑。

拉什以及他的同盟助长了这种质疑，将奥巴马描绘成白人精英的走卒。他们不仅攻击奥巴马的资历，他们还攻击奥巴马所受的教育、他成长的社区以及他的政治盟友。他们甚至还质疑奥巴马的"黑人程度"。所有对手调查都无疑始于《来自父亲的梦想》，所以拉什知道黑人身份对于一个成长在白人家庭的年轻人来说是一个敏感点。对于拉什，一个罗斯福大学以及伊利诺伊大学芝加哥东校的夜校毕业生来说，奥巴马的常春藤盟校文凭使他脱离了他想要代表的人群。

"他去了哈佛然后成了一个受过教育的蠢蛋！"拉什咆哮道。他在竞选办公室接受采访，墙上挂着约翰·克特兰的照片。"这些拿着东部精英学位的家伙对我们来说不算什么。"

在WVON芝加哥黑人电台辩论时，拉什这位街头斗争老手谈到组织游行，敦促惩罚一名杀死了流浪汉的下班警察。

"如果仅仅抗议警察失职，而不系统思考我们应该如何改变做法，是不够的。"奥巴马回答的语气慎重而稳健。

拉什反唇相讥。

"我们从来就不是一个仅仅依靠法律程序就能取得进步的民族，我认为，如果我们要以任何形式遮盖抗议所发挥的作用，我们就到了临界状态了。"拉什争辩道，"是抗议让我们有了今天的环境。"

辩论之后，拉什还在因为奥巴马说黑人社区游行的年代已经成为过去而愤愤不平。

"巴拉克这个人读过一些民权运动的书，就以为自己什么都知道了。"拉什说道，"可那段历史是我用鲜血、汗水、眼泪共同写就的。"

黑人民族主义社团曾经游行抗议黑豹党的杀戮行为，还为哈罗德·华盛顿登记选民，但他们也怨恨奥巴马与另一所白人高等教育机构——芝加哥大学——的关系。五六十年代芝加哥大学曾经试图清除学校周围的贫民居住区，黑人激进分子对此仍然不能释怀。他们认为，芝加哥大学是要将贫穷黑人赶出海德公园的学术岛屿。

坊间传言，"海德公园黑手党"资助"奥巴马计划"，要将这位年轻人推上政治阶梯。米克瓦以前的北岸国会选区是中西部最富裕的选区，他努力将奥巴马介绍给律师和犹太裔捐赠人，他们的支持，对于任何一位自由主义民主党人——无论黑白——的成功都是必不可少的。米克瓦给奥巴马写了一张250美元的支票，还在海德公园举行了一个派对，请来了其他社区的朋友以及以前的法律伙伴。（米克瓦后来回忆说："那次派对并没有筹到很多钱。"）奥巴马从芝加哥最为显要的白人政治捐助者那里得到了资金：牛顿·米诺，美国联邦通信委员会主席，捐了一千美元；托尼·雷兹科捐了一千美元。作家斯科特·图罗和萨拉·帕瑞特斯基共同捐资。奥巴马在哈佛的一些教授也捐了钱。拉希德·哈立迪在自己的公寓为奥巴马办了一次咖啡会，他的妻子莫娜为客人准备了黎巴嫩点心。奥巴马聘请了他在斯普林菲尔德的助手丹·绍蒙为他管理竞选。

奥巴马也利用竞选国会与年轻富有的黑人建立了关系，几年之后，他们支持奥巴马竞选参议员。奥巴马财务委员会有过半的成员是五十岁以下的黑人企业家。他们当中就有小约翰·罗杰斯，阿里尔投资创立人，身价数百万。罗杰斯在肯伍德长大，就在海德公园南边。他曾是共和党人，其母朱厄尔·拉丰唐是尼克松政府的副检察长，在她的前上司罗伯特·博克被提名为最高法院大法官时，曾在国会为之作证。然而，作为一名雄心勃勃的芝加哥人，罗杰斯转向了民主党。卡罗尔·莫斯利·布朗竞选库克县契税记录员期间，他为她的竞选担任财务委员会主席。1991年，克拉伦斯·托马斯获提名进入联邦最高法院，罗杰斯正式改投民主党。

罗杰斯在普林斯顿的时候，和奥巴马妻子的哥哥克雷格·罗宾逊一起打篮球。罗杰斯曾担任过"投票！"计划的财务委员会委员，奥巴马在湖滨华美达酒店宣布参加州参议院竞选时，他也在场。就是那个时候，他认定了奥巴马是一个"神奇的天才"。看见自己的同龄人舍弃收入丰厚的律师生涯，为公共服务贡献，罗杰斯很是兴奋。

当然了，奥巴马财务委员会的另外一半成员都是白人，比如说曾经为"投票！"计划筹款的约翰·施密特。奥巴马越是寻求黑人社群之外的帮助，就越是受到黑人社群内部的攻击。因为他的学术成就，他甚至还被比作已经入狱的前国会议员梅尔·雷诺兹。

卢·帕尔默是一位直言不讳的黑人记者。奥巴马组织"投票!"计划期间,他曾称奥巴马"傲慢",后来又尝试说服奥巴马退出和艾丽斯·帕尔默的同台竞选。

"我说,'哥们,你听着像是梅尔·雷诺兹。'"我代表《芝加哥读者》采访帕尔默,他如是说,"你们有相似之处。如果说你在这些精英机构里头混,那么能打动这些精英机构的白人,而他们又能把你选作这些精英机构的头头,那就说明你有嫌疑。"

要论打奥利奥①这张牌,没有人比民主党预选的第三候选人多恩·特罗特更激进。特罗特自称是"芝加哥的土生子"。与拉什相比,特罗特一样出身于芝加哥黑人社区,但是家世传统更为精英。特罗特家族在1900年前后来到芝加哥,是南边区中产阶级的中流砥柱。特罗特的祖父曾是芝加哥最负盛名的牧师,所领教区在海德公园。特罗特秉承家族形象,穿着定做的西装,打着蝶形领结,午餐吃黑人传统食品,吉普车的喇叭飘着柔和的爵士乐。

至于含沙射影的种族话题,特罗特就绝不柔和了。在斯普林菲尔德,特罗特就已经对奥巴马蔑视万分,给他起绰号叫"哟妈妈参议员"。有一次,特罗特在布龙斯维尔中心第四十三街的一家果汁店接受采访,以这场竞选中最为臭名昭著的诋毁对奥巴马进行了猛烈抨击。

"某种程度上,奥巴马在我们社区是被看做长着黑人面孔的白人

---

① 译者注:奥利奥为著名饼干,两侧双层饼干为黑色,中间夹心为白色。此处指外表皮肤和黑人一致,但思维方式和白人一致。

的。"特罗特说道，"你们去看看他的支持者就知道了。是谁将他如此迅速地推到现在的高位？就是这些海德公园的独立人士，他们可不是一直把社区的最高利益摆在心上的。"

（制造这种卑鄙的言论就是特罗特的工作。他并不是想要赢。他是要诽谤。埃米尔·琼斯让特罗特参加竞选，就是要他分走一部分反拉什人士的选票。）

市议员托妮·普雷克温克尔试着帮助奥巴马贴近大众。普雷克温克尔对拉什心怀不满，因为上次市议员竞选中，拉什支持了另外几位候选人。当奥巴马来到普雷克温克尔办公室谈国会竞选的事情，她告诉奥巴马："你看，我已经尽力给博比·拉什让路了。我也没给他什么麻烦。他这次还派了那么多人追着我不放。能帮你，我很高兴。但是你得马上决定要做什么并且马上开始行动。"

直到夏天，奥巴马才下定决心。普雷克温克尔觉得这决定做得非常晚，但是她还是把自己的办公室主任阿尔·金德尔借给了奥巴马。金德尔是个掮客老手，以为哈罗德·华盛顿组织选区起家。金德尔实际在1985年就见过奥巴马，当时他为一项防止青少年犯罪计划工作，该计划在奥盖德花园设立了课后项目。那时候在南边区，奥巴马这个瘦瘦的社区组织者广受老妇喜爱，然而相比之下，金德尔才是个大人物。老妇们都说奥巴马一定会获得成功，而金德尔则不认为奥巴马有这种潜力。至少在当时他是这么觉得的。

现在，金德尔为奥巴马工作，就把为奥巴马的黑人程度辩护当做自己的工作。金德尔是个大个子，身高超过六英尺，腰围也像是那些能把一整盘鸡翅当开胃菜的人。他长年和帮派打交道，所以要他到斯塔特维花园或者罗伯特·泰勒住宅区也完全没问题。金德尔把自己看做是街头红人,"达思·韦德",他知道帮派都在哪里出没,毒品都在哪里销售,哪些警察接受贿赂。在他看来,他的工作就是确保"败选"这个词不会出现在候选人的墓碑上。

奥巴马参加花蕾福神游行——全国规模最大的非裔游行,参与其中对所有南边区政治家都尤为重要——金德尔聚集了十五位支持者陪在奥巴马身边一同游行。通过各种活动,他了解了拉什和特罗特想要提出的问题。

"这个非裔是谁?"

"他住在这个社区吗?"

"他够强势吗?"

"他是否受白人操控?"

"我们可以相信他吗?"

对于每一个问题,金德尔都给出了同样的答案。

"如果你相信我,就给他投票。"

奥巴马让金德尔的工作进展困难。他是个没有经验的候选人,认为可以通过向选民展示自己的才智就赢得竞选,就像他当年竞选《哈佛法学评论》主编一样。他就是不能——或者说不愿——有所松懈。庄重的举止让他在海德公园赢得伊利诺伊州议会参议员的职位,但是内城选片的人们却无法同样理解这种姿态。他散发着一种"神气十足"的"味道"。奥巴马在一家名叫"吮蜜"的夜总会为黑人教师举行了一场活动,捍卫自己所受的教育。

"国会议员拉什先生以及他的同盟攻击我在哈佛学习、在芝大教书的经历，他们是在给年幼的黑人小孩传递这样的信息：如果你接受了良好的教育，那么在某种程度上你就没有'保持纯正'。"奥巴马对听众们如是说。

他的话在寂静的房间里久久回响。

要奥巴马硬说出"我们社区"这种词句，只会让他太不自在、太过尴尬了。而同样的词句，拉什和特罗特都能说得相当自如。阿尔·金德尔和罗恩·戴维斯厌烦了奥巴马僵硬局促的演说，试着干涉。他们告诉奥巴马，你那是在讲课。讲课的目的是要清楚地传递信息，好让学生做笔记。竞选演说和讲课不是一回事。

奥巴马拒不采纳他们的建议。

"黑还是不黑并不取决于你怎么说，"他告诉给他提建议的两人，"而是取决于你怎么做。"

戴维斯认为这是个傲慢的回答。

"混账东西，你啥都做不成。"他骂道，"选抓狗的你都选不上。你眼里就只有你自己。你得放低姿态。"

奥巴马如此保守严谨，还有另外一个原因。他知道自己会输。

奥巴马故意毁了自己的竞选。他到夏威夷度假，没有及时返回议院投票。当时议院对邻里安全法案进行表决，法案如获通过，将会使非法持有带弹枪支成为联邦重罪。奥巴马的一票本来也无法改变投票结果，但是他一直强烈支持枪支管制，所以很多芝加哥人都认为，奥巴马是在最需要他的声音的时候缺席了。奥巴马每年都会带家人到夏威夷探望祖母图特。1999 年，因为关于邻里安全法案的争论一直持续到 12 月 22

日，奥巴马差点取消行程。奥巴马一家最终在12月23日周四离开，计划第二周周二飞回伊州，那样周三议会重新开会的时候，奥巴马就可以到达斯普林菲尔德。

金德尔不知道奥巴马的祖母是他生命中唯一的女性家长角色，曾经试着说服奥巴马，让他不要在国会预选的中途飞去夏威夷。奥巴马坚持说妻子米歇尔想去。金德尔意识到，这就是奥巴马和哈罗德·华盛顿的区别。华盛顿是个政治机器人，在芝加哥之外就没有家庭，没有个人生活，也没有朋友。

圣诞节后的周一，奥巴马给丹·绍蒙打电话，问他州长瑞安是否准备召集议会开会。绍蒙告诉他，是。

"我们得早点回去。"奥巴马告诉米歇尔。

但是登机当天，奥巴马18个月大的女儿玛丽亚因为流感病倒了。他决定在夏威夷多待一天。如果玛丽亚有康复的迹象，他们一家就一起飞回去；如果没有，巴拉克就自己飞回去。州长瑞安的办公室发疯似地要奥巴马回到斯普林菲尔德，甚至还给他提供从芝加哥飞过去的专用飞机。奥巴马感觉投票只是象征性的。除非共和党议院领袖菲利普同意妥协，不然法案在参议院肯定要遭遇失败，然后退回委员会做进一步谈判。尽管如此，出席对于奥巴马的政治事业还是很重要的。如果你支持一项法案，你就不该缺席投票；因为去夏威夷度假而缺席投票，就更不应该了。

12月27日周三，玛丽亚身体状况可以坐飞机了，奥巴马一家返回伊利诺伊州（如果他们不坐这班飞机，那直到1月8日他们都没法离岛）。同日，参议院进行投票，法案以三票之差未获通过。奥巴马没有赶上投票。州长瑞安即便是心情好的时候都容易生气，这次更是不悦。

"实话说，参议院没能做得更好，我很生气。"他说。

绍蒙也不高兴。他描绘了一个想象出来的负面广告，奚落自己的候选人：一个男人躺在沙滩椅上，一口一口抿着迈泰酒，背景是尤克里里琴的音乐，然后一把低沉的声音讽刺道："当芝加哥正遭受着历史最高的谋杀率，巴拉克·奥巴马……"

奥巴马从来没有因为将自己女儿的健康放在政治之上而道歉。他一回到芝加哥，就给阿布纳·米克瓦打电话，他支持奥巴马的决定。

"巴拉克，"米克瓦说，"我在国会的时候，也有这么几次，虽然你也不想，但是你的家庭的确遇到了问题，我们让我们的家庭经历了那么多事情，在这个过程中牺牲了那么多，不管怎么说，时不时地，我们还是要从家庭出发，做出对家庭而言最好的决定。我觉得，你这次的决定就是这种决定。"

比起博比·拉什儿子的遇害，这次邻里安全法案的投票更让奥巴马坚信自己的竞选败局已定。

"每天早晨，我一醒来，就依稀有些担心，"他在《无畏的希望》一书中写到，"因为我知道自己还要整天面带微笑，与众人频频握手，仿佛事事仍在按照计划进行。"

奥巴马的对手根本不需要那个夏威夷广告。这位羽翼未丰的州参议员在论坛报的"Inc."专栏（标题：D-U-M）受到了严厉责骂，WVON电台听众也纷纷打电话表示了同样的意思。一次奥巴马和特罗特一起参加候选人讨论会，讨论会在一个体育馆阴冷潮湿的地下室举行，奥巴马不得不回应缺席投票的事情。

"如果说你提出了很多想法，然后投票的时候，你又不在，这让我们怎么指望你？"一位选民问道。

奥巴马的回答敷衍了事。"如果你去看我在斯普林菲尔德的记录，我之前从来没有缺席投票。唯一一次缺席是因为我的女儿生病了。这是例外情况，不会经常发生的。"

那人不肯接受奥巴马的借口。

"如果你告诉我，这次是因为你的问题，所以你缺席投票，这很让我担心。"那人后来说："这样一来，我就很不愿意支持他。我觉得他不自量力。他是有些不错的观点，但是他太嫩了。"

就是在这次辩论里，奥巴马终于失去了一贯的镇定。即便是他的身体语言也暗示着这一点：瘦得难看的腿翘着，下巴以一种英勇的角度朝着天。他甚至丝毫没有隐瞒自己对特罗特的不耐烦，似乎对方不过是个州参议院的同僚；至于对这种肮脏竞选的必要性，他也同样不耐烦。

特罗特是个典型的芝加哥政客，熟谙"衣帽间交易"，知道怎么才能让一项法案得到通过。他喜欢吹嘘自己给选区带来的"肥肉"——给芝加哥州立大学图书馆的二千六百万，给湖滨大道铺设新路面的七千五百万。也是他构建了本州儿童医保制度。和很多参议员一样，特罗特认为奥巴马在议会自视太高，不屑努力争取选票。当晚的研讨会上，特罗特和坐在折叠椅上的选民们分享了自己的看法。特罗特弯着腰对着麦克风，挖苦他那越来越恼火的对手。特罗特数落奥巴马没能拉到足够选票压倒瑞安对儿童抚养费法案的否决，这时，奥巴马的冷静终于土崩瓦解。

"参议员先生，这是歪曲事实！"奥巴马厉声说道。他的男中音愈发低沉，但他贵族般的身姿始终如一。

2月初，我来到市中心的律所，在奥巴马的办公室采访了他，他的回答只是让他傲慢自大的名声愈发可信。奥巴马之前一直认为自己是个特殊人物，比他自己身边的其他人有着更重要的使命。在《来自父亲的梦想》一书中，对他自己家庭成员的描述——充满梦幻、与众不同的母亲，碌碌无为的外祖父——都显得有些神气。他的确是有着更重要的使命，但你是不能这样向选民描述自己的，尤其是这个选区还是全国最穷的国会选区之一。

在很长的一段时间里，奥巴马都是个年纪轻轻但是成就不凡的人：他读的是常春藤盟校，接受过《纽约时报》的人物专访，三十四岁就出过书，三十五岁就当了州议会参议员。这是他人生中第一次抱负受阻。整个世界都在把他往回推。他对周围环境的屈尊俯就，显示了他的不耐烦。

我问他，为什么要让选民们放着两个在芝加哥长大的候选人不选，而去选一个对南边区涉足未深的新人？

奥巴马欲言又止，然后开玩笑说他愿意从和风徐徐的夏威夷搬到天寒地冻的芝加哥，这就说明他对这座城市比许多当地人都忠心。

"我真的是想来这里。"他说，"在芝加哥，我就像一条逆流而上的鲑鱼。我生命的每个节点，我都可以采取阻力最小，但是代价却高得多的路径。成为《哈佛法学评论》的主编是个成就。对于我这类的人，典型的出路就是给最高法院当书记员，然后基本上全国的律所都任你挑了。"

难道人们不欣赏他所做的牺牲吗？本可以在"黄蜂族群"精英经营的律所里一年赚二十万美元的时候，他硬是打磨了一场选民登记运动；本可以在火奴鲁鲁冲浪的时候，他却选择走在结了冰的芝加哥人行道上。

博比·拉什可以理解失学青年的奋斗与抱负，也知道酒店女佣努力抚养三个孩子的困难，而这对于奥巴马来说是绝无可能的。奥巴马的黑人身份之前相对他在《哈佛法学评论》的同事以及纽约出版商是个优势；拉什的黑人身份则是他需要克服的又一个缺陷，就像他之前的口吃与贫穷。

拉什受邀到南密歇根大街的西南浸信会教堂演讲，他敦促教众购买电脑，连接网络，好让信息知识能够源源不断地流入家中。他用上了他在神学院接受的训练，将上网与宗教联系起来，把网络比作是古登堡圣经，后者让所有基督徒都能读到曾经只有那些"地位尊贵、精英超群"的牧师才能看到的内容。

"从前，能够阅读并且解释《圣经》的，只有极少数的人。"拉什对听众们说，"这些家伙对那些没法接触《圣经》的人装腔作势。上帝以他的智慧创造了印刷机。于是《圣经》就可以大量印制，平常的普通百姓夺过了精英的专权。我也是这样看待因特网的。如果我们会用电脑，我们就和比尔·盖茨——世界上最富有的人——处于同一个水平。我们和那些有钱有权的人没有什么不同。你们可以把世界各地的图书馆都搬到自己的起居室，不管你是在南密歇根大街，还是在富裕的市郊。"

奥巴马也曾因为提议用五千万美元为南边区学校购置电脑而赢得正面报道，但是他从来没能以如此富有表现力的赋权黑人的语言表达这件

第九章：败选

事的必要性。

拉什在教堂的成功——他举办了一场名为"神职人员支持拉什"的集会，一条写着"我们和博比肩并肩！"的横幅前面聚集了一百多名牧师——揭示了奥巴马又一次的失算。他以为拉什竞选市长的失败意味着拉什在他的国会选区会不堪一击。然而拉什打败奥巴马的原因正是他输掉市长竞选的原因——他是一个彻头彻尾的南边区人。拉什之所以在全市竞选中落败，是因为他的眼光无法超越自己社区的需要。而竞选国会众议员，他用不着超越。

特罗特没有什么竞选资金，但是他可以依靠自己家族的声望以及生长于社区的背景，以此团结受众。特罗特和拉尔夫·梅特卡夫的儿子一起参加过童子军，后来还为梅特卡夫的一次竞选工作过。五十岁的他见识过布龙斯维尔的鼎盛时期，也知道比利·埃克斯坦以及其他所有爵士乐大师曾经经常聚集在棕榈叶酒馆，更记得后来隔成了廉价旅馆的公寓曾经是作家和教师的住所。

一次特罗特到访老年中心，和老人们握手。一位老人问："您和特罗特牧师是亲戚吗？"

"他是我的祖父。"特罗特骄傲地回应道。

"我知道特罗特家族。"特罗特继续和别人握手的时候，这位老人和旁人说，"特罗特家族的名声在芝加哥可是响当当的。他的姑姑是乔·路易斯的老婆。"

奥巴马的州参议员选区里有着空荡荡的黑人社区，许多购物中心已遭废弃，褐色的联排住宅周围布满了野草。但是作为国会议员候选人，奥巴马在海德公园之外的宣传突击极少涉及贫民区的严峻问题。一次，他召开记者招待会，谴责比迪烟——一种源自印度的烟，手工卷制，致癌物含量极高。和他一同出席的还有迈克尔·弗莱格神父——一位白人神父，说话极富煽动性，领导的教区大多数教民都是黑人；以及市议员特里·彼得森，是极少几位支持奥巴马参加国会竞选的黑人政治家之一。到场的记者只有一位。

第一选区居民的三分之一是白人，奥巴马在贝弗利开设了一个竞选办公室，积极争取他们的选票。贝弗利住着爱尔兰裔的警察和消防队员，他们都不愿意让一个前黑豹党成员来代表自己。

"我觉得那就等于告诉我们的年轻人，你可以去煽风点火，大肆闹事，之后你还能身居高位。"住在贝弗利的一个会计说道。和许多南边区的白人一样，这位会计的态度也是"要谁也不要拉什"。"那家伙还要表现得多激动？他已经大大超出了表现不同政见的合理范围了。如果说一定要一个黑人来当这个国会议员，我觉得有比他好的人。"

选举前一个月，死亡再一次中止了竞选。博比·拉什的父亲吉米·李·拉什病倒了。吉米·拉什72岁，住在乔治亚州。拉什取消了所有行程，搭乘飞机南下，一周之后举行完葬礼才返回。葬礼上拉什朗诵了一首自己写的诗。论坛报撰文颂扬吉米·拉什，拉什的国会议员办公室也发表声明："在埋葬了我的儿子休伊之后不到六个月的时间，我又埋葬了我的父亲，我知道这是对我的信念的考验。然而，正是这股信念，以及我的妻子、家人和朋友对我的爱护支持，让我有了继续前行的力量。"

奥巴马在国会竞选期间首度利用电子媒体：两条时长三十秒的广播

广告。他的钱不多，而且在芝加哥，为了一场只涉及少数观众的竞选而投放电视广告，未免过于昂贵。于是，奥巴马在面向黑人的广播电台做广告，广告重点强调大众关注的问题，几乎不提奥巴马的个人经历。广告提到奥巴马本人的时候，就说他是"民权律师"以及"'投票！'计划负责人"，绝口不提奥巴马是哈佛毕业生。第一条广告面向老年市民，许诺奥巴马会在国会努力争取降低处方药的价格。

> 画外音：州议会参议员巴拉克·奥巴马，国会议员候选人，和一群失望的南边区老人谈话。
>
> 老年人：参议员奥巴马，因为处方药价格涨得太高了，有时候我都买不起我需要的药。
>
> 老年人：你知道的，我以前一直都支持博比·拉什，但是我觉得他一直都在袖手旁观，药价那么高他都不管不顾。
>
> 奥巴马：让我来告诉您。医药公司的利润已经高得没谱。而与此同时，我们的长辈却要在食物、房租以及处方药物之间做出抉择。这是不对的。我参加国会竞选，就是要为第一选区的家庭以及我们的老人争取处方药物价格以及健康管理机构改革。
>
> 画外音：巴拉克·奥巴马。民权律师。"投票！"计划负责人。作为我们的州议会参议员，巴拉克·奥巴马已经开始着眼医药以及保险公司，为价格合理的医保而奋斗。
>
> 奥巴马：有太多的人无法享用美国的医疗保险系统。为了改变现状，我将努力奋斗。

老年人：巴拉克，我们需要你这样行大于言的国会议员。

【鼓掌】

画外音：巴拉克·奥巴马，竞选国会的民主党人。为我们而努力的新领导。

奥巴马：捐赠支持奥巴马参加2000年国会竞选。

第二条广告指出奥巴马曾经发起一项法案，禁止交警出于种族定型进行交通拦检，广告意在突出奥巴马的黑人属性。

警察：把你的驾照拿出来！

驾驶员：但是，警官，我没有超速啊。

警察：别跟我顶嘴。下车。

驾驶员：可我做错了什么呀？

警察：不用你操心。现在给我打开后备箱。

画外音：这样的事情，也可能发生在你身上，或者是你爱的人身上。被警察拦下，不是因为什么明显的原因，而是因为你符合警察私下使用的种族形象。这就叫做种族定型，这是既不道德又非常危险的做法，是需要终结的做法。现在，州议会参议员巴拉克·奥巴马，第一国会选区候选人，正在引领着终结种族定型的斗争。

奥巴马：这里是州议会参议员巴拉克·奥巴马。种族定型不仅极其错误并且有辱人格，而且还很危险，可能导致意想不到的冲突。不仅如此，它还侵蚀着民众对执法的信任。这就是

第九章：败选

为什么我要推行立法，解决种族定型的问题，保护你们的合法权利不受侵犯。

画外音：巴拉克·奥巴马，竞选国会的民主党人。为我们而努力的新领导。

奥巴马：捐赠支持奥巴马参加2000年国会竞选。

芝加哥的预选日总是那么冷，但是奥巴马恭顺地站在小学以及体育馆门前，和选民一一握手。他穿着黑色外套，围着灰色的围巾，显得精干而俊朗。一次又一次地，老太太们蹒跚着走进投票站，告诉他同样的话："你看着像是一个不错的年轻人，可是博比什么也没做错啊。"

如果说奥巴马之前心里已经知道自己败局已定，现在他就是当面听到了这个坏消息。当地的电视台甚至在奥巴马到达选举之夜晚会之前就宣告了奥巴马失利。投票结果是拉什得票61%，奥巴马30%，特罗特7%。奥巴马在自己的社区也仅仅是险胜，只拿到了海德公园55%的选票。

"在政治里，没有什么比与现任官员同台竞选更难的事了。"奥巴马在湖滨华美达酒店发表败选演说，这样告诉支持者，"我觉得我们已经做得很好了。"

然而后来在晚会上和一位记者交谈的时候，奥巴马似乎已经对政治产生了厌倦。他不确定自己是否会再次参加竞选。

"我得重新判定我们的方向，"他说，"我们需要新的政治方式来处理那些对人民至关重要的问题。我不明白的是，我应该通过成为当选官员来达到目的，还是应该以切实提高人民生活质量的方式来影响政府。"

对于对手们施加的个人攻击，奥巴马显得沮丧气馁而又愤怒。

"我当过《哈佛法学评论》的主编，从来没想过这会是个缺点。"他对杰西·鲁伊斯说，"但是在这场竞争里，它就是个缺点。"

奥巴马之所以败选，不是因为他"太白"。他之所以败选，是因为他是一个自以为是的年轻人，却挑战一位广受欢迎的现任官员。如果非要说这点有影响，那么他的"白"反倒让他没有遭到更大的惨败。他在贝弗利和西南市郊的得票率很高。另外，奥巴马犹豫了太久才投入竞选，而参加竞选之后，他也没有花足够的时间去培养基层组织或者筹集捐款。给他的哈佛校友打电话是不能代替在南边区发展捐款人的。

如果能在具有重大意义的第一国会选区赢得国会议员的席位，就能让奥巴马的名字也出现在具有重大影响力的黑人谱系上：奥斯卡·德普里斯特、威廉·道森、拉尔夫·梅特卡夫，还有他自己的政治偶像——哈罗德·华盛顿。这也可能让他获得他自从来到南边区就一直想要得到的工作：芝加哥市长。

败选总能刺痛政客，尤其是一个从来没有在任何事情上失败过的政客。

自己的黑人身份受到质疑刺痛了奥巴马，输掉竞选则更深地刺痛了他。但是通过败选学到的东西，比顺利当选国会议员能学到的东西能让他走得更高更远。奥巴马从来无意成为赋权黑人的代言，就像拉什和杰西·杰克逊做到的那样。这不仅关乎种族，还关乎时代。挑衅对抗的六十年代式的政治不是奥巴马的"菜"。传承着两个种族的遗产，奥巴马生来就是为了调停黑人与白人之间的利益冲突。2000年，奥巴马想要让人接受这样的信息，但是他的对手是民权代表，而战场又是美国黑人程度最高的国会选区。对于想要出人头地的巴拉克·奥巴马,这是在一个错误的时间进行的一场错误的比赛。

败选的那个星期,奥巴马回到了斯普林菲尔德,像往常一样到特里·林克家里打扑克。桌上的每一位政客都对他说了同样的话:"我告诉过你了。"奥巴马不需要这样的话,他知道自己犯了错。

大约也是在这段时间,奥巴马和《首府传真》——一份斯普林菲尔德通讯——的出版人里奇·米勒一起喝酒,深刻反省。竞选期间,米勒曾经告诉我:"巴拉克是个非常聪明的人,但是他在这里取得的成功不多,可能是因为他觉得自己比其他人都厉害。他喜欢让人知道自己上过哈佛。"

对于米勒对他的描述,奥巴马觉得很苦恼,但是,按后来米勒的说法,"他正确处理了对他的批评"。

"很多政客,都知道自己很聪明。"米勒说道,"他们知道自己很能干。这就扰乱了他们的心智。政治不是资格游戏。赢才是硬道理。那次国会竞选着实让他意识到了这一点。"

竞选失败在另一方面帮助了奥巴马:它使他变得谦逊了。在和博比·拉什交手之前,奥巴马是一个急于求胜而又傲慢自大的年轻政客。他需要败选所带来的深刻教训来学会,作为政客,他应该如何表现。仅仅展示自己是巴拉克·奥巴马,《哈佛法学评论》的首任黑人主编,是不够的。他必须还是某些事物的代表。

预选之后,奥巴马破产了。半年以来他都荒废了自己的律师工作,在一个人人都与拉什关系密切的党派里,他也成了一个不受欢迎的人。当年夏天,依然相信奥巴马有着政治前景的朋友敦促奥巴马参加民主党全国大会，于是奥巴马飞到了洛杉矶。出了机场，他甚至连租车都有问题。赫兹租车公司拒收他的美国万国宝通银行卡。奥巴马最后还是弄到了车，但是没能拿到参加大会的入场券。对不起，伊利诺伊代表团主席告诉奥巴马，我这儿有一整吨的申请。于是奥巴马在史泰博体育中心的大屏幕上看了演讲。偶尔，他会跟在朋友后面溜进豪华包厢。教训：在芝加哥，你得等着到你上场的时候，年轻人。在阿尔·戈尔被提名为候选人之前，奥巴马就垂头丧气地回了家。

第十章
"我立马就把你踹飞了"

与博比·拉什一战落败之后,奥巴马在黑人政治圈的名声一落千丈。首先,这个年轻的愣头青把当老师的小老太太挤下了候选名单,抢了对方的参议院议席。然后他又妄图打败当任的国会议员,奥巴马还是夏威夷幼儿园小朋友的时候,人家就已经为民权而游行抗议了。

选举之夜,拉什称奥巴马和特罗特是"非常重要的",还邀请他们"为第一国会选区居民们关注的问题而共同协作"。他说:"让我们致力于交通问题,让我们致力于医保问题,让我们致力于经济发展。我相信,只要我们共同协作,就可以获得许多成就。"

这些话只不过是赢了竞选的人想在媒体前面表现得和蔼可亲一些。实际上,拉什对奥巴马已经怨恨颇深。拉什在大学的时候就借了贷款,有了孩子,而奥巴马所做的事情,就是要断了他的生计。(当然了,拉什自己的席位也是从一位年长的在任议员手上夺来的。那场竞选也是一场关乎世代更迭的竞选,让权力从民权时代的牧师和殡葬员手中转移到黑人权力运动的激进分子手中。)2000年人口普查后,国会选区重新划分,奥巴马的高级公寓差了几个街区,没被划入第一选区。海德公园被划成两半，拉什和小杰西·杰克逊各居一半，而拉什声称自己没有参与操纵选区划分。奥巴马装作毫不在意，告诉《论坛报》自己并不打算再次竞选国会议席。

实际上，奥巴马当时想着完全退出政治舞台。竞选负于拉什之后，奥巴马举行了一次聚会，被朋友们称为"遗憾集会"。聚会上，奥巴马差点接受邀请，出任乔伊斯基金会的执行董事。他告诉阿布纳·米克瓦，他不想离开政治圈，但是那是一份年薪高达六位数的工作，而且米歇尔也在担心家庭的开支，特别是参加国会竞选让奥巴马一家的负债更加严重了。乔伊斯基金会曾经资助"社区发展计划"，所以在基金会，奥巴马也能为改善内城贡献力量，而且可能比作为政客做得都多。如果他没办法打败博比·拉什，他又怎么可能走出州参议院呢？

米克瓦竭力劝说奥巴马留在议院。米克瓦说，如果奥巴马的经济状况不允许，他可以接受法学院一直想让他接受的教授职位。教授的收入和基金会的收入一样好，而且还能让他有更多的自由从事政治事务。

预选失败之后的最初几个月，奥巴马都在因败选而心烦意乱。他一静下心来，就意识到，如果他还想继续在政治的路上走下去，他必须修复和黑人团体的关系。博比·拉什的人——民族主义者、激进分子、喜欢痛骂白人的人——现在再也不会接纳他了。竞选期间，奥巴马就很清楚地说过，他认为他们的政治模式行不通。

"对于创造工作机会、教育、医疗保险这些关键问题，我们和拉丁团体以及白人团体的共同点比我们的分歧要多。"他说，"而且，仅仅从政治实用角度而言，我们也必须和他们合作。诅咒我们社群以外的人，怪罪他们的存在给我们带来困境，也许能给我们精神满足，但是事实是，如果我们希望通过政治完满解决问题，我们必须和他们合作。"

愿意接受奥巴马泛种族政治远景的只有一部分芝加哥黑人——工商业界的黑人。虽然奥巴马并不富有——最多也就是上层中产阶级家庭——他和芝加哥黑人资产阶级交情不浅。罗伊·罗杰斯是奥巴马的密友，普利茨克房地产集团副董事马蒂·内斯比特也是。（内斯比特的妻子是产科医师，奥巴马的两个女儿都是她接生的。）奥巴马还是东岸俱乐部的成员。东岸俱乐部是商业区的一家健身房，也是广受芝加哥职业人士欢迎的交际沙龙。奥巴马和投资银行卢普资本市场的首席执行官吉姆·雷诺兹一起玩篮球。雷诺兹只知道奥巴马是州参议员，这点并不足以让他对奥巴马刮目相看。然后，有一天，他在"边界"书店随意翻着书看，在折扣区看到了《来自父亲的梦想》。雷诺兹很惊讶，自己的球友中居然有写书的，于是买了一本。又一次在球场上见到奥巴马的时候，雷诺兹提起了《来自父亲的梦想》。

"嘿，我读了你的书。"他告诉奥巴马，"你写得挺好的。你的出身很有趣。"

"哈，我知道我是个好作家！"奥巴马喊着说。

从此以后，奥巴马和雷诺兹经常组队打球。他们还约在南岸乡村俱乐部打高尔夫球，奥巴马总能把球控制在平坦的球道上，从来不离道，每次都赢。雷诺兹去斯普林菲尔德的时候，把奥巴马在州议会的办公室当做自己的办公室用。

雷诺兹曾经是奥巴马竞选国会众议院的财务委员会的黑人委员，后来还帮助奥巴马谋划下一步政治举动：竞选美国参议员。奥巴马输给拉什当晚，雷诺兹想要鼓励奥巴马，告诉他肯定还会有其他竞选的，而且是竞选更高层次的职位。

"嘿,兄弟,别难过,"他告诉奥巴马,"让我们想想下一步做什么。"

不久他们就想到了下一步要做什么。奥巴马和雷诺兹与马蒂·内斯比特一起坐下来研究全州选举的职位。2002年有州检察长的改选,但是奥巴马在州参议院的同事莉萨·马迪根有意参选。马迪根的父亲迈克尔·马迪根是众议院议长,是伊利诺伊州最有权势的民主党人。竞选美国参议院似乎更有希望。现任议员是共和党的彼得·菲茨杰拉德,大家都认为他是走了好运才当选的。与其说菲茨杰拉德是打败了卡罗尔·莫斯利·布朗(她也是因为走运才当了一任),不如说他是因对方的失策而恰好获利。上任之后,菲茨杰拉德指派了一位别的州的人担任联邦检察官,疏远了自己党派的人。帕特里克·菲茨杰拉德(和彼得没有亲戚关系)不熟悉芝加哥的行事之道,以同样的力度对受贿的共和党人和民主党人提起公诉。参议员菲茨杰拉德甚至还试图阻止提供资金在斯普林菲尔德建造一座新的林肯博物馆,因为他认为这只不过是州长乔治·瑞安和他的说客同伙的"肥肉"。结果,他在伊利诺伊州共和党没有一个朋友,而且传闻他要么辞职,要么就会在党内预选面临更愿意玩这个游戏的人发起的挑战。

雷诺兹开始带着奥巴马出席商业领袖与企业家联盟(ABLE)的聚会。商业领袖与企业家联盟是一个全黑的商业团体,每周都在芝加哥俱乐部举行午餐会。奥巴马是一群投资人、银行家、出版家以及律师里面少有的几位政客之一。每当有人质疑奥巴马的出现,雷诺兹就会声明:"如果你想做我的朋友,你就必须做他的朋友。"虽然奥巴马从来没有在

ABLE 的聚会发表过演说，但是他认识了这些能为他竞选更高职位提供资金的人。

芝加哥的黑人商业社团和芝加哥的黑人政治阶层一样，有着悠久而丰厚的历史。企业家和政治家一样，都是因为种族隔离初获机会。白人不愿给黑人举行葬礼，也不愿给黑人办人寿保险，于是黑人贫民窟里就兴起了小型殡仪馆和保险办公室。白人不愿给黑人剪头发，于是黑人自己开了理发店和美容院。市区的日报无视"黑带"的情况（论坛报的编辑让记者不要报道"蓝调"新闻——"蓝调"是他们用来代称非洲裔美国人的词），于是黑人通过自己的报纸、杂志以及电台相互联络。

美国最初的一批黑人百万富翁中，就有芝加哥人。他们经营的商业只为黑人提供服务。约翰·H. 约翰逊出版了《乌木》和《喷气机》杂志，出版办公室设在密歇根大街的高层办公楼，现在办公楼有他公司的标志。埃德·加德纳的"柔亮"和"超亮"系列护发产品在全国范围的杂货药房均有销售。

芝加哥的商业和政治是不可分割的。人们总是希望富有的黑人能够为黑人政治家贡献一份财富。反过来，他们也从"裙带互惠"中获取利润——通常，大笔资金的捐赠人都能得到大宗政府合同。当然，这一大笔钱也有一部分成了拉绳牵线的政治家的竞选基金。

哈罗德·华盛顿竞选市长的时候，支持他的有芝加哥的黑人杂货商、汽车销售商、殡仪业人员以及酒馆老板。他当选之后，就想让自己的人也能参与市政交易，创造新的黑人职业阶层。之前，市政合同都是专门留给爱尔兰裔以及"黄蜂族群"的。华盛顿在位期间，确保黑人能够比白人市长在任的时候签到更多的市政合同。这对黑人开发商和承包商是个极大的利好。他们一旦能证明自己可以在市里建好学校，他们又怎么可能没能力建好市郊的购物中心呢？市长华盛顿还声明会将利润丰厚的政府法律顾问业务交给有黑人合伙人的律所。后来担任亚特兰大市长的梅纳德·杰克逊当时就是芝加哥政府首席法律顾问公司查普曼与卡特勒的合伙人。八十年代中期，杰克逊离开芝加哥到亚特兰大开设办公室，查普曼与卡特勒需要重新聘请另外一位黑人政府顾问律师以保持和政府的良好关系，于是培训了一位名叫斯蒂芬·皮尤的年轻合伙人。皮尤最终开设了自己的公共财政律所——皮尤－琼斯，并且成为了ABLE的成员。

华盛顿将黑人带入传统白人行业的举措十分重要，因为黑人企业实际上已经被民权运动毁坏殆尽。既然可以到市中心商业区的马歇尔·菲尔德购物了，黑人们也就不再需要第四十七街的服装精品店了。既然黑人可以去任何一家剧院看演出，社区里的电影院也就倒闭了（或者开始放功夫片或者黄色电影）。黑人投资离开了黑人社区，而白人投资也没有进来。新一代的黑人富翁不能再依靠贫民窟贸易赚钱；他们得做所有种族的生意。

作为州参议员，奥巴马对于ABLE成员而言很有价值。奥巴马和埃米尔·琼斯（他也获邀参加ABLE的聚会）一起努力，将少数族裔的投资公司纳入本州养老基金范围。

"作为黑人商人，我们希望和每一个人都打好交道，让他们明白我们的需求，知道我们的付出，回应我们的诉求。"皮尤如是说，"在公共财政领域，我敢肯定，他亲力亲为，关注州里的交易需求，确保像皮尤－琼斯之类的公司至少能在候选名单上，那样我们就能参与竞标，如果竞标胜出，还能中标。我从来没听他说'下个政府合同就给皮尤－琼斯了'之类的话。从来不这样说。但是州里面的人知道我们的存在。有埃米尔这样的人保证竞标的时候州里面的人不会像以前那样无视少数族裔的公司。"

然而奥巴马和琼斯的努力是有成果的，皮尤－琼斯从伊利诺伊州得到了更多的生意机会。2002年，皮尤的公司参与了一项价值一亿美元的政府合约，保障伊利诺伊州退休制度的实施，它还参与了将伊利诺伊州的彩票业私有化的工作。时机合适的时候，皮尤就会设法帮助奥巴马，作为回报。

国会竞选期间，曾有漫画将奥巴马刻画成效率低下的州参议员，急于实现自己的抱负，急于把斯普林菲尔德用作自己迈向华盛顿的跳板，所以也就根本不费心探究议院的事情。尽管奥巴马在福利改革法案以及儿童抚养费法案上取得了成功，他还是被看做理想主义者，认为"衣帽间交易"有损自己的人格。

重返州议会大厦之后，奥巴马开始比以前更加认真地对待自己的工作和自己的同事。之前，他一直觉得自己成就颇多，要寻找更好的职位。现如今，他决心让自己闯出一番名声，为那些对自己选区至关重要的问题而努力。一些参议员认为，奥巴马因为输给拉什而变得谦逊了。多恩·特罗特的看法则与此有些出入。他承认奥巴马是更加努力了，但是谦逊？巴拉克·奥巴马？奥巴马就是一个参加竞争的人，参加竞争的人不喜欢输。一度毫无耐心的年轻人将自己沉浸在立法程序之中，学习那些通过法案不可或缺的相处之道。奥巴马不再独来独往，而是开始向那些在头四年里被他无视的同事请教。

奥巴马、特罗特和里基·亨登共同提起了一项反种族定型的议案，要求警察拦检的时候要记录驾驶员的种族、年龄以及性别（这项议案在审判委员会就已搁浅）。奥巴马还反对——虽然没有成功——一项允许判定参与谋杀的犯罪团伙成员犯有死罪的议案。如果你看起来像是支持地头蛇的人，通常都不会受欢迎，所以奥巴马投了"出席"，但那之前他也旁敲侧击，暗示议案是基于种族因素提出的。

"我很担心我们为了提高环境而针对某些特定社区或者特定类型人群，将这些特定人群作为其他人的对立面。"奥巴马在参议院如是发言。

这项议案多少带有象征意义。在13名在囚死刑犯——比伊利诺伊州自1976年以来处死的所有犯人数还要多一名——被证无罪之后，州长瑞安宣布暂停法案实施。和很多黑人议员不同，奥巴马从来不说自己反对死刑，但是他支持州长瑞安的暂停令，而且他也一直支持死刑改革，比如说允许凭借DNA证据对案件进行复审。

奥巴马还使得两项关于妇女健康的议案得以通过。一项议案要求所有医院告知强奸受害人关于事后紧急避孕药的使用。（议案提起人说明天主教堂例外，如果受害人正在排卵则不用告知此项信息，之后议案才得以通过。）奥巴马还通过了另外一项议案，扩大联邦医疗补助制度补助范围，对乳腺癌以及宫颈癌筛查进行补贴。

然而奥巴马那年在国会竞选之后最大的成就是一项经济适用房议案，可也是这份议案最终揭露了他和南边区开发商以及出租商的关系。奥巴马在奥盖德花园的工作让他认识到安居工程的愚蠢之处：这些安居工程把贫困人群都聚集在偏远隔绝的地方，在那里，失业、毒品交易以

第十章："我立马就把你踹飞了"

及枪支犯罪就是生存之道，代代相传。奥巴马相信，私人开发商比芝加哥房管局更能经营好低收入家庭住房。谋利动机让他们成为优质房东，而他们的住宅也更有可能建在中产阶级社区。

奥巴马的议案是和来自市郊的共和党人威廉·彼得森共同提起的。议案给予捐给建设经济适用房的捐款50%的征税免除，每年从州资金留出1300万美元。

在芝加哥期间，奥巴马从开发商手上拿到了成千上万的资金。一些开发商——比如说托尼·雷兹科和阿利森·戴维斯——建的廉价公寓几乎转眼就变成了贫民区：老鼠横行，冬天极冷，常年被擅自占住者以及毒品贩子霸占。

奥巴马曾经作为戴维斯-迈纳的工作人员和非营利组织合作，帮助开发商获取政府拨款，以建造经济适用房，其中就包括伍德朗保有投资公司。公司领导阿瑟·布雷热主教是索尔·阿林斯基的门生之一，也是一位具有影响力的黑人牧师，每周日早上都在电视上布道。布雷热的集团和雷兹科合作重建贫民区。雷兹科和戴维斯-迈纳律所的关系密切，甚至最后阿利森·戴维斯离开律所，和雷兹科一起经营房地产行业。戴维斯-迈纳和雷兹科的雷兹玛公司合作，一共代表了三个社区团体。通过这些社区团体，戴维斯-迈纳律所帮助雷兹科拿到了4300万政府资金。奥巴马只为雷兹科提供了五个小时的法律服务，而且是在更有经验的律师指导之下完成的，但是他甚至在加入律所之前就见过这位开发商了。

奥巴马在伊利诺伊州政治的攀升过程，遇到像雷兹科这样的寄生虫是无法避免的。伊利诺伊州的政府机构比其他州都要多——仅库克县就有超过五百个——于是贪污的机会也就更多。1971年，安托万·托尼·雷兹科从叙利亚来到芝加哥，基本不会说英语。他所属的族群——阿拉伯基督徒——人数实在太少，连选出一个市议员都不够。这样的人要获得政治权力，只有一种方法：用钱来买。

雷兹科一开始是名土木工程师，但是很快他就开始投资房地产以及快餐店。他在南边区盖房子，还开了赛百味三明治店和棒约翰比萨店。这些买卖让雷兹科赚了钱，而这些钱也让他认识了他生命中第一位势力强大的赞助人：穆罕默德·阿里。1983年，受阿里的业务经理贾比尔·赫伯特·穆罕默德的敦促，雷兹科为哈罗德·华盛顿举行了一场募捐会。之后，他受邀作为商业顾问加入阿里的随从团。雷兹科为阿里寻找代言，还为致力传播伊斯兰教的穆罕默德·阿里基金会担任执行董事。

雷兹科利用与阿里的关系扩大自己对快餐市场的控股。华盛顿成为市长之后，贾比尔·赫伯特·穆罕默德的公司——"绝妙优惠"，赢得合约，获许在密歇根湖沿岸销售食物和饮品。雷兹科接管公司运营。1997年，"绝妙优惠"作为芝加哥"少数族裔休耕补助计划"实施的一部分，在奥黑尔开了三家熊猫快餐餐馆。2005年，调查人员发现"关键优惠"是雷兹科的幌子，于是取消了"绝妙优惠"的特许经营权。

1989年，雷兹科和一位商业伙伴共同创立了雷兹玛公司。雷兹玛公司经营房地产，专门翻修南边区的公寓楼。雷兹玛公司和当地社区团体合作，购买了三十处房产。雷兹玛公司的工程花钱不多，不过这也是市政府的要求，因为市政府认为如果安装低等家用器具和橱柜，翻修商就可以翻修更多的单元。六七年之后，烧水器和冰箱不能再用了，雷兹玛公司没有足够的储备款项来进行维修。最终，政府出面干预，要求雷兹

第十章："我立马就把你踹飞了"

玛公司调高六处房产的暖气温度，其中一处房产当时已经断暖五周之久。

雷兹科的合伙人监管日常维护工作。雷兹科负责提高公司股本，栽培相熟的政客。利用政治契约撬取合约和拨款是他的强项。雷兹科物色年轻人才的本事就像坐在高中体育馆观众席上的篮球教练一样熟练。1990年，雷兹玛公司的一名经理读到一篇介绍奥巴马当选《哈佛法学评论》主编的文章。奥巴马对安居工程的兴趣以及返回芝加哥的计划引起了这位经理的好奇，于是他给奥巴马打了电话，和这位年轻的法律学生结下了友谊。当这位经理了解到奥巴马对政治感兴趣之后，他就把奥巴马介绍给了雷兹科。和那些年所有其他和奥巴马吃过饭的人一样，雷兹科对奥巴马赞不绝口。

"他太棒了。"雷兹科对那位经理赞道，"他肯定会出人头地的。"

雷兹科向奥巴马大献殷勤，大约在同时，他也在栽培一位颇有抱负的年轻州议员，名叫罗德·布拉戈耶维奇。布拉戈耶维奇像奥巴马一样，也是一位白手起家的政客——他的父亲是移民，在钢铁厂当工人，全家住在一个公寓房间里。这样的人对于雷兹科而言是个可以轻易拿下的目标——雷兹科可以给他们提供他们父辈没法给他们提供的钱。1995年，奥巴马宣布竞选州参议员当日，就收到了雷兹科手下两家快餐公司的两千美元捐款。

戴维斯和雷兹科想要在奥巴马的州议院选区建公寓，奥巴马写信给市政府和州政府，支持给他们的项目贷款。这两位开发商后来都在自己家为奥巴马举行了筹款会。

雷兹科的财富有一部分来自于对奥巴马在州议院所代表的黑人社区

的剥削。然而，即便是之前雷兹科被芝加哥政府控告未能为其所有的低收入公寓供暖，即便是之前雷兹科被发现利用黑人商业伙伴之名获取少数族裔保留用地在奥黑尔机场建立快餐连锁店，即便是之前他因为被控向想从"伊利诺伊教师退休系统"谋利的投资公司索要回扣而受到大陪审团的审查，奥巴马还是拿了雷兹科的钱。

奥巴马在美国参议院的第一年，因为有了《无畏的希望》的预付款，和妻子决定卖掉公寓，在肯伍德买一套面积更大、安全更有保障的房子。肯伍德住的都是有钱人，很受芝大的经济学教授欢迎——他们想着要把得到的诺贝尔奖奖金挥霍掉。奥巴马夫妇看上了一座价值一百六十五万美元的房子，房子有四个壁炉，一个酒窖，以及一道黑色的熟铁围栏。房子的原主人是一位医生，在房子旁边还有一块空地。尽管空地和房子是分列的两项地产，但是房子原主想同时出售两项地产。而奥巴马夫妇虽然新有进账，还是买不起这两处地产。2005年6月，奥巴马夫妇买下了房子。同一天，雷兹科的妻子丽塔以62.5万美元买下了旁边的空地。雷兹科夫妇后来以十万四千五百美元的价格将空地的一部分卖给奥巴马夫妇，奥巴马家的院子就更宽敞了。雷兹科夫妇后来花了一万四千美元在分界线上建了一道栅栏。

当时，奥巴马知道雷兹科遭受指控，但是他告诉论坛报，"只要我的行为公开公正，一丝不苟，这就不是个问题。"

奥巴马对自己的正直诚恳深信不疑，以至于他相信，自己可以在和骗子保持关系的同时，保持自己高洁之士的自我形象。奥巴马演讲的时候经常会说："很多人问我，'为什么你要趟政治这滩浑水？'"言下之意就是他的存在让政治少了一个贪污腐败、极端利己的政客。奥巴马深信,只要自己保持崇高的目标,自己就可以和芝加哥政客共存,而不成为其中的一员。这是在职官员普遍的幻想,尤其是奥巴马这种抱有理想主义的官员。

"在州参议院,他是真正觉得自己肩负个人使命的。"詹姆斯·L.梅里纳说。他写过好几本关于伊利诺伊政治的书。"我觉得,他认为自己是超然其上的。他似乎觉得自己是坐在飞机上的。"

托尼·雷兹科教会了奥巴马,想要从事政治这么一个肮脏的行业——尤其是芝加哥政治——你不可能还是百分百清白的。

奥巴马还从公寓开发商手上获取捐助。每一个南边区的政客都这么做。如果你想参加竞选,你就需要钱,还有谁比地产大鳄更有钱呢?这些捐助也是颇有争议的,因为奥巴马的选区在两个方向上实现中产阶级化。在选区北端,喜欢城市生活的白人逐渐搬到南卢普区,南卢普区曾是贫民陋巷,满是小酒馆、男子旅馆以及救济会。(南卢普区的第二选区自从1915年奥斯卡·德普里斯特当选市议会议员之后就一直都是由黑人担任市议员。博比·拉什就住在第二选区。在这十年的末尾,第二选区就选出了一位白人市议员。)在选区南端,中产白人黑人都在搬离海德公园,重建芝加哥大学校园周围衰败的地区。尽管保护团体一再要求,奥巴马并没反对拆除盖里棕榈叶酒馆的计划,这家历史闻名的四十七街夜总会将被一所高档饭馆所取代。哈罗德·卢卡斯通过自己的公司"黑色都市传统与旅游"经营布龙斯维尔旅游业。他希望奥巴马能参与保护盖里酒馆的斗争,但是"那太具争议性了",他后来回忆说,"他没有挺身而出"。

奥巴马不想得罪赞成拆毁盖里酒馆的当地市议员多萝西·蒂尔曼。

蒂尔曼是位坦率直言的政客，以头戴宽边帽、提包揣手枪著称，深受黑人民族主义者拥护。

"我印象中，他从来就没拿他的政治生涯为我们的社区冒过一次险。"卢卡斯后来说，"我记不起来，他作为一个州议会参议员，对赋权黑人社群有过什么贡献。"

在赋权黑人社群这方面，奥巴马恰恰是布龙斯维尔的州议会众议员卢·琼斯的对立面。琼斯是土生土长的南边区人，政治生涯始于劳利斯花园安居工程居民委员会主任。作为政客，琼斯从来没有忘记自己来自哪里，而奥巴马从来不忘自己要去哪里。如果表现得过于"黑"，他就可能失去那些对于竞选全州职位不可或缺的白人选票。随着奥巴马政治生涯的上升，哈罗德·卢卡斯开始明白奥巴马的曲线道路，并且总是支持奥巴马的竞选活动。奥巴马也许不是赋权黑人的代言，高举拳头，书架上放着《全世界受苦的人》，但是他至少能让白人主流听到黑人社群的声音。

托妮·普雷克温克尔在市政厅代表布龙斯维尔的一部分，她也认为，奥巴马之所以忽略社区，是为了自己的政治抱负。每一位州参议员都有一笔资金用来进行"成员倡议"，参议员可以把钱花在选区里他认为合适的地方，用来行善。世纪初，随着奥巴马从和拉什之战的失败中恢复过来，重燃冲击美国参议院的抱负，他把自己成员倡议基金的最大一笔——110万美元——给了地处奥巴马州参议员选区东南角的第十七选区，主要用来完善公园环境。普雷克温克尔的第四选区只得到27.5万美元。

显然，每一位市议员都希望自己的选区能够多得到些资金。普雷克温克尔大发雷霆，因为奥巴马代表的是整个第四选区，而他实际上只顾及了第十七选区这一小部分而已。她认定奥巴马是想讨好第十七区的市议员特里·彼得森。彼得森和普雷克温克尔一样，曾经支持奥巴马竞选国会。彼得森和市长戴利关系紧密，而戴利的支持可以保证奥巴马赢得国会参议院的党内预选提名。（戴利后来指派彼得森领导芝加哥房管局。）普雷克温克尔曾经支持奥巴马与艾丽斯·帕尔默的竞争，也支持奥巴马挑战拉什，而现在，奥巴马对新朋友大献殷勤，自己却只能得到些残羹冷炙。背信弃义、投机取巧是奥巴马争取更高职位的惯技，利用成员倡议基金来推进自己的事业就是证据。

让普雷克温克尔尤为失望的是，奥巴马声称自己没有钱帮助购买土地搬迁教堂。湖滨大道计划新建一座行人天桥，恰好处在这个位置的一所教堂需要拆迁。

"我们敦促他作出行动，但是他什么也没有做，然而后来，我们发现他的资源都用在了别的地方。"她后来抱怨道，"他的资源给了那些未来对他有用的人，而不是那些之前帮助过他的人。"

尽管普雷克温克尔认为奥巴马是个只知道向上爬的忘恩负义的人，她还是一如既往地支持他的竞选活动，把自己的工作人员借给他，把他的名字印在自己选区的选举日名片上。作为一个市议员，她已经学会区别对待她个人喜欢的候选人以及实行她喜欢的政治的候选人。一个黑人美国国会参议员对她的社区将会大有裨益。

然而，作为委员会成员，普雷克温克尔能做的是予以报复。奥巴马赢得美国国会参议院议席之后，他私下请求普雷克温克尔支持自己以前的学生、立法职员威尔·伯恩斯作为自己在斯普林菲尔德的继任。普雷克温克尔拒绝了,她投票支持委任一位名叫夸梅·拉乌尔的律师(伯恩斯最终赢得了州参议院的议席,代表布龙斯维尔。他最终给了普雷克温克尔钱,用来搬迁教堂)。

　　奥巴马在参议院的早些年,并没有日报经常报道他的事迹。他并不属于领军人物,所以他从不参与预算谈判,而预算谈判才是斯普林菲尔德最大的新闻。如果巴拉克·奥巴马和埃米尔·琼斯同时走出来,记者们肯定会无视奥巴马,把琼斯团团围起来。偶尔,日报第五页的地区故事会在讲到制裁发薪日贷款运作的议案时提到奥巴马。然而,像很多心怀抱负的政治家一样,奥巴马努力培养和媒体的关系。奥巴马和记者之间有着共鸣。奥巴马是一位出过书的作者,所以他有着文学感受力,知道写作的艰辛。奥巴马还有着和新闻记者一样的政治观点:他是一位自由派改革者,支持政府透明。他曾经递交议案要求在网上公开竞选经费来源,这为伊利诺伊州的调查新闻报道提供了便利。除此之外,奥巴马还善于表达、出口成章、平易近人,愿意走出议事厅,去和等在"围栏"——记者和说客给三楼圆形大厅起的绰号——的新闻记者谈话。

　　奥巴马尽其所能地引起媒体关注。他经常做客"公共事务"——一档一对一的谈话节目,在全州的公共电视频道播放。阿尔·金德尔还让奥巴马上了芝加哥一个公众互动节目。换言之,"巴拉克·奥巴马"这个名字,除了读《伊利诺伊州蓝皮书》这本立法目录的书呆子,谁也不认识。伊利诺伊州有着生机勃勃的政治文化,但是奥巴马的追随者仍是少数。

　　当时,对奥巴马报道最为密切的是《海德公园先驱报》一位名叫托德·斯皮瓦克的二十五岁新手记者。作为在州议会代表社区的参议员，奥巴马是斯皮瓦克的笔下主角，斯皮瓦克经常拿着政客传真给当地报纸的通讯稿就写出一篇报道。《柯里与奥巴马递交议案清理庭院》、《奥巴马参议员力挫已废止武器议案》或者简简单单的《奥巴马议案获参议院通过》。

斯皮瓦克还写关于市政厅的报道。之前他在市政厅遇到的市议员总是言辞闪烁，拒绝合作。奥巴马则截然不同。他把自己的手机号码告诉了斯皮瓦克，而且总是当日回复电话，即便已经很晚了。每当斯皮瓦克叫奥巴马"参议员"或者"先生"，总会听到一样的回答，"叫我巴拉克吧"。很多政客一听到关于竞选经费的问题就搪塞了事或者充满敌意，他们觉得这种问题是对自己诚信的冒犯。奥巴马则不是这样。他的方式就是一边抱怨芝加哥政治的丑陋之处，一边从中获利。他向斯皮瓦克抱怨筹集资金是个必要之恶，对，他是举行过筹款会，对，开发商也到场参加了，但是，没有，他们没有从他那得到过任何好处作为回报。更糟的是，奥巴马还总是对的。斯皮瓦克习惯报道形迹可疑的南边区政客，但是他挖不出奥巴马半点可疑之处。他试过几次，一次他还试图闯入阿利森·戴维斯为奥巴马举办的筹款会，但被主人赶了出去。

国会预选一年之后，我代表《读客》再次采访了奥巴马。那是在2001年初，奥巴马当时正在努力通过一项议案，保证阿尔·戈尔在佛罗里达州遇到的事情不会在伊利诺伊州发生。2000年选举过后，库克县安装了计票机器，会吐出少选票以及多选票，给了选民改正的机会。在一些内城选片，这项举措减少了90%的无效选票。共和党人对此持反对态度，他们认为，退回多选少选选票会侵犯选民选择不参与选举的权利。

选片片长有可能会要求选民退回投票间填好选票。一位共和党参议员递交了一项议案，要求关闭选票检查软件，阻止计票机器识别少选票。奥巴马认为这项举措会压制大城市的选票。郊区用的选票只需要在圆圈处勾选，不易弄错，而芝加哥用的还是需要打孔的选票。

为了与之抗衡，奥巴马递交了自己的议案，要求允许各县有权选择退回少选票。议案遭到选举小组委员会反对之后，奥巴马又提出了一项独具特色的折中方案：在选票上加上"以上皆不选"一项。这将使得选民在保留自己不参与选举的权利的同时，不会产生少选票（后来一名法官允许库克县鉴定多选票和少选票，这项议案就搁置了）。

自从佛罗里达州取代伊利诺伊州成为美国的选举舞弊之都，我就开始报道我们伊利诺伊州为了防止重获这个头衔而作出的努力。于是我联系了奥巴马。我以为他会因为我在《芝加哥读者报》上对国会第一选区那场选举的报道而不高兴，因为报道里面多处提及他的对手指责他对于南边区而言"不够黑"。然而奥巴马给我回了电话。

"首要的原因就是党派偏见。"我问他对于共和党议案意见如何，他咬字清晰地回答道，"私下说，我不觉得会有共和党议员否认这一点。他们为什么会想在库克县多那么百分之十呢？全州选举的时候，那对他们就是当头一棒。"

当我感谢奥巴马抽出时间接受采访，他不带感情地回了一句"别客气"——我从政客嘴里听到的最冷的一句（简短就是奥巴马表达愤怒的最喜欢的方式）。我第一个念头是，这个人有些挺不错的想法。如果他能学会和平常人一样的言行举止，他在政治上还是大有前途的。后来，我意识到奥巴马的"别客气"是缓和之举。拿我不当一回事对他也没有好处。《芝加哥读者报》在白人自由主义者中影响力颇高，而奥巴马想参加全州竞选，这些白人自由主义者是一个重要的选票来源。而仅仅使用略带不满的语气，他就让我知道他不喜欢我之前的报道，同时也确保了他的不悦不会见诸报端。奥巴马是我遇到的政客里面，与媒体沟通得最好的。国会竞选期间，每当我出席竞选活动，他都会走过来，拍拍我的手臂，问我，"最近怎么样？"像是同僚间的问候，而不是急着宣传自己。很少有政客追着记者，大多数都是被记者追着，好像他们是"会移动的祭坛"一样。奥巴马努力联系媒体。紧要关头，媒体就会以美言相报。

2002年春，奥巴马和里基·亨登一触即发的紧张关系终于爆发，在参议院议事厅上演了一场针锋相对的争吵。

在一起工作了五年之后——期间他们甚至还曾共同提出过几个议案——亨登依然质疑奥巴马不够"黑"，以此刺激他。

"嘿，巴拉克。"他会这样挑衅道，"你弄清楚你到底是黑人还是白人了吗？"

奥巴马试图置之不理。在一次黑人立法党员核心会议上，亨登告诉奥巴马："你得一直坚持黑人立场。所有事情你都得记着自己是黑人。"

"这不是个黑人白人的问题。"奥巴马答道，简洁明了。

奥巴马曾提名来自西部市郊的年轻女性、参议员金伯利·莱特福特担任黑人核心会议的主席。他们是同一战线的。莱特福特第一次竞选后，奥巴马给她写了张五百美元的支票，用来偿还竞选债务。莱特福特和埃米尔·琼斯想让奥巴马和亨登和平相处，但是有时候奥巴马因为不想被打扰，干脆连会议都不出席。

在参议院议事厅，奥巴马和三位来自芝加哥地区的白人民主党员坐在一起——特里·林克、卡罗尔·罗纳以及莉萨·马迪根。他们这个组合被称作"自由主义之排"，而这更让亨登坚信，白人激进团体才是奥巴马真正的归属。

6月11日，参议院对一项提案进行表决，该提案提议关闭亨登所在选区一所儿童与家庭服务部门办公室。看到州政府要从贫穷潦倒的西边区剥夺又一项社会项目，亨登自是痛苦万分，他起身发言。他发表了一番动人的演说，为自己社区的儿童做出恳求。

"让我困惑的是，你们要彻底削减教育经费，你们要彻底摧毁我们州这些——这些孩子的生活，而且压根就没有人考虑过注意过这些问题。"亨登说道，"就好像你们根本就不在意。我在意。我们在这个房间里做出的抉择，将会影响外面那个真实的世界……别再削减我们州孩子们的任何经费了。"

投票的时候，所有民主党人都投票支持办公室继续办公——除了那四个自由主义者。亨登怒不可遏。他大步迈到"自由主义之排"跟前，一位一位地质问。马迪根解释说因为她正在竞选州检察长，她必须在政府经费的问题上表现出强硬态度。林克承认自己是跟着其他三个人投的。罗纳道歉并且请求亨登的原谅。然后亨登来到了奥巴马面前。

"嗯，我们在经费问题上必须审慎。"奥巴马说。

"什么意思？"亨登质问道。

"经济紧缩。"奥巴马回答，"我们得管好我们的资金。"

下一轮预算削减——其中包括削减芝加哥夏季青年工作的100万美

元拨款——到来之时，奥巴马起身发言。他承认，预算削减是必要的，但是责备共和党人自称用尽手段节省开支的同时还拨款200万美元培训影视制作专业的学生，还花25万美元建设市郊娱乐设施。

"要说这个过程中，这条走道的另一头①超然于政治、利益或者党派偏见之上，是不对的。"奥巴马说道，"实际上，我认为，只要我们开始审视这些选票，我们就会——事实就会证明，州长办公室是有偏好的，而且州长办公室关照它自己偏好的项目。这就是公平。这就是政治猛兽的天性，但是我不希望——不希望公众被愚弄，从而相信你们生来就享有制定负责任的预算方案的特权。"

这对于亨登而言，听来伪善得让人难以忍受。他确定，奥巴马是在给自己树立成绩，以便以后竞选更高职位的时候向白人选民展示。他需要一些"财政保守"人士的选票，所以他就出卖了西边区的穷人，来保证自己的政治前程。亨登按亮了自己的灯，向主席请求发言许可。

"我只是想对上一位发言人说，你很有勇气，敢说要负责任，而之前你投票赞成关闭西边区的儿童与家庭服务部门办公室，当时如果是南边区的办公室，你就不会赞成关闭了。"亨登暴怒，"所以，我要为我的言论向共和党的朋友们道歉，因为显然走道这一侧的一些民主党人也毫不在乎西边区，尤其是上一位发言人。"

然后奥巴马也按亮了自己的灯。他为自己之前的投票道歉，然后声明自己不喜欢在整个参议院面前被人呼来唤去。

"我能理解参议员亨登的愤怒——实际上——那——我并没意识到

---

① 译者注：指共和党人。

上一次——上一个议案我是投了反对票的。我会让记录记下我是想投赞成票的。另外,如果下一次我亲爱的同事参议员亨登先生能在议事厅点我名字之前,向我询问一下投票情况,我将感激不尽。"

这些话尖酸刻薄,极尽挖苦能事,充满了对同党的不满。奥巴马一关掉麦克风,就当面质问亨登。

"你让我在参议院难堪了。"奥巴马压低声音,"如果你再这样,我就一脚踹你屁股上。"

"当真?"亨登回道。

"你听到我怎么说的了,如果你退到这里话筒旁边媒体看不到的地方,我现在马上就一脚踹你屁股上。"

亨登身高五呎七,比奥巴马矮了半个头,但是他也是从最棘手的选区来的。他不可能回去跟西边区的选民说自己临阵退缩,对手还是个哈佛毕业生——海德公园来的。

"行,"亨登说,"走。"

亨登带头往电话区走,激奥巴马来打自己。伊利诺伊州的参议院议事厅是19世纪设计的,和19世纪的辞藻一样,风格华丽而浮夸:爱奥尼亚式的大理石柱子上盖着由讲坛后面盘旋而上的镀金花纹,玻璃吊灯从房顶悬垂而下。深红色的地毯上点缀着秋麒麟草的图案,参议员们就从地毯上轻轻踏过,走向一圈一圈呈半圆形摆放的锃亮的木质桌子。奥巴马和亨登把这尊贵的房间当做是酒馆门外的人行道,两个人相互推搡咒骂着,直到埃米尔·琼斯注意到他们的争斗并且让多恩·特罗特赶紧把他们拉开。琼斯告诉亨登,他是助理少数党领袖,应该回到自己的座位,有作为领导人该有的表现。琼斯告诉奥巴马,重大行为不当的处罚在他的立法记录里面会相当难看。即便是这样，两人依然争执不休。一位电视记者看到这场混战之后，向奥巴马询问当时的情况。奥巴马坚持说，那没什么大不了的。他和亨登解决了他们的分歧。

亨登不愿在电视上谈论那场争斗，但是他否认和奥巴马修好，认为没有什么要道歉的。他的话又传到奥巴马那儿，让他听了很不高兴。奥巴马的一双长腿迈着大步走到亨登的座位，一张瘦长的脸凑近亨登。奥巴马还没来得及开口，亨登就大叫坐在三个座位之外的琼斯。

"把这人从我面前弄开！"

琼斯把奥巴马拽了出去。

那天之后，两位参议员从来没有谈论过他们的纷争，但是亨登开始对奥巴马多了些尊重，少了些敌意。咒骂停止了。奥巴马向西边区人展示了自己是一个战士，不仅仅只是一个毫无激情的律师或者教授，不愿捍卫自己。一些从来没有想象过奥巴马会放下冷峻风度的参议员开始猜想，这整场争斗也许是预先算好要用来表达这一点的。

第十一章
"你有权力造就一个美国参议员"

参选美国参议院，巴拉克·奥巴马最大的问题就是钱。他没有一分钱。实际上，他有的，比没钱还少。他的信用卡都已经达到透支上限，就是因为国会竞选，他和米歇尔还要偿还学生贷款，已经资不抵债。后来他成名之后，《来自父亲的梦想》荣登畅销书排行榜，但是在世纪初，这本书甚至没有重印，没给它的作者带来任何版税。奥巴马去斯普林菲尔德开的是辆道奇霓虹，爱国的美国政客能有的最小、最便宜的车也就是这样了。

当然，由于出席 ABLE 的聚会，奥巴马认识了有钱的人。2002 年，当他最终决定参选，他向黑人企业业主寻求帮助。

芝加哥黑人希望自己的参议员是黑人。"有才能的十分之一"中的许多成员都认为奥巴马是理想人选。芝加哥的银行家、律师以及投资家都不仅仅满足于像前辈黑人企业家一样迎合贫民贸易。他们也想和白人做生意。他们看到，在奥巴马身上同样也有这种交融的梦想。

同样起到作用的，还有族内政治。在黑人社区，牧师一直都是最重要的权力掮客。他们有钱，他们也有选民。许多成功的黑人政治家，比如说小亚当·克莱顿·鲍威尔，就利用布道坛作为自己获取政治职位的平台。种族隔离期间，这尤为必要，因为教堂是黑人生活的中心，只有在这里，他们才能聚到一起表达自己的抱负。但是种族隔离已然远去了，于是就到了改变旧有模式的时候。白人政客从商人手上获取竞选资金，黑人也应该一样，尤其是如果他们想在更广泛的选民当中赢得支持。是时候按照美国的政治方式运作了。牧师可以是资金的一个来源，但是不应该是最重要的来源。让他们扮演好自己的神职角色，财务角色让商人接手就是了。

2002年，奥巴马和黑人职业人士召开了一系列午宴及聚会。他告诉赫尔曼妮·哈特曼，他想竞选国会参议员，但是如果小杰西·杰克逊或者卡罗尔·莫斯利·布朗决定参选，他就退出。他们两人在黑人社区里面的号召力都比奥巴马要大，而奥巴马不希望自己参加党内预选的时候，"够不够黑"的话题又被提及。

约翰·罗杰斯第一次听到奥巴马计划竞选参议员是在瓦莱里亚·贾勒特家的一次周日早午宴。瓦莱里亚·贾勒特和奥巴马相熟已有十年。她是市长戴利的办公室主任，聘请米歇尔到市政厅工作。贾勒特后来成为芝加哥运输管理局局长、人居公司的副总裁。她不仅仅紧密联系着黑人职业人士的世界，她更是这个世界的中心。奥巴马告诉贾勒特："我有些事，想看一下您有什么意见。"于是贾勒特邀请了罗杰斯和内斯比特也来参加聚会，心想奥巴马要当美国参议员的愚蠢梦想肯定会成为他们的乐子。奥巴马带着米歇尔一起来到了贾勒特的周日早午宴。

贾勒特认为竞选美国参议员的想法极糟——奥巴马刚刚输给拉什，破产了，家里有两个小孩，而且米歇尔也不喜欢让他到处出差。于是奥

第十一章："你有权力造就一个美国参议员"

巴马转向在场的其他人，希望能有最后的机会满足自己对政治的欲求。这次竞选会和上次完全不同，他保证道。

"我和埃米尔·琼斯谈过了。"奥巴马说道，"他是股强大的政治力量，他准备好了要支持我。我竞选国会众议院的时候没有这样的支持。如果我这次失败，那么，米歇尔，我会放弃政治。如果我这次不成功，我保证我会在私有企业找一份正常的工作，所以，除非我赢了，这是我最后一次要求你这么做。还有资金是个问题，所以，瓦莱里亚，我想你应该帮我，因为你是商界的人，你和约翰都是。你们应该考虑一下帮我完成这件事。"

"那要是你失败了呢？"贾勒特质问道。

"如果我都不担心失败，你为什么要担心呢？"奥巴马说，"如果我失败了，那我就失败了。但是我认为我会赢的。"

贾勒特不确定奥巴马会不会赢，但是她确定她要支持奥巴马。罗杰斯的支持来得容易些。他的朋友要抓住一个大好机会，除了把自己的人脉和财源都全力投入竞选，他还有什么选择呢？

罗杰斯的第一个任务就是阻止卡罗尔·莫斯利·布朗参加竞选。布朗成功竞选国会参议员的时候，罗杰斯是她的财务委员会主席，所以他可以告诉布朗一个事实：她没有足够的支持可以再次参选了。芝加哥黑人对莫斯利·布朗在1992年胜利的激动——她是参议院历史上第一位非洲裔民主党议员——在她任职华盛顿的六年中已经变成了失望。卡罗尔曾有机会成为美国最受尊重的黑人政治家，但是她没把握好机会。保罗·西蒙在参议院和布朗同坐四年，一句话总结了布朗的问题："她爱上了错的人。"她的竞选经理兼男友，科西·马修斯，每个月拿一万五的薪水，而其他的工作人员却什么都没有。选举之后，莫斯利·布朗和科西·马修斯坐飞机去非洲旅行了一个月。最糟的是，马修斯带布朗去见了尼日利亚独裁者萨尼·阿巴查，而她没有事先通知国务院。

奥巴马无论是私下还是公开场合都坚称，如果卡罗尔·莫斯利·布朗参选，他就退选。他怎么可能赢呢？布朗在伊利诺伊州的知名度高达92%，而奥巴马只有18%。而且他们将会同台争取黑人选票，这对于一场注定充满白人政客的党内预选而言将是决定性的。

"如果卡罗尔参选，我就不会继续参选。"奥巴马对一位记者说，"我不会有机会赢的。我们太相似了，或者说，我们看起来太相似了：我们都是来自南边区无法构成潜在威胁的黑人政客。"

为了让莫斯利·布朗有理由不参加竞选，罗杰斯给美一银行的首席执行官杰米·戴蒙打了电话，问他能否给布朗一份工作。戴蒙说不能。奥巴马把莫斯利·布朗请到自己的选区办公室，讨论竞选的问题。她的霸气不减当年，就像以前六年之内换了五个办公室主任一样霸道，明确表示竞选自己在参议院的旧席位是自己的特权。奥巴马只能等她的决定。

但是莫斯利·布朗没有做出决定。莫斯利·布朗所在选区的报纸《海德公园先驱报》的托德·斯皮瓦克基本上每周都和她谈话。

"她总是说自己在等这个，在看那个，就是不肯明确表态。"斯皮瓦克后来回忆说，"她把所有事情都搁置了。卡罗尔对我的态度越来越多疑，越来越偏执。有一次她来我办公室，冲我的编辑大吼，就为我写的一篇报道，其实那篇报道我写的差不多都是别的日报说的话。她原来的支持者都不支持她了。她过了许久才意识到，'我的政治生涯真的结束了'。"

奥巴马向在州参议院的同事寻求帮助，成效更佳。正如他对瓦莱里亚·贾勒特说的一样，他开始接近埃米尔·琼斯。如果民主党人能如大势所趋，在2002年夺过州议院多数党位置，琼斯就将成为参议院议长。

"你看，"奥巴马对核心会议领导琼斯说，"你是一个相当有权力的人。你有权力造就一个美国参议员。"

"哦，真的吗？"琼斯问道，"谁？"

"我。"奥巴马说。

琼斯答应帮忙。奥巴马参选州参议院和美国国会众议院的时候，琼斯都持反对意见，但是这一次，这个年轻人是按理出牌：他挑战的不是在任的民主党人。奥巴马的牌友们也表示支持。2002年春，奥巴马和拉里·沃尔什约在斯普林菲尔德的复兴中心吃早饭。

"我有一些非常难的问题想问你。"奥巴马对沃尔什说。然后他把自己竞选美国参议院的计划告诉沃尔什，问沃尔什是否会支持自己。

"当然。"沃尔什回答。

这不仅因为这两位参议员曾经共事——还一起打牌——五年，还因为奥巴马曾经在政治上帮过沃尔什的大忙。1998年，沃尔什与一位非裔对手同台竞争，艰难地赢得预选胜利。为了修补与黑人社团的关系，沃尔什在乔利埃特组织了一次午宴，邀请黑人领袖参加。奥巴马曾经告诉沃尔什，"你什么时候需要我，想让我对着黑人牧师，或者商界领导还是什么人演讲，我都在所不辞。"所以沃尔什邀请奥巴马在午宴作主旨发言。奥巴马的演讲在听众中引起了共鸣。当年秋天，沃尔什得到了强有力的黑人支持。

沃尔什、林克和雅各布斯代表的选区都依靠着黑人数量可观的城市。奥巴马在芝加哥的成绩会不错，但是要在全州范围赢得竞选，他还需要在乔利埃特、沃基根以及罗克岛取得好成绩。这三位老白种男人可以帮上忙。

奥巴马在等待莫斯利·布朗宣布计划的同时，设立了自己的筹款委员会。资金筹集不能等。想要赢得参议院席位，至少需要四百万美金，大多数用来做电视广告，向伊利诺伊州介绍自己。彼得·菲茨杰拉德当年从自己家庭财富里拿了1400万，奥巴马认为这个数字大得惊人。

组建了自己身后的核心集团之后，奥巴马就向ABLE发出了请求。一次在吉姆·雷诺兹家的聚会上，他告诉四十位富有的黑人，他准备竞选美国参议员。那天晚上他没有提钱的事情，他提的是要将竞选活动作为集体力量的展示。

"别让我迷途。"他恳求他的同伴，"你们是我的朋友。告诉我事实，让我保持纯正。别让我在外面妄自尊大，让我们还是能够蹬掉脚上的鞋子一起聊天。"

在座的每一个人都赞同奥巴马是竞选参议员的合适人选。他们也一致认为，奥巴马的竞选演说糟糕透顶。演说都是关于当地事务的——他听起来像是要竞选市议员——而且奥巴马的腔调还是那么僵硬刻意，这已经让第一国会选区厌倦了。

"你得放宽些。"彩虹拯救人道民众联合的主席马丁·金敦促道，"你发言涉及面要更加广阔。你应该去和杰西谈谈。"

奥巴马听从金的建议，开始去"杰西的地方"参加周六早晨的集会。"杰西的地方"是彩虹拯救人道民众联合的总部，在肯伍德德雷克

第十一章："你有权力造就一个美国参议员"

塞尔大街。巴拉克·奥巴马和杰西·杰克逊后来一直有着一定的紧张关系。奥巴马最终成就了杰克逊没有做成的事情，成为了总统。杰西的赋权黑人政治让他只能是一个种族的候选人。而奥巴马想要建立的是多种族的联盟，不能让自己和赋权黑人这一信息联系得太过紧密。在能够获得白人支持之前，他需要在自己族群里拥有一个基地。在南边区、西边区以及南部市郊都有着足够声望的杰克逊父子会是奥巴马的重要同盟，可以帮助他向黑人推销自己。

敦促奥巴马多点布道坛气质、少点大讲堂气质的不仅仅是奥巴马的黑人朋友们。阿布纳·米克瓦也同样敦促奥巴马，宣传布道不是奥巴马的自然风格，但是如果他想点燃海德公园之外黑人听众的热情，他就必须学会这一点。

"你得融入那些黑人教堂。"米克瓦嘱咐奥巴马，"你得在那儿多花点时间。你知道，该说的话金博士从不犹豫说，但是他说的方式是黑人民众明白的方式。"

然后米克瓦讲了一个他自己时代的故事，是关于1960年西弗吉尼亚州党内预选之后，波士顿大主教、枢机主教理查德·库欣对爱德华·F·肯尼迪说的话。

"杰克，"库欣说，"杰克，从现在开始，你要多一点爱尔兰气息，少一点哈佛味道。"

米克瓦是想说，奥巴马需要多一点黑人味道，少一点芝大气息。

直到2002年年中，奥巴马才多少知道他在民主党党内预选的对手是谁。拉丁裔律师、曾经担任芝加哥教育委员会主任的格里·基科说要参加竞选。库克县财长玛丽亚·帕帕斯也计划参选。最有竞争力的对手看来就是州审计长丹·海因斯，西南区爱尔兰政治家族的成员。海因斯将是政治机器支持的候选人：他的父亲，伊利诺伊州前参议院议长托马斯·海因斯，曾经与现任市长戴利一起任职斯普林菲尔德。他们甚至曾经同住一个公寓。各个工会、选区头目、南部各县主席以及他们的宣传队伍都会支持海因斯。虽然海因斯只有33岁，但是他却正在经历政治中年危机，因为他想要摆脱自己的二线州立官员的地位。

奥巴马知道自己要赢需要争取哪些选民：黑人以及自由派白人，也就是选出了哈罗德的同一群人。当年秋季，总统乔治·W·布什威胁攻打伊拉克，于是奥巴马找到了机会给自由派白人留下深刻印象。

奥巴马和那些在六十年代反战运动中了解政治的白人激进分子本来就有着千丝万缕的联系。杰里·凯尔曼喜欢开玩笑说自己在威斯康辛大学主修的是"抗议专业"。贾德·迈纳实际上是芝加哥白人自由主义的象征。当然还有比尔·艾尔斯。虽然奥巴马是阿林斯基门派的组织者，但是与他合作过的许多社区团体都是六十年代期间成立的，是那个年代"人民力量"观念的表现。"进步芝加哥地区网络"诞生于1968年民主党全国大会上的示威活动，哈罗德·华盛顿竞选阵营的许多大将就来自于这个组织，其中包括阿尔·雷比，奥巴马的又一导师。

民主党大会以及哈罗德·华盛顿的当选曾经是芝加哥左翼最伟大的时刻。华盛顿去世之后，运动陷入停顿，成员也专注于各自的事业，成为记者、教授、律师、政客以及基金会主席。他们通过创办于1971年的双周刊《芝加哥读者报》跟上彼此的步伐（当然，这也是第一份介绍奥巴马的全市性报纸）。

奥巴马在戴维斯－迈纳律所会见了一位宣传兼公共关系专家，玛丽

第十一章:"你有权力造就一个美国参议员"

莲·卡茨。卡茨在哈罗德·华盛顿竞选市长的时候负责媒体宣传,和身家千万的房地产开发商的女儿贝蒂卢·萨尔茨曼是朋友。萨尔茨曼曾是保罗·西蒙的助手,依靠自己的家庭财富成为了芝加哥民主党最慷慨的捐赠者之一,还和芝加哥的头号政治顾问戴维·阿克塞尔罗德很熟悉。而阿克塞尔罗德的政治顾问生涯则起源于西蒙1984年的参议员竞选。萨尔茨曼正是奥巴马想认识的那一类白人。

9月末,萨尔茨曼打电话给卡茨讨论布什催促发起战争的事情。芝加哥当时已经很久没有过大型示威了。2001年1月,到戴利广场抗议布什就职的仅有几十人。然而布什所称的大规模杀伤性武器听起来就和林登·约翰逊的北部湾事件一样无中生有。卡茨建议,也许,他们该吸取越战的教训,在战争开始之前就提出抗议。

几天之后,十五名中年激进分子在萨尔茨曼家中会面,策划反战策略。一些人心存恐惧。布什的支持率高达百分之八十儿。发言反对总统也许会被视作不爱国,也许会让他们丢了工作。另外一些人害怕的则是,如果没有别人参加,他们就会显得很愚蠢。

"看,"卡茨反驳,"1965年的时候,没有人反对战争。我记得我小时候去参加示威,一共也就那么十个人左右。如果我们只能找到五十个人,那就五十个人。公众异议的空间实在狭窄,如果我们现在不采取行动反对战争,那就一点空间都没有了。"

在座的人同意10月2号周日在联邦广场举行集会。萨尔茨曼周五打电话给奥巴马,让他发言。她还邀请了杰西·杰克逊和县书记员戴维·奥尔。

奥巴马是那次集会上到场的唯一一名州参议员。他的一些朋友提醒他不要参加。作为立法委员，他不应该在外交政策上采取立场。作为一名国会参议员参选人，出言反对也许会是一场快速且受支持的战争，有可能让他在南部地区失去支持。然而奥巴马明白，想要赢得预选——尤其是一场候选者众多的预选——你必须迎合特殊的关注点。他本来就是场上最崇尚自由主义的候选人了。一次反战争、反布什的演讲会让他更能吸引那些对美国迅速赴战忧心如焚却无能为力，并且对2000年总统选举依然愤怒不已的民主党人。这些激进分子可以提供资金支持，站在超市门口收集请愿签名，到处给选民打电话，并且总是投票。

奥巴马构思演讲的时间不到两天，但这是他职业生涯中第一次了不起的演讲。他的演讲对他的听众而言颇是一番考验。虽然他面对的是反战人群，他明确表示，自己并非和平主义者。他告诉他们，实际上，美国发起的一些战争让世界更美好了。奥巴马面对的听众是那种会在自己生了锈的奥迪车的保险杠上贴"和平就是爱国"字条的人，但是奥巴马想让他们知道，生活不是那么简单的：有时候，战争也是爱国的一种方式。

下午好。首先，我要说的是：虽然这是一个反战集会，但是站在诸位面前的我却并非不分青红皂白地反对一切战争。

美国内战的血腥在美国历史上数一数二，但唯有经过炮火的考验、无数的牺牲，我们才能开始真正的团结，把奴隶制的罪恶驱出我们的领土。我并不反对所有的战争。

珍珠港被袭当日，我的外祖父就入了伍，在巴顿将军麾下作战。他见证了欧洲战场上的遍野横尸、哀号阵阵；他听闻了波兰奥斯维辛和特雷布林卡集中营的种种惨状。师出有名，而他的战斗之名，是让更多的人享受到自由，这种自由作为民主弹药库的一部分，终将战胜邪恶；他的战斗并非徒劳。

我并不反对所有的战争。

最后一句说明奥巴马还是听从了建议，去听了牧师的布道。奥巴马一次又一次地重复这句话，演讲渐渐进入高潮。这更像是他从自己所在教堂听来的福音派技巧：杰里迈亚·赖特是个会讲故事的人，不是一个大嚷大叫的人。但是作为演讲家，奥巴马比赖特更出色，他知道应该如何使用感情来推销观点。而且相比他早前墨守成规的法条化发言，他加入了具体的形象。

"911事件"之后，在见证了血腥和毁灭，烟尘和眼泪之后，我支持政府追剿和根除那些以不能容忍的名义屠杀无辜的人。我自己也愿意拿起武器，避免类似悲剧再次发生。

我并不反对所有的战争。我还知道，今天聚集在这里的人群当中，并不缺乏爱国者，也不缺少爱国精神。我反对的是愚蠢的战争，鲁莽的战争。我反对的是，政府里像理查德·珀尔、保尔·沃尔福威茨以及其他夸夸其谈、酒气熏天的人硬是要把他们自己的意识形态强加给我们，却对生命代价和艰难困苦不管不顾。

我所反对的是像卡尔·洛夫那样的政治掮客，试图转移我们的注意力，让我们不再关注加入医保的人数没有得到攀升、贫困率的提高、中产阶级收入的下降；让我们不再关注各大公司的丑闻频发，不再关注股票市场刚刚经历了大萧条以来表现最差的一个月。

这些才是我反对的：愚蠢的战争，鲁莽的战争，一场不是基于理智而是出于冲动的战争，一场不是基于原则而是出于政治需要的战争。

"愚蠢的战争"。奥巴马表达自己的方式简单明了，这样的方式，以前的他或许会认为是头脑简单。广场上的三千人中大多数都从来没有听说过这个来自海德公园的州议会参议员，但是他的话让他们频频点头并且相互询问，"这是谁？"一位听众后来回忆，那是一场"寂静无声的谷仓建造①"——节奏极佳，抑扬顿挫。奥巴马以对布什的质疑结束演讲，意指布什选择萨达姆·侯赛因作为敌人是个错误，因为侯赛因只是一个虚弱的独裁者，无法对美国构成威胁。奥巴马一次又一次地问道："你是想打仗吗，布什总统？"

你是想打仗吗，布什总统？那么，让我们先为中东民情而战：确保我们在中东的那些所谓盟友——沙特和埃及——不再压迫人民，不再镇压异己，不再纵容腐败和不公，不再祸害经济。现有的状况致使他们的青年一代在没有教育、没有前途、没有希望的环境下长大，只能成为恐怖组织的生力军。

你是想打仗吗，布什总统？那么，让我们先为摆脱对中东石油

---

① 译者注："谷仓建造"是为帮忙建谷仓的邻舍举行的聚会。18、19 世纪，在北美农村，当一家人要建造新农屋时，邻居们也一起过来帮忙凑热闹。

第十一章："你有权力造就一个美国参议员"

的依赖而战：能源策略不能仅仅迎合埃克森（Exxon）和美孚（Mobil）这些石油巨头的利益。

这才是我们需要的战争。这才是我们愿意奔赴的战场。这是对抗无知与狭隘、腐败与贪婪、贫穷与绝望的战争。

战争的后果残酷无情，牺牲难以估量。在我们有生之年，我们也许有机会再次奋起捍卫自由，为了战争付出代价。然而，我们却不应该——也不会——盲目地走上这条地狱之路。我们也不应该任由那些愿意在战场上冲锋陷阵、愿意用鲜血来印证忠诚的人们，做出这样巨大却又徒劳无益的牺牲。

这次演讲达到了预期的效果，不仅影响了联邦广场，还影响了奥巴马的公众形象。随后的日子里，演讲文字在网络上广泛流传，诸如"地下民主"、"真相揭露"、BuzzFlash 以及 Daily Kos 等网站变成了反对布什政府的重要论坛。这次演讲让萨尔茨曼和同样在集会上发言的州议会众议员朱莉·哈莫什更为支持奥巴马。奥巴马宣布参选之后，哈莫什在自己富庶的北岸选区为奥巴马举行了募捐活动，萨尔茨曼也游说阿克塞尔罗德当奥巴马的顾问。

对美国大部分地区而言，2002 年是共和党年。总统乔治·W. 布什利用对恐怖主义的恐惧使共和党在美国参议院成为多数党，扩大了共和党在众议院的地盘。然而在伊利诺伊州则不是如此。共和党人占据州长官邸长达 26 年，但是共和党现任州长乔治·瑞安却卷入了一宗丑闻，即便是在以腐败为神圣传统的伊利诺伊州，这一丑闻也令人震惊。当时律师正在调查瑞安任州务卿期间受贿发放的驾驶执照,其中一位卡车司机交通肇事,导致六名儿童死亡。选民们认为,是时候甩掉共和党的恶棍,给民主党的恶棍一些机会了。

瑞安的不得人心并不是民主党人唯一的利好。伊利诺伊州是首批经历党派转变的州之一,当党派转变遍及全国,奥巴马便顺利当选美国总统。

伊利诺伊州地处中西部,靠近美国人口中心,人口构成最接近全国的平均水平,就是政治走向的最佳风向标。伊利诺伊州是一个彻底稳健中庸的州,极端主义者在这里没有市场。宗教狂热的右派通常在共和党党内预选就遭彻底打压,激进左派则只被局限在芝加哥湖畔少数几个破落的社区里。这个州的政治文化是实用派而非理想派的。

1968~1988年的六场总统选举里,伊利诺伊州都将票投给了共和党,这个时期,尽管吉米·卡特在水门事件后入主白宫,总的来说,主导白宫的还是共和党人。这一时期,伊利诺伊州选出的州长,也大多是共和党人。

随着1992年比尔·克林顿的当选,伊利诺伊州开始易帜。实际上,人们可以通过追踪克林顿妻子希拉里的政治仕途来追溯伊利诺伊州从共和党倒向民主党的过程。希拉里在芝加哥市郊的帕克里奇长大。年轻的时候,希拉里追随父亲的政治脚步,1964年总统选举的时候把自己打扮成"戈德华特女孩"①。然后她去了威尔斯利学院,和许多受过良好教

---

① 译者注:巴里·戈德华特是美国共和党政治家,1964年共和党提名的总统选举候选人,被视为六十年代美国保守主义运动复苏茁壮的主要精神人物。

第十一章："你有权力造就一个美国参议员"

育的市郊子女一样经历了同样的思想之旅，他们后来成为了民主党的智库：民权律师、消费者权益倡导者、大学教授、政治顾问、非营利组织领袖以及报纸编辑。希拉里的毕业论文写的是索尔·阿林斯基。1968年，希拉里在共和党大会上担任洛克菲勒套房工作人员，见识到理查德·尼克松大肆赢取南部保守派选票，十分震惊。而偷偷溜出父母房间亲眼见到民主党大会上的暴乱更使希拉里确信越战是个错误。

希拉里·克林顿不仅预感到市郊即将转投民主党，实际上她还推动了这场转变的发生。克林顿政府的温和政治——签订北美自由贸易协定（NAFTA）、改革福利体系——使得小康家庭更加支持民主党。克林顿夫妇被认作财政负责的典范，而财政负责正是市郊居民永恒的价值取向。伊利诺伊州经典的战线——芝加哥民主党人对阵市郊共和党人——正在逐渐消失。2002年，《正在崛起的民主党多数派》一书的作者以伊利诺伊州作为个案研究，认定芝加哥地区为"思想城邦"，该地区的职业人士得益于克林顿时代的繁荣，尤其是从制造业经济向知识经济的转变。希拉里·克林顿小时候所在的库克县市郊现在已经是"不可逆转的民主党地盘"。竞选美国参议员时在富裕市郊取得良好成绩的奥巴马必须感谢他后来在竞选总统时遇到的对手，因为首先是她让那些市郊居民成为了民主党人。

州长卷入丑闻以及市郊逐渐蓝化让民主党人2002年接手州政府大有希望。而因为伊利诺伊州宪法的一项特殊规定引发的意想不到的好运气，使得民主党人入主州政府成为必然。由于共和党占多数的参议院以及民主党占多数的众议院存在分歧，议会大会无法根据2000年人口普选做出新的选区划分。于是州务卿杰西·怀特任命了一个八人委员会，由四位民主党人和四位共和党人组成。委员会也僵持不下。于是怀特要求两党各自提交一名候选人作为第九位委员会成员。他把纸条放在仿制的林肯大礼帽里，然后抽签。纸上的名字写着迈克尔·比兰迪克，芝加哥前任市长，民主党人。

这意味着划分选区地图的任务将由民主党人来执行。对于自己的新选区的形状，奥巴马有着非常明确的想法：沿着密歇根湖湖岸从第九十五街到中心商业区的一条窄条。奥巴马可以摆脱芝加哥最穷的社区恩格尔伍德，增加最富有、最亲共和党的黄金海岸。他将不再是南边区参议员，而是湖畔参议员。连同海德公园在内，奥巴马代表的地区将涵盖绝大多数芝加哥的地标——士兵体育场、阿德勒天文馆、格兰特公园——以及最贵的购物区，壮丽大道，还有价值数百万美元的高层公寓。市长戴利也将从属这一选区，奥普拉·温弗莉也是。这符合民主党人的划分策略。南边区的人口增长一度处于停滞状态，所以选区必须向北或向西移动，而且，民主党人希望能够把尽可能多的共和党人划入亲民主党的选区。这也符合奥巴马政治发展的个人策略。对阵博比·拉什的败北让奥巴马知道，受自己吸引的选民不是内城的黑人，而是各个种族受过良好教育的知识分子。同时，奥巴马代表的地区还有着伊利诺伊州对民主党最为慷慨的一些捐赠人。阿布纳·米克瓦已经向那些富人介绍过奥巴马，而现在，那些富人会在选票上看见奥巴马的名字，在每一位参议员都往自己所代表选区寄送的"最新立法消息"上看见奥巴马的头像。对于一个还在偿还学生贷款以及过去竞选所欠债务的政客而言，这些人的钱将是至关重要的。

民主党的取而代之确凿无疑，以至于斯普林菲尔德的双周刊《伊利诺伊时代》刊登了一篇名为《伟大的解冻》的封面故事。布拉戈耶维奇当选州长，民主党人增加了五个席位，成为州议院多数党。在新的州议会中，奥巴马成为了卫生及福利委员会主席，得以有权推动自己最重视的政治目标：全民医疗保险。埃米尔·琼斯成为参议院议长，是第二位取得这一职位的非裔人士。议长决定哪些法案将会提交参议院大会讨论。多年以来，黑人核心会议一直遭受共和党的冷遇，他们的头等议题——种族定型、死刑改革——每次开庭过后都会被"无限期押后"，实际就是宣布法案"死亡"的立法术语。琼斯则可以保证这些法案都得以通过，同时他也保证作为这些法案共同提起人的奥巴马得到充分的肯定。琼斯已然将自己描绘成了这个没有父亲的年轻人的"教父"了。

第十二章
教父

奥巴马之所以投身法律，最终从政，是因为他没法成功从埃米尔·琼斯为他在南边区社区组织项目之一的"职业教育网络"争取到更多资金。奥巴马申请50万美元用于这个防止辍学的项目，但是琼斯只能给他15万美元。这点小钱让奥巴马坚信真正要去的地方是体系内部，因为资金正是由体系内部决定去向的。

现在，15年之后，奥巴马进入了体系内部——但是他想走得更深。而因为琼斯，他能够做到这一点。参议院议长对奥巴马有着慈父般的钟爱，而且为了让这个年轻人成为美国参议员做好了竭尽所能的准备。奥巴马是参加民主党党内预选的唯一一名立法议员，于是琼斯计划利用自己新近获得的权利帮助奥巴马建立民主党还是少数党的时候他还无力建立的立法记录。他们有14个月的时间补偿6年的失意挫败。

新参议院成员宣誓就职当天，丹尼·雅各布斯和特里·林克举行了一场就职庆祝派对，奥巴马的政治搭档丹·绍蒙在场活动，分发名片，上面写着"奥巴马伊利诺伊州竞选。丹·绍蒙，竞选经理"。

"奥巴马必定当选。"他对在场的政客和记者坚定地说，"奥巴马必定当选。"

是，派对上一位持怀疑态度的记者心想，等他打败了丹·海因斯再跟我说这个吧。

在《来自父亲的梦想》一书中，奥巴马曾经嘲笑琼斯是"年老的选区走卒"，求着在就业与培训市长办公室的罗塞岛培训点揭幕时介绍哈罗德·华盛顿。

琼斯"在上一轮的市长竞选中错误地支持了一位白人候选人"，奥巴马写道。急于在人们视线中和华盛顿并肩出现的琼斯"承诺帮助我们筹集任何项目需要的资金，前提是我们让他参加这个项目"。

事实如此。埃米尔·琼斯曾经支持的是当任市长简·伯恩，而不是哈罗德·华盛顿。他的整个政治事业都归功于政治机器，所以他不相信人们有能力挑战这样的力量。琼斯的父亲之前是卡车司机以及选片片长，利用自己的影响力给自己的儿子在街道及卫生部门找了个下水道检查员的工作。这个市政府部门的存在基本上就是为了给有政治关系的人的儿子侄子解决工作。琼斯从那些地底下的工作开始做起，一直做到了州议会众议员，但是在竞选国会输给小杰西·杰克逊之后，他意识到，相比南边区，斯普林菲尔德对他而言太远了。琼斯的演讲通常不具感召力，而且他也不太欣赏别人的口才。他给新晋参议员的建议是"你说话要是简单明了，你就能多通过些法案"。这位"选区走卒"在奥巴马对阵艾丽斯·帕尔默和博比·拉什的时候都兵戈相向，因为这个小子违反了芝加哥政治按序上场的规则。但是这一次参议员竞选，现任议员不是民主党人。（实际上，根本就没有现任议员参选。不受欢迎的参议员菲茨杰拉德没有参加竞选争取连任。）而奥巴马年轻、博学、善于表达、广受自由主义白人的喜爱——在琼斯所有的薄弱领域，奥巴马都实力强劲。琼斯肤色较深，体格魁梧，平静而冷淡，只有一抹亮色：他的姓氏，他还按照高卢口音把重音放在第二个音节。

埃米尔·琼斯成为参议院议长的那一个月，卡罗尔·莫斯利·布朗终于接受了事实，知道即使她想要取回自己的参议院席位，过去曾经支持过她的人也不会站在她这一边了。于是，她决定象征性地参选美国总统，一个没有人认为她能赢的职位。这就给了奥巴马暗示。1月29日，奥巴马在阿莱格拉酒店（离湖滨华美达酒店仅一步之遥）的舞厅宣布参加还在一年之外的民主党党内预选。奥巴马站在讲台上，台下是一群好奇的新闻记者；奥巴马的两侧站着芝加哥最有权势的黑人政客。琼斯位列其中，小杰西·杰克逊和西边区的激进人士丹尼·戴维斯也在场。唯一缺席的黑人国会议员就是博比·拉什，他还没有原谅奥巴马在2000年竞选中的表现。为了展现这是场融合了多元文化的竞选，奥巴马还带来了特里·林克和丹尼·雅各布斯。

"四年之前，彼得·菲茨杰拉德花钱给自己买了参议院的席位，从那以后他就背叛了伊利诺伊州。"奥巴马说道，"我们现在就要代表伊利诺伊州的人民，把这个席位拿回来。"

奥巴马并非选民最爱。他不仅需要打败获得两场全州选举胜利的海因斯，他还需要对付新的对手：布莱尔·赫尔，一位善于豪赌的期权投机商。赫尔准备投入3000万美元——两倍于彼得·菲茨杰拉德的"大得惊人"的开销。

奥巴马将自己比作仅凭一把弹弓、一块石头对阵巨人歌利亚的大卫，说道："我没有充足的财源，我也没有显赫的家世，但是我有着渴求公平与正义的满腔热情。"

奥巴马宣布参选的时候，手上的资金极少，甚至没法负担开设竞选办公室的费用。为了贷款，他去找有钱的人——或者有名的人。他给赫尔曼妮·哈特曼打了电话，她的办公室离奥普拉·温弗莉的哈普工作室不远。

"你和奥普拉熟吗？"奥巴马问，"我们能不能让奥普拉给我们五万元？"

"你疯了吗？"哈特曼答，"我跟她不熟，但是我能给她打个电话。"

哈特曼和奥普拉的一位助手联系上了。

"你真的想让奥普拉会会一位州议会参议员吗？"那位职员问道。

"这就是我打电话要说的。"哈特曼答道，"我跟你说说这个人吧。他与众不同。他会一路绿灯的。"

温弗莉没能拿出五万，于是哈特曼转向了更加传统的黑人政客资金来源：一位富有的汽车经销商，阿尔·约翰逊。哈罗德·华盛顿的数次竞选他都有捐资。约翰逊答应下个周一和奥巴马在东岸俱乐部见面吃午饭。他对奥巴马印象极佳，借给他五万——这场竞选最后也如数偿还了这笔款项。丹·绍蒙在密歇根大街经营的拥有两个房间的竞选办公室的房租以及电话账单就是由这笔钱支付的。

尽管奥巴马费尽心思想要从贝蒂卢·萨尔茨曼和彭妮·普利茨克那里拿到资金，他用来发起参议院竞选的首笔资金还是黑人商人给他的。

哈特曼还帮助奥巴马解决另外一个没有那么切实的问题，也就是后来所称的"利兰叔叔"事件。就在奥巴马宣布参选美国参议院之前，

第十二章：教父

《芝加哥太阳时报》专栏作家劳拉·华盛顿写了一篇文章，比较自己白人和黑人亲戚对奥巴马的反应。她的姨妈缪里尔是犹太人，在"公共事务"节目上见到过奥巴马，心想，哇！劳拉·华盛顿的叔叔利兰·"休格"·凯恩是南边区的退休铁路工人，则对奥巴马心存怀疑。一次家庭晚宴上，他称奥巴马是一个"精英人才"，穿着"上千美元的外套"到访安居工程（奥巴马不是那种会花一千美元买件外套的人，但是他是那种能让外套看起来像是花了一千美元的人）。

"不管真假，"华盛顿写道，"感知可以成为事实。如果奥巴马想要赢取参议院候选人的提名，这些指责控告是他必须克服的挑战。他对工人阶层的号召力最弱。在布龙斯维尔的商店和社区中心、查塔姆的教堂、开罗的餐馆以及卢普的会议室之间，他必须平衡好所花时间。"

"能够拿到缪里尔姨妈的选票是个绝妙的开头。可是，要想拿到利兰叔叔的选票，他还得花些功夫。"

奥巴马作为客座主持登上了WVON电台由克利夫·凯利主持的当红节目，希望能够接触利兰叔叔。但是芝加哥大多数的黑人媒体都对这位新的参议员候选人充满怀疑。哈特曼和WVON的老板梅洛迪·斯潘·库珀在一家名叫"甜蜜梅布尔"的餐馆组织邻近的报纸编辑以及电台节目导播见面。他们听到了一些对奥巴马充满敌意的问题："他够黑吗？""这个陌生人是谁啊？"

"嘿，朋友们，你们支持不够啊。"哈特曼对在场的人说，"为什么我们不能支持我们的人呢？他真的有机会一路绿灯的。你们说，'因为他不是在芝加哥出生的，因为他是混血儿，因为他读过哈佛，所以他不够黑。'你们想说混血儿？这个房间里每个人都是！我听到的是，他不是传统的芝加哥政客。他不是哈罗德·华盛顿。这是真的。他可以跨过界限。让他继续！"

从那以后，黑人媒体就认同了奥巴马。哈特曼把奥巴马放上了N'DIGO的封面，这让中产阶级黑人知道了奥巴马的故事，他们的选票正是奥巴马需要的。八年之前，哈特曼拒绝给《来自父亲的梦想》写书评，因为她认为奥巴马的生活故事对她的读者而言太过奇异。现在她看到这种奇异也可以成为优势——不仅是奥巴马的优势，更是想要一位新的参议员的芝加哥黑人的优势。

"非洲裔候选人想要在全州选举取得胜利的关键因素，"奥巴马告诉N'DIGO，"就是植根黑人社区，把它作为你的基地，但又不局限于它。"

里基·亨登努力了数年想要让参议院通过一项反种族定型的法案。亨登自己就曾经被警察截停，所以对于黑人司机仅仅因为自身肤色就被当做犯罪嫌疑人对待的耻辱，亨登深有体会。但是亨登的提案——提案要求强制犯有种族定型的官员接受敏感训练，而不愿履行规定的部门的州政府经费拨款将遭削减——一直没能获得共和党人以及警察局长的支持。议院新会议一开始，埃米尔·琼斯就带着要求找到了亨登。

"我想让你把那项法案给巴拉克。"琼斯说。

"胡说八道，"亨登反击，"我一直都在为这项法案努力。共和党当权的时候，我们没办法让它通过。"

亨登知道下面将会发生什么。他带着球跑了九十九码，而现在奥巴马要抢过球触地得分。但是亨登还是放弃了这项法案。像他后来对记者

第十二章：教父

说的，"'哟妈妈'没提什么傻瓜问题"。按着参议院议长的话做只会对他自己的政治事业有利。

奥巴马从警员兄弟会入手，开始游说。警员兄弟会和黑人立法党员核心会议有着敌对关系。每当黑人核心会议想要讨论种族定型的问题，他们都会指责警察犯有种族主义，而警察们则双手抱在胸前，拒绝考虑法案。警员兄弟会会长特德·斯特里特一直还为芝加哥的一场聚会愤怒不已：125名黑人牧师挤在一间小会议室里，他认为那显然是威胁警察的手法。斯特里特的组织认为埃米尔·琼斯是反警察人士，觉得比起和执法部门达成协议，琼斯更有兴趣大打种族牌。

当奥巴马来到警员兄弟会办公室，斯特里特马上意识到这是一位截然不同的黑人立法议员。首先，奥巴马没有敌意。他不是到那儿指责警察针对黑人司机的。他到那的目的是要起草一份能够同时满足执法部门以及黑人立法党员核心会议的法案。斯特里特对这种方式不甚习惯。通过在芝加哥以及斯普林菲尔德的一系列会面，奥巴马温和了亨登的提案，使得提案能更容易为警察所接受。州政府会实施长达四年的交通截停研究，记录每一位司机的种族。所有警官将会接受多样性训练。惩罚措施没有了，警察们很高兴。他们相信研究将会证明他们是严格执法，而不是种族定型。

"从一个外行人的角度，巴拉克能够减少刺激，使得规定更加合意。"斯特里特后来说，"他就有本事把它降到这种程度，最后我们的想法就是，'只是要多填一张表罢了。'"

奥巴马努力为这项法案游说。他的座位在议院后排，靠近洗手间。有参议员走出来，他就跟人探讨一番。有一次，奥巴马在洗手间里和一位黑人同事激烈地吵了起来。同事质问他是不是真的知道年轻黑人仅仅因为站在街角就被警察拍身检查是什么感觉。言下之意就是他根本不懂街头生活，也不知道黑人经历。所以奥巴马就谈起自己小时候在火奴鲁鲁见到的彪悍社区以及作为社区组织者时工作过的安居工程。

开会三个月之后，法案提交投票表决。奥巴马在共和党里最忠实的赞赏者柯克·迪拉德起身发言支持。

"大概是两年到两年半之前，参议员奥巴马和我开始与参议员亨登合作解决这个特殊问题，"他说，"巴拉克和我在许多许多清晨七点就起来和前任检察长吉姆·瑞安相约吃早饭。瑞安以及全国各地数以……数以千计的执法人员，帮助我们理解明白这些复杂的问题，参议员奥巴马把这些复杂的问题巧妙地综合在一起，让复杂的法案变得更具可行性。"

这项法案获得全票通过。亨登以为法案的效果会大打折扣，但是后来发现它确实有效：对黑人司机的随意截停大大减少，因为警察知道自己的行为会记录在案。

（另一方面，奥巴马的成功加剧了一些黑人立法议员对他的反感。州议会众议院莫妮克·戴维斯之前在众议院花了多年时间想要通过一项反种族定型的法案，此时感觉"受到冷落"并且"被排斥在历史之外"。戴维斯和奥巴马同属三一联合基督教会，但是奥巴马的议案劫持让她极为不满，于是在参议院党内预选中，她支持的是丹·海因斯。）

通过反种族定型法案之后，奥巴马便能利用自己和执法部门的新关系来推动另一项远为重要的议题：死刑改革。

要说伊利诺伊州的死刑体系需要彻底革新，没有人会反对。在十三名在囚死刑犯被证明无罪之后，州长乔治·瑞安叫停了所有死刑，同时指派了专责小组研究问题（2003 年 1 月，瑞安在任的最后一周，他对每个死刑犯都做出了减刑的决定）。即便是赞成严肃法纪的人也对改革颇有兴趣。除非另有改变，伊利诺伊州将不再实施死刑。

专责小组整理出了八十五份建议，其中一些建议对弱智犯人取消死刑，并且要求警方对所有判定死罪案件的审讯过程进行录像。奥巴马赞同进行录像的建议，并且决心要让这个建议成为法律。一开始，几乎所有人都反对录像，从警察团体到新州长罗德·布拉戈耶维奇都那么认为。

"有时候罪犯逃避追捕的时间比我们可以用来追捕他的时间还要多。"一位检察官抱怨，"所以，如果审讯期间他一个小时接着一个小时地撒谎，我们手里拿着 11 个小时的录像带，直到最后真相都呼之欲出了，被告，也就是嫌犯才说，'对，我是做了。'然后告诉我们事实真相。那检察官手上就有 11 个小时的录像带，而其中 10 个小时都是谎言。我是不是要把这些录像都播给陪审团看呢？"

但是这项提案对奥巴马来说十分重要。摄像机会把电子眼对准芝加哥警察。之前警探能够让谋杀罪犯认罪都是用打印机的塑料外罩闷住嫌犯的头，用电话簿猛击他们，用电棒电他们，用烟烫他们。审讯过程通常痛苦至极，所以有些无辜的人也供认自己犯了自己从来没有犯的罪。有四位饱受警方折磨的受害人因为州长瑞安最后时刻的大赦而重获自由。

奥巴马约见了州警、县检察官、伊利诺伊州县治安官协会以及警员兄弟会，一一回应对录像的反对意见。奥巴马承诺，州政府将会拨款给资金短缺的城市。他的法案将会允许录音。如果警方忘记打开设备，用奥巴马的话说，只要体现"可靠性和自愿性"，口供仍然可用。奥巴马甚至还找到了佛罗里达州的一个案子，录像帮助警察证实疑犯撒了谎。那名男子声称他不可能犯下所控罪行，因为他是瞎的。但是当审讯人员离开房间，他拿出了一张笔记。

奥巴马的论证甚至还让最为冷酷无情地拥护伊州死刑的爱德华·佩特卡印象大佳。作为伊州的检察官，佩特卡让很多罪犯成了死囚，以至于他的花名叫做"电椅爱德华"。一年之前，奥巴马和佩特卡曾经为公共广播社（PBS）的"新闻小时"关于死刑改革的报道提供过相反的观点。佩特卡几乎对专责小组的所有建议都持反对态度。

"在我看来，实际效果就是让检察官无法争取判定罪犯死刑。"佩特卡之前如此说。

然而"电椅爱德华"还是给录像投了赞成票，支持死刑改革系列法案。

埃米尔·琼斯对自己在斯普林菲尔德的崇高地位陶醉不已。为了庆祝自己新近得到的权力，他把自己的手机铃声改成了《教父》的主题曲。琼斯的办公套间在参议员的维多利亚厅后面，正是在这里，他精心策划活动，好让奥巴马能够成为美国参议员——或者，谁知道呢，也许是比参议员更高的职位。这就是参议院议长对奥巴马天赋的肯定程度。琼斯确保奥巴马的提案能够通过规则委员会（Rules Committee）审查，呈交参议院表决，然后向其他参议员施加压力，让他们支持他的教子，以额外福利换取他们的赞同。

有一些南部议员需要琼斯的额外精力。"巴拉克·奥巴马？"他们会问。"那在伊利诺伊南边可是个难听的名字。我们怎么宣传他啊？他是个黑人就足够成问题了。有个穆斯林名字的黑人？那问题就大了。"

伊利诺伊州的斯巴达县建了一个价值2900万美元的枪支射击场，作为鼓励参议员支持奥巴马的方式。每当黑人参议员抱怨给枪支投赞成票时，琼斯都让他们忍着。

"你们想要给课后项目争取六百万美元，那伊利诺伊南部就得有那么个射击场。"议长低吼。

对于黑人立法党员核心会议的成员，琼斯也必须一样努力争取，因为这些成员对奥巴马享受的优惠待遇厌恶至极。对于莫妮克·戴维斯这种众议院议员，琼斯基本是无计可施，但是他会一次又一次地把亨登和特罗特叫到自己的办公室，问他们为什么不能支持参议院同事、支持黑人同胞。在听过奥巴马在一所西边区教堂的演讲之后，亨登最终让步。那场集会人山人海，米歇尔·奥巴马全程坐在亨登旁边，向他保证自己肯定不会让自己的丈夫忘记对芝加哥黑人而言至关重要的问题。

"他听我的。"米歇尔告诉亨登。

听到本地的黑人女性说出"他听我的"对亨登来说有着足够的说服力。他站起来，走到教堂前面，表示对奥巴马的支持赞赏。教堂座位上的人沸腾了。奥巴马的工作人员在教堂留下了成堆的资料，亨登保证自己的街道组织会支持他的参议院同事。

奥巴马将同事们的愤恨归因于嫉妒。他们在反种族定型和死刑改革上都遭遇了失败，而自己一接手，两项议案在几个月间就获得通过。托德·斯皮瓦克是一名在《海德公园先驱报》上撰写奥巴马新闻的记者，他大约在民主党接手参议院的那段时间加入了《伊利诺伊时报》，见证了奥巴马在参议院的优越。

"他并没有很看重里基·亨登或者一些较为年长的黑人立法议员。"斯皮瓦克回忆道。"'他们没把这事办成'就是他的想法。'他们拿着这个法案好几年了。他们没把这事办成。我把这事办成了。这在你看来说明什么？如果他们对我有意见，那是他们的问题。他们占了位子，却做不成事'。"

几乎所有民主党州议会参议员最后都支持了奥巴马。这只不过就是实用政治。如果他赢了，而且还是因为有着他们的支持，那么他们在华盛顿就有个朋友了。如果他输了，而且他们没支持他，他回到州议院的时候就可能让他们不好过。

奥巴马在斯普林菲尔德的最后一任担任健康与公共事业委员会的主席，这个委员会是参议员最崇尚自由主义的团体，最受非洲裔、拉丁裔以及城市白人欢迎。奥巴马想要推进自己事业，保证伊利诺伊州的每一个人都能享受到医保，这就是一个完美的平台。

2002年选举两周后，奥巴马给"更佳医保运动"的董事吉姆·杜菲特打电话。杜菲特为了扩大伊利诺伊州的医保范围已经奋斗了超过十年。

"这事你可能知道，也可能不知道，"奥巴马对他说，"我现在可能会成为我们州健康委员会的主席。我想和你谈谈。"

"更佳医保运动"在伊利诺伊州的大部分城市都有分会：罗克岛、布卢明顿、皮奥里亚、卡本代尔和其他地方。奥巴马希望在各地市政厅召开集会，为全民医保赢取支持。伊利诺伊州刚刚选出了一个民主党占多数的参议院还有本州二十六年来的首位民主党州长，所以时机正佳。

"你们在全州各地都有本地委员会,"奥巴马告诉杜菲特,"我想到那儿去。我想,以主席的身份将这作为一个工具。"

杜菲特跟奥巴马详细解说了"医保正义法"的内容。这项法案要求议院提出计划,让伊利诺伊州尚未纳入医保范围的140万人能够享受医保。奥巴马十分赞赏这个想法。2003年冬,他们开始着手。对于奥巴马而言,这就是又一个社区组织项目。工作日寒冷的夜晚,许多人都来到图书馆或者礼堂,听从芝加哥来的参议员演讲。

奥巴马首先描述法案内容,然后,回顾自己作为组织者的日子,对听众说道:"你们得给这些政客施加政治压力,然后你们得一直不停地推进又推进。如果他们拒绝,不要放弃。如果他们是共和党人,他们不支持这项事业,那就要继续给他们施加压力,因为他们回去会说,'哦,天啊,我在这件事上可真得被揍了。怎么回事?'对待民主党人也是一样的。"

之后,奥巴马和当地分会的董事会一起晚餐,告诉董事会成员,"我们需要你们作为这个运动的领导"。这不仅仅为医保法案争取了支持,还笼络了工会领导以及自由主义积极分子,这些人后来为奥巴马刚刚宣布的参议院竞选提供了支持。

保险行业坚决反对这项法案。他们的说客找到了这项法案的致命缺陷:它要求议院提出一个全民医保方案。这是违宪的。现任议会大会不能支配未来议会大会。奥巴马把法案搁在一旁,2004年又重新提起,改掉了过于苛求的语言,只是"强烈推荐"采取计划让所有伊利诺伊州的人都能享受医保,并且指派专责小组起草方案。

不过即便是缓和版本也不易推广。保守派民主党人表示反对。丹尼

·雅各布斯和奥巴马是老朋友，不过他更是保险公司的老朋友。奥巴马在衣帽间艰难游说。他迫使杜菲特的团队和保险说客坐在一起，克服对彼此的憎恨，以双方都能容忍的语言起草法案。奥巴马甚至把小组委员会的名字从"医保正义专责小组"——听起来像是左翼施压团体——改成了更为温和的"两党医疗改革委员会"。

与之前终结种族定型以及改革死刑不同，奥巴马在医保正义法案上并没有赢得两党支持。共和党人认为这项法案是要为在伊利诺伊州推行医保政府统一支付打下基础。法案不含具体细节，但是共和党把它比作是比尔·克林顿推行失败的医保计划。最后辩论阶段，共和党医保发言人彼得·罗斯坎在参议院议事厅发起了共和党最猛烈的抨击。

"伊利诺伊人寿保险委员会反对，"罗斯坎争辩道，"伊利诺伊医疗保险公司全州协会反对，全国独立企业联合会反对，伊利诺伊议会雇佣法委员会也反对。你们知道的，这个概念希拉里·克林顿在1994年就提出过，当时掀起轩然大波，使美国政治产生了彻底改变。这个法案，虽然不像克林顿政府想要完成的那个方案那么严苛——那个方案基本就是要在全国范围推行医保——但是今天让在座各位斟酌考虑的这个法案，和之前克林顿政府的想法有着很多相同之处。"

这些指责让奥巴马又失望又愤怒，尤其是这些指责暗指他试图推行医保政府统一支付。奥巴马赞成政府统一支付计划——但是他的法案把这些具体内容留给了专责小组和议会。尽管奥巴马声音不高——大喊大叫不是他的风格——他激昂地捍卫了自己的人格正直。

"众议院原先的法案，我认为，可能会让那些担心法案是要命令推行政府统一支付的人心存疑虑，"奥巴马说，"我对此作了修正。斯普林菲尔德的保险说客一直在保险代理人当中散播恐惧心理，暗指这项法案是政府统一支付法案，而实际上，很多担心情绪都与今天议会讨论的法案毫无关系。"

那是已经在为美国参议院开展竞选的奥巴马讲述了他遇到的一位盖尔斯堡下岗工人。他在美泰克工厂工作了30年之后被解雇了。他的儿子肝移植之后，每个月都需要4500美元的药物维持生命，他不知道怎么才能负担起这笔费用。

"大多数没有医疗保险的人都不享受低保福利，没有医疗补助。"奥巴马说，"他们每天都辛勤工作，力争收支相抵，养家糊口，而疾病是他们破产的最大原因。"

奥巴马说，他的法案所做的一切，不过是说了这么一句话："让我们都坐下来，想想怎么解决这个问题吧。"

医保正义法案以31比26获得通过，但是最终成就极少。这个法案当然没能给伊利诺伊州带来全民医保。经过两年多的会议讨论，委员会发表了一份报告，推荐采用"混合型"的医保形式，要求个人通过雇主（将要提供医保）或者利用州政府补助获得医保。少数委员推荐采用政府统一支付方案，其中包括奥巴马第一次参选州参议院的时候就支持过奥巴马的昆廷·扬博士。杨一直都认为奥巴马是政府统一支付的拥护者，所以奥巴马在法案里去掉了全民医保的要求还让他十分失望。

和奥巴马一共合作推进贫困以及医保立法的约翰·博曼则更宽容。"我觉得他支持让所有人都能享受到广泛、便宜、全面的医保，而不是绝对支持一种实施方法、反对其他实施方法的。"博曼后来说道，"他一直都是个实用主义者，而政府统一支付也一直是最理想的做法。这就是他独特的本领，而这让他承受了左右两方的斥责。"

委员会向议会报告的时候，奥巴马已经去了国会参议员。其中的一些建议被州长布拉戈耶维奇所采纳，纳入被他称作"伊利诺伊医保覆盖"的计划。但是"伊利诺伊医保覆盖计划"一直未获通过，成了布拉戈耶维奇无能与议会协作的牺牲品（最终他的州长职位也成了牺牲品）。

奥巴马在州议会参议院的最后两年的确在扩大医保范围上有所成就。他通过的一项法案扩大了接受儿童医疗保险计划——"所有儿童"的资格范围——享受保险的最低门槛从联邦贫困水平的185%提升至联邦贫困水平的200%。新规定使州办的医保方案多为两万名儿童提供了保险。奥巴马的法案还将低收入家长的门槛降至联邦贫困水平的90%，使享受人数达到前两届共和党政府期间的两倍之多。这让六万五千穷困人口享受到医疗保险，还解决了低保接受者因为害怕失去医疗补助而拒绝接收工作或者加薪的问题。

有了健康与公共事业委员会的主席这一职位，加上埃米尔·琼斯的提挈，奥巴马在议会开会期间一共提交了22份最终成为法律的法案，是所有参议员中议案成功率最高的一位。他让收入所得税抵免制度成为固定制度；为所有怀孕妇女提供艾滋病病毒检测；要求保险公司将结肠直肠癌检查纳入报销范围；促使公共团体对非公开会议进行录像。虽然这些没有一件比得上死刑改革的议案那般璀璨夺目，但是对于这位一年之前还默默无闻的后座议员而言，每一件都是超凡卓越的成就。现在，除了简历和自传，奥巴马有了更多可以展示给选民的东西了。他终于做了些实事。

第十三章
奥巴马琼浆

地处第四十九街和马丁路德金大道交界的自由浸信会教堂是现代与永恒的完美结合。从教众上方翱翔而过的锈色屋梁支撑着弧线形的屋顶，就像斯堪的纳维亚建筑师设计的候机楼或者半圆拱型活动房屋。圣坛后面是一幅彩色玻璃镶嵌的画，画上复活的基督身旁绕着各个种族的天使和使徒。尽管教堂设计时尚，自由浸信却是芝加哥最古老的黑人教会之一。教会牧师 D. L. 杰克逊从他父亲那里继承了布道的职业，而他的父亲则是从他爷爷那里继承的。自由浸信会教堂可以容纳一千多名教徒，是周日早晨南边区政客的必到之处。

自由浸信会也让奥巴马终于证明自己也可以引起听众的共鸣——黑人听众的共鸣。多年以来，他的朋友和顾问都一直抨击他的演说方式，让他脱下教授袍，披上牧师教袍，而现在这固执己见的"狗崽子"终于成功了。教堂里坐满了黑人，听到这位高大英俊的年轻兄弟正在竞选美国国会参议员，全都兴奋不已。他们的牧师还有他们的市议员多萝西·蒂尔曼事先已经和他们提过。多萝西·蒂尔曼已经为黑人赋权运动奋斗多年，她的话足以让黑人们相信这位有着二分之一白人血统的海德公园律师。

奥巴马迈着大步，一边招手挥舞一边沿着铺着红毯的阶梯登上了布道坛。他说话的时候没有用到"汇集来自广泛部门的不同机构"之类官腔十足、拘泥刻板的语言——那是 2000 年的奥巴马了。新的奥巴马研究过自己的听众——努力工作、爱上教堂的黑人——也研究了他们的愿望与志向，知道他们希望在每个周日早晨听到牧师如何表达这些愿望与志向。这将是一次布道，而非讲座。引用的内容将来自耶稣，而非布鲁金斯学会。

"我的名字叫巴拉克·奥巴马，可不管我去哪里，人们都会问我同样的两个问题。处处如此。第一个问题是'你哪儿来的名字——奥巴马？'虽说他们并不总是弄对发音。有些人念成'阿拉巴马'，有些人念成'哟妈妈'。"在座的教徒们都笑了。"我的支持者们就是这么叫我的，至于和我同台竞选的其他人，那就更不用说了。问我的第二个问题是'为什么你要趟政治这滩浑水？'政治还有另一种传统，这种传统告诉我们，我们都是紧密相连的。如果南边区有个小孩无法读书写字，即便他不是我的孩子，我也会心存忐忑。"

教堂的长凳上传来带着赞同的阵阵私语。

"如果西边区有位老人用不起医生开的药，需要在购买药物和交付房租之间做出抉择，即便他不是我的祖父，我也会如坐针毡。"

听众都被奥巴马的演讲感染了，站起来鼓掌。

"我相信，我们的国家可以变得更好！"奥巴马喊道，"我相信我们可以让无家可归的人住上房子，让食不果腹的人吃上食物，让衣不蔽体的人穿上衣服。我相信，我们可以打败乔治·布什。"

第十三章：奥巴马琼浆

有些时候，奥巴马讲话听起来像是素养不良的牧师，像是街头语言，似乎每一句话末尾都要加上个"嗯哼"。奥巴马私下从来不这么讲话，但作为竞选参选人，他希望当自己需要像黑人的时候就是黑人，需要像白人的时候就是白人。（只有白人因为奥巴马试图模仿贫民窟的说话方式而感到难受。"听奥巴马用黑人腔调讲话或许是很痛苦的。"托德·斯皮瓦克在《伊利诺伊时报》中嘲笑奥巴马在教堂里用了"老乡"这个词。奥巴马看到报道后怒气冲冲给斯皮瓦克打了个电话，这说明种族身份对于奥巴马来说仍是一个敏感话题。）

阿尔·金德尔那天也在自由浸信会教堂，他心想，这就是我这么多年以来一直想要扶持的候选人。这个奥巴马是一个可以进入国会参议院——或者更高殿堂——的黑人。

金德尔意识到处在成败关头的，不仅是奥巴马，还有芝加哥的黑人政治运动。甚至在宣布参选之前，奥巴马就吐露过，"一旦你当选参议员，谁知道你还会去到什么地方？你甚至可能成为总统的"。

芝加哥黑人将自己民族的政客推上了比其他任何少数族裔都要高的席位，但是这是一个可能登上最高席位的人。他可能为所有人执政。这是一个人和一座城市的完美结合。正如金德尔很久以后说的那样，"我们一直在寻找能做这件事的人，而他一直在寻找能做这件事的地方"。如果说奥巴马必须学会黑人的说话方式，这只是提升的一部分。

戴维·阿克塞尔罗德也同样对奥巴马极感兴趣。阿克塞尔罗德是毕业于芝加哥大学的研究生，一开始在《海德公园先驱报》当记者，后来去了《芝加哥论坛报》。1984年，他放弃记者生涯，主持保罗·西蒙的国会参议员竞选。之后的二十年里，他成为了全国最知名的政治顾问之一。2000年希拉里·克林顿参选国会参议员，阿克塞尔罗德是竞选团队成员之一。然而他的专长是大城市竞选，尤其是需要向白人选民推销黑人候选人的那些竞选。固然，每一个顾问都希望自己找到下一个约翰·肯尼迪，但是阿克塞尔罗德要找到一个一路到底的竞选人则还有另外一个原因。作为一个选择住在芝加哥的政治专家，他认为特区的那些书呆子对他不够重视。这就是第二城情结，是由一座不同寻常的城市引起的。

一掷千金的百万富翁布莱尔·赫尔也向阿克塞——每个人都这么叫他——大献殷勤，但是曾经在联邦广场组织反战集会的贝蒂卢·萨尔茨曼硬把奥巴马塞给了阿克塞。阿克塞尔罗德同意和奥巴马见面，一下就被迷住了。大多数白人自由主义者第一次见到奥巴马的时候都会这样。丹·绍蒙给这种现象起了个名字："畅饮奥巴马琼浆"。

阿克塞尔罗德很快就"醉"了。就在答应为奥巴马工作之后，他接到了芝加哥媒体顾问皮特·詹格列柯的电话。当时詹格列柯正在帮忙组织约翰·爱德华的媒体竞选。

"听着，"阿克塞尔罗德问詹格列柯，"我给你打电话的时候，你在参议员竞选里头做什么工作呢？"

"嗯，丹·海因斯是我前一个顾客，"詹格列柯说，"那些人还没联系我，不过他好像是要参选的。他在民意测验里头处于领先地位，而且工会和各县主席都会支持他。"

"你说的这些可能都对，"阿克塞尔罗德说，"但是我得告诉你，我觉得奥巴马这个家伙有些独特之处。这家伙实在不错。他就跟我们对我

第十三章：奥巴马琼浆

们那些候选人的宣传描述一模一样，真心实意地恳求民众行使自己的权力和义务，认为民众应该本着一系列理念走到一起，把事情做好。就是有那么一些味道在里面。"

詹格列柯稍微听说过奥巴马。他曾经当过罗德·布拉戈耶维奇州长竞选阵营的顾问，向州议会参议员提供过一份民调简报。奥巴马当时对简报数据盘根问底，还主动提供了关于死刑改革以及其他刑事司法问题的建议。聪明的家伙，詹格列柯当时想。现在，听到阿克塞对奥巴马如此热情高涨——比他对以往任何一个候选人的热情都要高——詹格列柯说："你知道的，我只见过他一两次，但我也有点同感。"

阿克塞尔罗德取代丹·绍蒙成为了奥巴马的政治密友。奥巴马和阿克塞有很多相同之处——他们都有芝大背景，都喜欢打业余篮球，举止稳重——他们还符合候选人和顾问的传统关系。阿克塞尔罗德个子不矮，有些羞怯忧郁，走路步履迟缓，拖着脚迈着八字步。每一年，他那蓬乱的额发都愈加稀薄，而松散的胡子则愈加灰暗。和他们两人都合作过的人都认为他们在风纪、智力以及气质方面都并驾齐驱，可以说是"天作之合"。

除了受聘成为首席战略顾问，阿克塞尔罗德还同时取代丹·绍蒙成为了奥巴马的竞选经理，将自己在巴尔的摩市长竞选中合作过的一位肯塔基人吉姆·考利带入团队。绍蒙则被指派担任南部协调员。绍蒙不愿意花将近两年的时间经营管理国会参议员竞选团队，建议奥巴马找一个新的得力助手。这对奥巴马这群新的专家人员来说没有任何问题，他们也不认为绍蒙有策略或者组织能力来进行全州竞选。

忠心对待旧有联盟不是巴拉克·奥巴马的长处。比尔·克林顿的白官办公厅主任是他幼儿园的同学，林登·约翰逊在休斯顿一所高中指导过一名学生进行辩论，这名学生后来三十年如一日地担任约翰逊的助手。奥巴马和他们不一样，虽然他在伊利诺伊州建立了自己的政治事业，但是他和这个州没有深厚的天然联系。奥巴马上升过程中的大部分关系的建立都只是权宜之计，一旦支持者不复为他所需，就会被清出他的圈子；他有时候会告诉别人别再给他打电话，如果需要就联系他的工作人员，让人茫然不知所措。没有谁是他能指着说"我们一起二十年啦"的。这就是奥巴马超然的理智主义让人难以恭维的一面。约翰尼·欧文斯是奥巴马从事社区组织期间最亲密的朋友，也是他的伴郎。但自从奥巴马开始在律师、政客以及教授之间游走之后，昔日的同胞就很少再见面了。奥巴马和杰里·凯尔曼也一直没有联系，直到奥巴马参选国会参议院期间，一位记者让他们电话连线才重新联系上。卡罗尔·安妮·哈韦尔是奥巴马的第一位竞选经理，然而她在奥巴马后面几次竞选里面都没有担任显要职务。奥巴马竞选总统期间，绍蒙想利用和奥巴马的关系让自己的游说活动得益，遭到竞选团队的公开指责。

"有很多早期曾经为巴拉克工作的人发现他在和新的一群人合作，"一位旧有支持者说道，"他们觉得受排挤了。"

这显示了奥巴马抱负冷酷的一面，不过这也的确有利于奥巴马避免贪污腐败以及用人唯亲——传统的芝加哥政客一路遵循的规则就是忠于那些给自己铺过路的人，很容易就落入贪污腐败以及用人唯亲的路子。奥巴马需要芝加哥让自己能够竞选总统，但是如果他希望赢，又不能太"芝加哥"。

2003年年中，阿克塞尔罗德接管竞选阵营的时候，在关注国会参议院预选的为数不多的伊利诺伊州公民当中，奥巴马的支持率为百分之九。得票领先的丹·海恩斯获得四分之一的预选选民支持，并且还有全州102位县主席中绝大多数的力挺。尽管如此，阿克塞尔罗德相信，只要奥巴马可以横扫芝加哥的黑人社区、俘获市郊的富裕白人并且赢得有着多所大学以及众多黑人的南方各县，他还是可以在选举日之前扭转局势，获得43%的选票。如果竞选团队能够完成筹集400万美元的目标，他们就可以在预选前两个月的1月份投放电视广告——时间刚够把奥巴马变成"草原之州"的偶像。

然而当时，奥巴马仍是一位鲜为人知的州议会参议员，名字也很不幸地和基地组织头目的名字很相像。"9·11事件"之后不久，芝加哥一位一直认为奥巴马很有可能进入国会参议院的政治顾问告诉奥巴马，"名字的事情会成问题"（《首府传真》的出版人里奇·米勒曾经揶揄地告诉奥巴马，他要是想竞选全州职位，就该把名字改成里·奥·巴马）。乔治·W. 布什看见众议员简·沙科夫斯基戴着一枚奥巴马徽章的时候很惊讶地重新看了一遍上面的名字，那时他还不知道这就是他未来的接班人。

"我从来没听说过这个人。"布什解释。

"你以后一定会的。"沙科夫斯基保证。

即便是一些受过良好教育的选民也声称"我想把票投给一个有着美国名字的人"。阿克塞尔罗德还没能成功把奥巴马推向市郊。奥巴马阵营的基地是黑人从业人士以及黑人教堂教众。阿克塞尔罗德在西卢普区一家名叫"街区"的夜会组织了一场筹款会，到场的都是富有的年轻黑人，他们家里的阁楼挂着 Alpha Phi Alpha① 兄弟会的浆形标志，举行的婚礼也会成为《喷气机》的专题报道。

"到场的五百人无一不是彻底打扮，发型或雍容华贵或高雅自然，普拉达、古奇以及路易·威登的配饰一件胜过一件。"《海德公园先驱报》如是描述这场筹集了五万美元的盛会，"参加这次派对的包括市议员莱斯利·海尔斯顿第五选区）以及伊利诺伊州议会参议长埃米尔·琼斯，他们一边享受着由格调乐队现场奉上的爵士乐和节奏怨曲老歌以及吉尔·斯科特带来的流行新灵魂乐，一边朵颐加州卷和烤鸡。"

奥巴马一直都承认自己对筹款不抱好感，但是迫于筹集400万美元的压力，他克服了向人伸手要钱的抵触心理。实际上，他是从州长布拉戈耶维奇那里得到了提示。州长以政治竞选的双手操作闻名：右手握手，左手掏钱。奥巴马和布拉戈耶维奇私下相互几乎没有用处。两人都希望成为总统，而且布拉戈耶维奇的父亲是钢铁工人，从小在西北区的阴郁破旧的公寓长大，认为海德公园的人都是娇生惯养的精英分子。但是作为一个忠实的民主党员，布拉戈耶维奇竞选阵营的每一场战略会议奥巴马都参加了，看见布拉戈耶维奇能够一边满脸堆笑地逢迎捐赠者，一边还能纠缠他们让他们给钱，奥巴马不由羡慕个中技巧。布拉戈耶维奇的魅力，加上伊利诺伊州不限制竞选捐助的法律，让布拉戈耶维奇的州长竞选阵营吸金2400万美元。

作为国会参议员候选人，奥巴马要根据联邦竞选基金的有关法律进行运作，然而布莱尔·赫尔巨大的个人财富意味着奥巴马可以利用"百

---

① 译者注：首个为非洲裔美国人设立的以希腊字母命名的校际兄弟会。

第十三章：奥巴马琼浆

万富翁豁免条例"——与自筹资金的富有候选人同台竞选时，其他候选人可以获得的单笔个人捐款上限升至一万两千五百美元。西北大学的商学教授史蒂文·罗杰斯在为一所西边区特许学校举行的远足高尔夫上第一次见到了最近变得好战敢闯的奥巴马。三人两球赛第二洞的时候，奥巴马加入了，罗杰斯完全不知道这位新加入的选手是谁。但他很快就知道了。

"嘿，伙计，"奥巴马对他说，"我想跟你聊聊，因为我想竞选国会参议员。"

"嘿，伙计，你得给你的屁股找个地方坐下来。"罗杰斯终于认出了奥巴马，说道，"你的屁股刚给博比·拉什揍完。你不会赢的。你有两个该死的非洲名字。你起名字得跟我小孩那样：阿基拉·罗杰斯。或者，别要巴拉克·奥巴马这名字了，你得改成史蒂文·奥巴马或者巴拉克·琼斯。"

他们大笑了一通，但是第四洞的时候，奥巴马又说，"我想竞选参议员。"

"基督耶稣！老兄！"罗杰斯爆发了，"我能为你做点什么啊？"

"我妻子希望我能还清竞选国会众议员时欠的债。"

"你欠了多少？"

"八千美元。"

"这么说吧，我不认识你，但是格雷格·怀特认识你。是他把你弄来我这儿打四人两球赛的。我会给你三千美元。"

从那之后，罗杰斯每周都能接到奥巴马的消息。作为一个深信手头宽裕的黑人有责任支持黑人政治人才的人，罗杰斯最后给奥巴马的各次竞选捐了好几万。大选期间，奥巴马遥遥领先于艾伦·凯斯，自己不需要钱，罗杰斯便给在参议院竞选中和对手势均力敌的民主党人写了五张两千美元的支票，那样奥巴马就可以在自己新的工作地点收账了。

奥巴马得到的最重要的一笔资助来自律师斯蒂芬·皮尤在拉萨尔街自有的高层办公楼的门厅举行的筹款会。奥巴马必须在7月1日竞选申请截止之前筹到一百万美元，证明自己参选是经过慎重考虑了的。拉萨尔街是芝加哥商业和法律世界的主干道，所以皮尤就是理想的东道主。他将奥巴马作为美国未来总统来介绍，然后笑着说："我们还是先别太忘乎所以了。"这次活动聚集了 ABLE 的大多数成员（还有埃米尔·琼斯），最终筹集了几十万美元，足以让奥巴马达成目标。皮尤曾经得到过哈罗德·华盛顿以及埃米尔·琼斯的提携，而现在他又向奥巴马伸出了援手。这是黑人政客和黑人商人之间秘而不宣的合约，合约条款都被彻底执行了。

芝加哥之外，伊利诺伊州最大的黑人聚集地就是被称为"地铁东方"的地区——圣路易斯横跨密西西比的市郊。东圣路易斯是迈尔斯·戴维斯和杰基·乔伊纳·克西的家乡，是美国黑人比例最高的城市——97%的居民都是非裔。

奥巴马通过他的老朋友——"社区发展计划"的主任阿尔文·洛夫牧师——在这个区域的黑人牧师当中建立起了影响力。奥巴马在政坛冉冉升起的同时，洛夫的宗教影响也日渐扩大。2003年，洛夫已经成为了伊利诺伊州浸信会的领导人物，下有四百间教堂。当年春季，洛夫邀请奥巴马参加浸信会在丹维尔召开的年度会议，并且发言。奥巴马发表了

第十三章：奥巴马琼浆

一番以圣经为主题的演讲——"许多人都说这是一场不可能胜利的竞选，但是有了上帝，一切都是可能的"——随后收到了两百余位牧师的名片。

奥巴马在"地铁东方"的协调员是雷·科尔曼，是一位州公园主管。奥巴马通过说客认识了斯普林菲尔德地产开发商迈克尔·皮特曼，而皮特曼把科尔曼招募进了奥巴马的竞选团队。南部黑人从来不会质疑奥巴马的种族身份。他们对奥巴马的参选有着别样的保留态度。他们住在白人公开表明固执态度的社区（1909年斯普林菲尔德的种族暴动仍是在州府引起分歧的问题），他们认为他们的高加索白人邻居们不会给奥巴马投票，而且一些人甚至担心支持奥巴马会让自己看起来"太黑了"。斯普林菲尔德不是芝加哥，芝加哥的黑人在政治机器里面有着自己的政治机器。而在斯普林菲尔德，丹·海因斯和罗德·布拉戈耶维奇控制着数以千计的伊州岗位。皮特曼第一次见到奥巴马的时候心想，这家伙真机灵。然后又想，如果这家伙不是黑人，他就能当上总统了。皮特曼召集黑人从业人士参加了一场筹款会，筹到了几千美元，然后他给伊利诺伊州中部的黑人"政治瘾君子"都打了电话，传播奥巴马的消息。

雷·科尔曼接到皮特曼电话的时候也是心存疑虑。

"迈克，"他说，"这家伙有这么一个名字，不可能赢的。和'奥萨马'太像了。"911"还没过去多久呢。"

"我待会儿就给你发篇《芝加哥太阳时报》的文章。"皮特曼回道，"上面说了，如果有85%的黑人选民支持奥巴马，他就能赢。"

科尔曼读了那篇文章，奥巴马的资历给他留下了极好的印象。科尔曼答应负责当地的运作。当奥巴马和丹·绍蒙来到"地铁东方",科尔曼带他们四处到访教堂。在森特维尔的圣约翰传教浸信教堂,奥巴马获许到罗伯特·琼斯牧师的书房和他聊几分钟。他对琼斯的头几句话是:"您最近可好?阿尔文·洛夫是您的朋友。他说我来这儿就应该看看您。"

黑人牧师都习惯政客利用教堂作为竞选演说的引子。他们通常也不反对,但是他们并不总是那么热情的。然而,奥巴马是得到洛夫牧师支持的人。这对浸信会的神职人员很管用。琼斯邀请奥巴马到东圣路易斯的锡安山浸信会为一次振兴青年的活动演讲。1984年杰西·杰克逊第一次参加总统竞选就是在锡安山浸信会开始的。琼斯保证到场的会有一千五百人。

教堂人山人海。奥巴马的开场白还是那个老掉牙的笑话——"有些人叫我'哟妈妈',有些人叫我'阿拉巴马'"——人群里爆发出一阵笑声。当他告诉听众,"我并不因为我是非洲裔美国人就要求你们为我努力,但是,在国会参议院至少有一个自己的人难道不是我们应得的吗?"听众频频点头,而当奥巴马说到在吉姆·克劳法统治时期成长起来的黑人依然相信美国将会变得更好的时候,听众们都站起来大声欢呼。

圣克莱尔县强大的政治机器支持海恩斯,而赫尔以每小时十美元的薪酬雇佣工人在"美国底部"——人们就是这么称呼这个地区的冲积平原的——每一根电话线杆上张贴自己的广告。但是奥巴马和绍蒙认为他们的竞选阵营最差也能达到卡罗尔·莫斯利·布朗在"地铁东方"的水平。绍蒙问科尔曼能不能在包括了东圣路易斯的圣克莱尔县弄到四千张选票。这看起来倒是合乎情理的，因为奥巴马在当地最有影响力的支持者只有詹姆斯·克雷伯恩和比尔·海恩两位州参议员了。

"丹，我肯定能给你弄到这个数。"科尔曼保证，"我觉得我们成绩应该比这更好。我觉得我们能拿到六千或者八千张。"

2003年9月，当科尔曼开始鼓吹奥巴马，人们都问他："这人是谁啊？奥马尔？"随着选举临近，越来越多本来不会支持奥巴马的人都转而认为选出一位黑人参议员远比服从本县政治更为重要。东圣路易斯的选片片长都开始无视党派界限，索要奥巴马的招贴，让印刷工人把他们名片上的"海恩斯"换成"奥巴马"。大多数选举中，选民都跟着选片片长。但是这将是一场人民的选举。选民们想要奥巴马，所以选片片长只能追随。

广告牌在芝加哥南边区的大街小巷遍地生根：巴拉克·奥巴马和小杰西·杰克逊肩并肩地站在一起，看起来就像一对硬纸板剪出来的图样。这是杰克逊要传达给黑人芝加哥的信息：我们有了他。小杰克逊正在发展这座城市最为有力的政治组织——他的妻子将很快成为市议员——所以奥巴马需要依靠他取得选票以及威望。

只有一位黑人议员拒绝支持奥巴马，那就是博比·拉什。拉什还在因为2000年的事情忿忿不平，于是支持了布莱尔·赫尔，向这位百万富翁保证"黑人不会给奥巴马投票的"。拉什坚持说他的支持是不求回报的。毕竟，拉什不附属于其他派系，而赫尔是唯一一个有足够资源打败丹·海因斯这个政治机器的小子的候选人（赫尔也是唯一一个有足够资源以每月一万两千美元薪酬聘请拉什同父异母的兄弟担当竞选顾问的候选人）。

　　受怨恨的驱使，拉什误解了黑人选民的意愿，和奥巴马四年之前的行为如出一辙。2000 年曾经支持拉什的长老们现在都站到了奥巴马身后，原因和当年一样：这是最有可能获胜的黑人候选人。阿瑟·布雷热主教支持奥巴马。历史学家蒂穆·布莱克也支持奥巴马，他公开指责顽固分子，质问道："我们为什么不能支持我们自己的人？"

　　最让奥巴马担心的黑人政客是与他同台竞选参议员的乔伊斯·华盛顿。华盛顿是一位医疗保健顾问医生，从来没有担任过公职，民调支持率远不足 10%。但是她的支持者全都来自黑人社区。当支持率不相上下的时候，一两个百分比就足以让奥巴马失去提名资格。奥巴马、詹格列柯和阿克塞尔罗德一度开会讨论是否要质疑华盛顿的请愿签名。奥巴马想起了艾丽斯·帕尔默，很不情愿。他不想把对方挤下选票名单，让人觉得他又在欺负黑人女性。他觉得自己在这场竞选里，呈现出来的应该是鼓舞人心，而不是唯利是图。质疑请愿签名的恶意让他失去的选票最终有可能比华盛顿让他失去的选票还多。在反复讨论了利弊之后，奥巴马最后说："伙计们，我们不会这么做的。"

　　奥巴马的参议员竞选办公室设在南密歇根大街一座不高的办公楼里，是靠近顶部的一个套间。窗外密歇根湖的风景让人振奋，但是墙上却基本都是空的。仅有的装饰就是《芝加哥读者》对奥巴马的介绍的复制品，加了画框，还有就是挂在书桌后面的一张海报，海报上穆罕默德·阿里压着桑尼·利斯顿。

　　我在 2004 年 1 月到奥巴马的竞选办公室，为《芝加哥读者》采访

第十三章：奥巴马琼浆

奥巴马。我那时已经四年没有见过他了，所以我心里期待着又一场顾影自怜、缺乏安全感的表现。当我打电话预约采访的时候，奥巴马的媒体秘书帕姆·史密斯已经表示了对我在关于众议院竞选报道中"负面评价"的不满。

即便奥巴马依然感到不满，他也丝毫没有表现出来。几个月之后他就是一个名人了，所以当时他是一对一地应对媒体的。他在办公室外边等我。

"很高兴又见到你了。"他语调随和地说了一句，脚步滑过地面，活像是正在扮演林肯的弗雷德·阿斯泰尔。他的领带系得牢牢地，但是他把西服外套脱了，只穿了衬衫。

奥巴马和我一起走进办公室，史密斯坐在他旁边做笔记，计算时间。我告诉奥巴马早上在太阳时报看见了米歇尔的照片。"她看起来可爱极了。"奥巴马回答，脸上满是笑容。

这只是1月，奥巴马后来在夏天民主党全国大会上用到的主旨却已经初见端倪了。奥巴马给了我一些他在自由浸信会教堂对教众说过的台词。

"政治还有另一种传统，这种传统告诉我们，我们都是紧密相连的。"奥巴马背诵道，"如果南边区有个小孩不会读书写字，即便他不是我的孩子，这也会让我心存忐忑。如果有一个阿拉伯裔家庭被约翰·阿什克拉夫特四处追捕，却不能享受到正当司法程序赋予他们的权利，这也等同于威胁了我的公民自由。黑人，白人，同性恋，异性恋，亚裔——我们可以共享这个国度的原因就是我们相互尊重。这就是关于这个国家的一切：E pluribus unum①，合众为一。"

　　这就是21世纪奥巴马的使命宣言。作为一名黑人候选人，要他挤出"我们的社区"这种词语实在让他太不自在、太过尴尬了。现在他接受了自己不是纯正的黑人。作为一名设法建立统一种族政治理论的多元文化政治家，奥巴马就像大师赛上的老虎伍兹一样得心应手。之前孤僻冷漠的态度也无影无踪了，他热心地介绍他设计的联邦儿童医疗保险项目。

　　"我觉得这是一个好机会，可以为全民医保打下基础。"

　　奥巴马不再自我推销了。他一次也没有提到哈佛。这一次，他有了立法目标，也有了实现目标的策略。又或者，因为他知道我是一直对他抱有怀疑态度的，所以他要向我推销的观点就是他没在自我推销。奥巴马的政治目光不在当下，而在两步之外，同样，他的表现也超出我的预期两步之外。这很奏效。我能体会到，奥巴马所信奉的，似乎不再仅仅是当过《哈佛法学评论》主编有多了不起。他是信奉大政府的自由派人士，而他也毫不害怕承认这一点。

　　"伊战决议您会投什么票？"我问。

　　"我会投反对票。"然后，奥巴马又重复了他在联邦广场上的主张："我并不反对所有的战争。我反对的是愚蠢的战争。"

　　后来我们终于谈到了奥巴马对阵博比·拉什的那场竞选。

　　"我被好好地修理了一顿。"奥巴马平静地说道。这个回答显然是经过再三思量的。"我觉得，于我而言，就是年轻人的急躁吧。"

---

①　译者注：拉丁语。对应英文为 Out of many, one.

第十三章：奥巴马琼浆

后来我打电话到奥巴马办公室问些后续问题，奥巴马拿过电话跟我讲了医保计划的更多细节问题。他还重复了"合众为一"的那番话，只是内容稍有调整。他很是为此自豪。

当月《芝加哥论坛报》的民调显示，14%的民主党选民选择了奥巴马，他和丹·海因斯以及玛丽亚·帕帕斯一样处于领先地位。布莱尔·赫尔以10%紧随其后。

"从全州范围来看，奥巴马的支持率有所上升。10月份奥巴马在民主党选民中的支持率仅为9%。"论坛报的报道这样写道，"奥巴马新增支持的大多数来自黑人选民，现有29%的黑人选民支持他"。

这些新增支持意义重大，但是离预选仅有两月之遥，奥巴马还没有脱颖而出，而且他也还没能凝聚黑人选民。

2003年秋，奥巴马的竞选阵营一直在争取一个人的支持，有了这个人的支持，奥巴马就可以稳占领先地位了。这个人就是保罗·西蒙。西蒙1996年就从参议院退休了，但是他的名字和他的话在伊利诺伊州自由派里依然颇有分量。甚至西蒙在参议院的继任迪克·德宾也是由西蒙选定的。这场烽烟四起的预选中，西蒙的支持将起到决定性的作用。

西蒙曾经和奥巴马一起推进伦理改革法案，而死刑改革专责小组推荐录下审讯过程，西蒙正是小组成员之一。西蒙认为奥巴马在促进法案通过的过程中展示了勇气和技巧。伊利诺伊州进步参议员的传统几乎可以追溯到二战期间：保罗·道格拉斯、阿德莱·史蒂文森三世、西蒙、德宾。奥巴马也是属于这个传统的。西蒙支持奥巴马的唯一顾虑就是他和丹·海因斯父亲的老交情。西蒙担任副州长的时候，海因斯的父亲在州参议院工作。

阿布纳·米克瓦也认为奥巴马符合伊利诺伊州参议员的传统。在北边区的一场私人筹款会上,米克瓦听到阿德莱·史蒂文森三世大力赞扬了奥巴马作为候选人的种种优点。这给了米克瓦一个主意。他兴奋地给西蒙打了电话。

"你看,如果我们能召开记者发布会,让你和阿德莱一起支持奥巴马,就是一次极好的媒体宣传,也能大大提升巴拉克的知名度。"米克瓦向西蒙大力推荐。

西蒙承认,的确如此。

"如果你能找来阿德莱,那我当然会去的。"西蒙告诉米克瓦,"我之所以想回避公开支持奥巴马完全是因为丹,但是如果你能找来阿德莱,那我肯定会帮你的。"

于是米克瓦给史蒂文森打了电话。一听要公开支持奥巴马,在筹款会上还满腔热情的史蒂文森这时候开始吞吞吐吐了。

"嗯,我和海因斯一家那么熟悉,"史蒂文森说,"他们也一直对我那么好。"

"阿德莱,"米克瓦回道,"保罗的处境也是一样的。可他打算支持奥巴马。"

"我得再好好想想。"史蒂文森最终说道。

史蒂文森还在犹豫不决的时候,西蒙住进了斯普林菲尔德的一所医院,准备接受心脏手术。他还是精神矍铄,可以参加记者招待会的。西蒙在病床上还和记者们通话,支持霍华德·迪安当总统。米克瓦每天都给史蒂文森打电话,但是都没能让他下定决心。然后,突然,2003 年

第十三章：奥巴马琼浆

12月9日，七十五岁的西蒙死在了手术台上。

这对于奥巴马竞选阵营而言是个巨大的打击，从政治方面和个人方面来说都是如此。西蒙的支持本可以证明奥巴马一直想要展现的改革者形象，可以影响奥巴马想要联合的市郊自由主义人士以及白人派别。西蒙的去世对个人也是一个损失，因为奥巴马的很多员工和募捐者都是跟着西蒙起家的。阿克塞尔罗德和贝蒂卢·萨尔茨曼喜欢奥巴马的原因也是他们敬爱西蒙的原因：智慧、正直以及不断进步的精神。

在过了足够长的时候之后，阿克塞尔罗德开始接近西蒙的女儿，希拉。她是卡本代尔议会议员，是她父亲政治遗产的守护者。她是否会愿意拍摄广告，告诉人们她的父亲曾经打算支持奥巴马呢？

希拉有所顾虑。她不想充当她故去的父亲的代言人。另一方面，她也知道她的父亲对奥巴马的看法，而且她自己也是支持奥巴马的，很希望帮助奥巴马赢得竞选。

"我不知道我那样做会不会真的自在。"希拉告诉阿克塞尔罗德，"我不知道我是不是真的想说我父亲支持谁。"

"要不我们只就说说他们曾经共事之类的事情？"阿克塞尔罗德建议。

这个建议希拉倒是同意了。广告里，伴着保罗·西蒙在伊利诺伊州四处竞选的片段，希拉回顾了她父亲的事业。

"半个世纪的时间里，保罗·西蒙代表着公众生活当中非同寻常的一面：正直、坚持原则以及为了那些最需要呼喊的人们而奋斗终身的承诺。"希拉说道，"州议会参议员巴拉克·奥巴马与此一脉相承。他和保罗·西蒙一起引领了停止不公处决的战斗，通过了新的伦理改革以及竞选资助法案，还了政治一片净土。"

最后的十秒，希拉·西蒙出现在摄像机前。她有着她父亲一样浓密的头发，盈盈的笑容，相像之处显而易见。像希拉自己曾说的那样，父女的相貌都没有过人之处。一张相貌平平的脸，一副角质边框的眼镜，加上一个蝴蝶领结，就是保罗·西蒙的全部感染力了。他和林肯一样，并不英俊，但是诚实。

"我知道巴拉克·奥巴马会成为和保罗·西蒙一脉相承的美国参议员，"她说，"你看，我是保罗·西蒙的女儿。"

希拉·西蒙的广告是奥巴马团队当年冬天录制的三个广告之一。阿克塞尔罗德的策略是在预选前的六周，也即1月下旬开始播放这些广告。奥巴马团队只有四百万美元的资金，这就是他们可以负担得起的最长时间了。赫尔的广告已经在电视上播了好几个月了。但是阿克塞尔罗德——他之前拒绝为赫尔运作竞选团队，虽然赫尔提供的酬金远比奥巴马提供的要多——确信自己的候选人更加优秀。阿克塞尔罗德祈祷奥巴马的有限资源能够给竞选团队有足够时间让人信服。

奥巴马争取黑人教会支持的同时——他每个周日参加五场礼拜——阿克塞尔罗德和詹格列柯也在努力争取市郊白人。他们在向北岸的目标群体试播广告。《普通人》、《风险行业》以及《春天不是读书天》等电影里面都把北岸描绘成富裕而且社会自由的市郊。北岸的居民不太可能住在黑人隔壁，但是他们愿意给黑人投票。

民主党选民按照竞选团队计划投放的顺序观看三条广告，奥巴马的顾问们通过单向玻璃观察这些目标群体的反应。第一条广告是介绍奥巴马生平的广告。广告提到（当然了）奥巴马曾是《哈佛法学评论》历

第十三章：奥巴马琼浆

史上第一位黑人主编，然后罗列了奥巴马在州议会参议院的立法成就——教育、扩大儿童医保项目覆盖范围。

"他们说我们无法让每个孩子都享受到医保，但是我们做到了。"奥巴马对着镜头说。然后，他第一次说出了后来非常著名的竞选口号："我是巴拉克·奥巴马，我付了广告费来说这句话——'是的，我们能。'"

奥巴马说话的时候，选民们——尤其是女性选民——都探身向前倾听。

关于奥巴马对市郊女性的吸引力，阿尔·金德尔有这么一番解释："他长得那么好看，她们对他充满了幻想。"金德尔说："他是她们希望能够带回家里的理想的男人。在格伦科和埃文斯顿这类有着富裕白人女性的地区，贴着的奥巴马海报比在芝加哥的还要多。每当人们经过海报看到奥巴马的脸，发现他是黑人，都觉得很有吸引力，很舒服。"

第二条广告旨在强调奥巴马的多种族吸引力，北部市郊的国会众议员杰西·杰克逊和简·沙科夫斯基一起表示了对奥巴马的支持。

最后，目标群体观看了西蒙广告。竞选团队计划在最后播放这条广告。保罗·西蒙的支持，超越生死，会向选民们证明，前面两条广告以及将奥巴马标榜为"一个再次相信的机会"的直邮广告里，他们了解到的关于奥巴马的所有一切都是真的。在看过西蒙广告之后，房间里的每一个人都有了切身的感受。

"他让我想起了保罗·西蒙。"一位妇女的激动溢于言表。

预选当季，要看奥巴马如何同时争取黑白阵营，最好的地方就是罗杰斯公园的心脏地带餐馆。罗杰斯公园是芝加哥种族融合度最高的社区。心脏地带餐馆由嬉皮士创建，以素食菜肴、民间音乐会以及有着《异议》和《国家》的杂志架而闻名。餐馆是想通过奥巴马重现芝加哥进步人士最伟大的一年——1983 年——的精神。哈罗德·华盛顿第一次竞选市长的时候也在心脏地带发表了演讲。那次演讲的照片现在还挂在墙上。

人满为患的餐厅里，朋克摇滚族、头发花白的反战人士以及满头长发绺的西印第安人等待着奥巴马。当地选区组织预计有一百人到场。结果来了三百多人。人太多了，以致迟来的人都被拒之门外。奥巴马由从白人转向黑人的时候他的语言会有相应调整，就像他给伊利诺伊州南部农场合作社和芝加哥浸信会教堂作演讲时也有调整一样。

"你的蓝眼睛真漂亮。"奥巴马抱起一个小男孩说道，"我得把你介绍给我女儿。她要比你大一点点。你喜欢比你大的女人吗？"

把小孩递回给他父亲之后，奥巴马转过身去和一个黑人击掌。

"你好啊。"奥巴马用最低沉的声音说道，"最近咋样？"

当地市议员乔·穆尔向大家介绍了奥巴马。穆尔在 2002 年也公开反对伊战，在今日秀上支持采取外交手段。

"巴拉克·奥巴马不是哪一位有权有势的政客的儿子，"穆尔说道，"他也不是百万富翁。但他是一个有勇气的人，一个有信念的人，一个愿意不顾政治风向坚守原则的人。21 年前，差不多是同一天，我也曾站在这里。那一天，是最近一次这间屋子和今天一样满满当当的一天，那是为了哈罗德·华盛顿。他让这间屋子充满了和今天一样的能量。这种能量的存在，是因为这个街区的人们有着敏锐的政治直觉。"

第十三章：奥巴马琼浆

奥巴马这三个字朗朗上口，这位候选人是伴着"奥——巴——马！奥——巴——马！"的阵阵呼声登上了讲台。

"你们大家弄得我脸都红了。"他抗议道。

每一个曾在 2000 年听过奥巴马书生气十足的授课式演讲的人都会为奥巴马那个周六早晨的演讲所折服。而每一个后来听过奥巴马在波士顿民主党全国大会演讲的人都会在这个小房间里感受到奥巴马后来在舰队中心球馆①展示的口才，也感受到同样的力量。

"我来芝加哥就是想和最底层的人们一起工作。"奥巴马开始了演讲。

> 芝加哥南边区的钢铁工厂倒闭引起了极大的破坏，社区急需帮助。我受到的最好的教育，就是在草根阶层和社区人们共事的经历。这段经历教会了我，即便是普通人，只要他们共同协作，就能成就不平凡的事情。很多人问我，"为什么你要搞政治？"即便是在这间满是积极分子的房间里面，也会有些痛苦不堪的对政治进程的怀疑。我们有种感觉，觉得我们的领导人里面有太多人长于口才，却短于实干。我们觉得，尤其是在伊利诺伊州这里，政治行为更像是商业而不是使命。更确切的是，我们觉得，在华盛顿，权力总是凌驾于原则之上。我今天想告诉诸位的是我第一次竞选的时候告诉过选民的话：政治还有另一种传统，那种传统告诉我们，我们都是紧密相连的。如果芝加哥南边区有个小孩不会读书写字，即便他不

---

① 译者注：舰队中心球馆为波士顿凯尔特人队主场球馆。

是我的孩子，我也会心存忐忑。如果伊利诺伊南部有位老人用不起医生开的药，或者需要在购买药物和交付房租之间做出抉择，即便他不是我的祖父，我也会如坐针毡。如果一个阿拉伯裔家庭被约翰·阿什克拉夫特四处追捕，却不能得到律师辩护或者享受正当司法程序带来的权利，即便我不是阿拉伯裔，我的公民自由也一样受到了威胁。这就是说我们有着一系列对彼此的相互责任：我是我兄弟的守护，我是我姐妹的守护，我并不是一座孤岛。正是这种概念让这个国家得以运转。这就是我们所有人都能聚在这个房间的原因。黑人，白人，男人，女人，同性恋，异性恋，亚裔，西班牙裔，穷人，富人，我们可以共享这个国度的原因就是我们相互尊重，这就是这个国家的基础：*e pluribus unum*，合众为一。

奥巴马瘦削的躯壳之下，是一个宣战者，一位传教士，一位善于激发的演说家。他说话斩钉截铁，就像木匠钉钉一样，灌进听众的耳朵。白人喜欢奥巴马，因为他是一位改革家，也因为他是一位多民族的候选人，符合他们想让黑人白人共存的理想。黑人喜欢奥巴马，因为白人喜欢他。

"我们需要能够超越种族的人。"听完演说之后，一位妇女说道，"他可以去华盛顿，用他们的语言和他们沟通。"

阿克塞尔罗德带了摄像组到心脏地带餐馆（演讲的一些片段后来还用在了奥巴马的一些广告里）。在场的人群让他兴奋不已。

"当我感受到房间里的热情，"阿克塞告诉当地选区委员，"就在那一刻我感觉到，胜利之潮转向了奥巴马。"

第十三章：奥巴马琼浆

因为独特的地理以及总统预选安排，沿河四城对于这位已经想好自己当上国会参议员之后还要担任什么职位的伊利诺伊州政客而言极具吸引力。伊利诺伊州的莫林和罗克岛与艾奥瓦州的达文波特和贝顿多夫沿密西西比河两侧分布。这些城市虽然分属不同的州，但是他们拥有共同的媒体市场。大型报纸《四城时报》和大型电视台WQAD都在达文波特，但是他们也报道伊利诺伊州的新闻。

有了丹尼·雅各布斯的支持，奥巴马在沿河四城地处伊利诺伊州的两个城市的联盟大厅和郊游野餐上八方竞选。作为一个来自芝加哥的州议会参议员，奥巴马并没有引来大批人群，但是到场的人都能感受到奥巴马第一次走进州议会参议厅的时候，雅各布斯所感受到的新星的力量。

"我不知道你是怎么鬼回事儿。"雅各布斯向奥巴马抱怨，"每次我们一起走进房间，他们都看着你，好像你是最了不起的伟人，然后看我就好像是'滚吧，刺眼的家伙。'"

"雅各布斯，那是因为你比我矮。"奥巴马解释。

后来在罗克岛奥巴马不敌海因斯，但是奥巴马在WQAD上露了脸，而且也得到了《四城时报》的支持。在他最终赢得艾奥瓦州的核心党员会议支持的四年之前，他就向艾奥瓦的选民们介绍了自己，而他做到这一点甚至不用离开自己的州。

如果奥巴马可以赢得预选，他肯定就能进入国会参议院。对于这一点，奥巴马胸有成竹。伊利诺伊是个蓝州，对于乔治·W. 布什的连任心怀敌意。共和党预选处于领先地位的杰克·瑞安是个投资银行家，赚钱虽多，却缺乏政治经验。

"这是我的选举。"奥巴马对竞选志愿者们说，"我不害怕共和党人。这就是战斗。"

每一个看过2月23日《芝加哥论坛报》的人都会觉得这场战斗看起来毫无希望。根据报纸最新调查，布莱尔·赫尔以24%的支持率遥遥领先。他的电视广告无处不在。每个小时，每个新闻频道上，都是赫尔在谈自己的服役经历或者改善学校环境的计划。似乎彼得·菲茨杰拉德花了一千四百万美元得来的参议院席位马上就要以三千万美元的价格纳入赫尔囊中。

奥巴马以15%的支持率位列第二，但是在几位主要候选人当中，他的知名度是最低的，仅有三分之一的选民知道奥巴马是谁。一年前的赫尔更是鲜为人知，但是他用钱砸出了公众知名度。玛丽亚·帕帕斯是库克县的财长，丹·海因斯是审计长，格里·基科管理着学区。这些职务的支持者都比州议会参议员多多了。

然而，再一次，律己冷静的奥巴马因为其他政客的弱点得益。梅尔·雷诺兹对年轻女孩不能自拔。艾丽斯·帕尔默应允让奥巴马参加竞选自己的州议会参议院席位，犯下致命错误。当她改变心意之后，又无力组织选民请愿签名。对阵博比·拉什之时，奥巴马也是个不能自已的人，任由自己的傲慢和急躁将自己诱入一场不可能胜利的比赛。

这一次，悲剧角色是布莱尔·赫尔。赫尔和第二任妻子布伦达·塞克斯顿的关系一直反复无常，夫妻两度结婚离婚。第二次离婚之前，塞克斯顿获得了针对赫尔的人身保护令。这是公开记录，但是导致夫妻离婚的真正原因密封在离婚档案里面。赫尔拒绝谈论档案内容，但是芝加哥每一个政治掮客都知道里面肯定有些不可告人的秘密，足以摧毁赫尔用上千万美元堆砌起来的候选人身份。

基蒂·库尔思曾经在赫尔的竞选阵营工作过很短的一段时间，但是因为赫尔不肯完全交代离婚的事情，她就退出了。

"现在是7月份，你得说说那些记录究竟是怎么回事，因为如果7月份你不说，2月份戴维·阿克塞尔罗德就会找人说了。"库尔思告诉赫尔的人。

库尔思在芝加哥的政治生涯中既和阿克塞尔罗德合作过，也和他对立过。阿克塞是芝加哥最精明的操手。如果库尔思知道离婚文件是个炸弹，那么阿克塞尔罗德也必然知道。政治竞选阵营里面，这样的秘密是保不住的。

阿克塞尔罗德的确知道。2002年他和赫尔会面的时候，他就强迫这位百万富翁坦白了自己最见不得人的秘密。如果阿克塞受雇于赫尔，他就得针对对手挖出的所有事情，为自己的候选人辩护，所以他希望提前知道都有哪些丑闻。赫尔告诉阿克塞罗尔德，他的前妻以精神暴力和身体暴力作为离婚理由。

2月，整个伊利诺伊州都在议论赫尔的离婚事件，但这不是阿克塞罗尔德或者奥巴马做的。丹·海因斯的工作人员偷偷把赫尔离婚文件的外页塞给论坛报的记者戴维·门德尔。海因斯觉得他将别的白人候选人一军就能收获良多。外页上详细记录了塞克斯顿索取保护令的申请。然而当门德尔为了竞选报道采访赫尔的时候，赫尔拒绝讨论离婚问题。

这只能招来更多问题。妇女团体要求公布细节。一周之后，赫尔承认塞克斯顿之所以申请保护令是因为一次意外,他被控打了塞克斯顿的小腿。在斯普林菲尔德旧州议会大厦举行的电视辩论上,除了奥巴马之外的每一位候选人都抨击赫尔没有公开离婚记录。(奥巴马抨击赫尔没有真实表示自己对伊战的反对立场:"布莱尔,事实是,做出这些决定的时候,你一言不发。在这件事情上,你是个逃兵。")

"你知道的,你得为这负责。"辩论的时候,阿克塞尔罗德对门德尔说。

"戴维,"门德尔回答,"如果不是我,你们这些家伙也会想出别的方法弄出乱子的。我只是把枪膛里的第一颗子弹射了出去而已。"

赫尔意识到自己的婚姻问题已经成为了竞选的最大问题,于是要求法官公开离婚档案。这扑灭了他想成为参议员的希望。赫尔的前妻控告他是"一个暴力的人","吊在(她)床上的蓬杆上,瞥了(她)一眼,问,'你是想死吗?我要把你杀了。'"根据塞克斯顿的话,赫尔连挥假拳,想让她往后退,然后用拳"极其用力地猛击(她的)左腿"。

离婚之后,赫尔和塞克斯顿成了好朋友。赫尔以动人的芝加哥姿态,利用自己的势力给塞克斯顿找了一份工作。赫尔给罗德·布拉戈耶维奇的捐资高达六位数,他让州长把自己的前妻任命为伊利诺伊州电影委员会的主席。然而家庭暴力的传言远比赫尔的宣传广告来得深刻难忘。对于普通的伊利诺伊人来说,曾经的布莱尔·赫尔——老人处方药捍卫者,现已成为布莱尔·赫尔——对妻施暴者。

最终从赫尔竞选阵营的蒙难中获得利益的是奥巴马,而非海因斯。尽管海因斯两次赢得全州竞选,但那是竞选审计长的全州竞选,只是一个支付政府账单的职位,无关痛痒。海因斯在其他方面也是这么让人了无兴趣。他之所以有政治事业，是因为他的父亲是实力强大的爱尔兰裔选区的头目。虽然海因斯已经35岁了，可是唯一能证明他的成熟的只有那双精灵耳朵上方的几缕灰发。电视广告里的海因斯穿着围裙，敲碎了一只鸡蛋，意指共和党人想要通过改革社会保险，抢夺老年人用来养老的篮中鸡蛋。广告并没能挽救海因斯沉闷死板的个人形象。在海因斯父亲的那个年代，这种广告足以让丹·海因斯这么一位沉闷无味的候选人当选，但是海因斯政治机器王子的形象相对于奥巴马而言，却是个劣势，因为奥巴马的广告也上了电视，他的个人经历正在被选民所熟知。海因斯代表的是芝加哥迂腐守旧的过去——政治家族、种族忠诚、纯正的爱尔兰性、给社区小孩按门铃的选片片长。奥巴马反映的是现代的芝加哥，由像他一样满怀抱负的移民们建立起来的国际大都会。

阿克塞尔罗德将火力集中在最后六周的策略收效颇丰。如果说有那么一件事让奥巴马登峰造极，那就一定是希拉·西蒙广告的播放。埃文斯顿民主党人、参议员杰弗里·舍恩伯格3月初就开始后悔为什么是海因斯比奥巴马先向自己请求支持。他觉得西蒙的支持是他看过的所有政治广告里最有力量的三十秒。

"那是截然不同的。"舍恩伯格后来回忆，"它直达你的胸膛，抓住了你的心，一点也不肯放松。"

赫尔在非洲裔美国人中的支持率一直不错，因为他的电视广告以及贫民窟里的招牌都铺天盖地，还有黑人政客对他的支持，一直抵抗着奥巴马的后来居上（即便是预选最后一周，州议会大厦里还有"选谁也不选奥巴马"的态度，众议院犹是如此）。而现在，那些黑人选民都倒向了奥巴马。

奥巴马的竞选团队无法负担夜间民调，但是赫尔的团队可以。赫尔的工作人员看着自己的候选人势如山倒，而奥巴马却势如乘风。虽然没有掌握数据，阿塞克尔罗德和詹格列柯还有考利都能感觉到一场巨大的变化正在发生：突然间，捐款通过邮件、电话和网络涌了进来。一度骑墙不下的政客都纷纷投入奥巴马阵营。不管奥巴马去哪，人群的数量一处比一处大，呼声一处比一处高。由于仍然不敢确定黑人选票情况，奥巴马最后一刻又推出了一条名为"希望"的广告，里面有保罗·西蒙对退伍军人的演讲以及哈罗德·华盛顿拥抱白种老人的镜头。

"我们的历史，总有那么一些时刻：希望击退了怀疑，人民的力量战胜了机器的力量。"画外音吟咏道。

广告想要向芝加哥黑人传递的信息显而易见：让这场竞选重现1983年的辉煌吧。

伊利诺伊州之所以在3月中旬进行预选，原因有二：第一，让那些一个冬天都找不到人上门宣传的傲慢自负的候选人难以过关；第二，和圣帕特里克节碰在一起，方便展示爱尔兰裔候选人。

然而那天爱尔兰政治机器候选人没有得到预想之中的帮助。芝加哥政治还有另外一个传统，用一句格言总结，就是："别兴风作浪，别支持输家。"早晨六点，图书馆、教堂以及学校体育馆都开门迎接选民的时候，伊利诺伊政界的每一个人都知道，奥巴马会赢。

海因斯注定失败。穿着白袜队棉服的工会大佬还在分发印着海因斯名字的卡片，但是如果海因斯还是有望获胜的话，会有更多的人愿意为他站在寒风之中。给"竞选炮灰"卖力能有什么好处呢？

第十三章：奥巴马琼浆

　　南边区的景象完全不同。奥巴马的竞选团队筹得的款项巨大，最后几个星期甚至可以以二十五美元的薪酬雇人上门宣传，把奥巴马的吊牌挂在门的把手上。第七十六街和斯托尼艾兰大街交界有一间废弃的百货商店，停车场里停着一百多辆货车，每一辆里都有一个主管和十四个"扫街人"。坊间传言人们可以为奥巴马工作，同时取得报酬，于是停车场里人头攒动。日出之前，奥巴马的街头组织者还在担心找不到足够的人，最后他们却要拒收络绎不绝的人。那天清晨从两层公寓和安居工程涌出的廉价挂门吊牌分发员淹没了出于对市长的忠诚而支持海因斯的寥寥几个黑人头目的团队。这一天不像选出哈罗德·华盛顿的那天一样有好些南边区的选片有着百分之百的投票率，但是基本上所有参与投票的非洲裔美国人都把票投给了奥巴马。早上十点左右，收到了第一批投票数据，到处的投票率都还很低，除了黑人社区。黑人社区的投票活性为中度至较高度。约翰·克里已经锁定了民主党总统候选人提名资格，所以很多白人选民觉得预选无关紧要了。

　　奥巴马和家人在普利茨克家族经营的凯悦酒店套房内等待选举结果。他们没有等太久。七点钟，投票结束，新闻主播就已经开始播音："巴拉克·奥巴马已经赢得民主党美国国会参议院提名资格。"他取得了压倒性的胜利。胜果之大甚至超出了还在库克县书记员办公室里分析数据的阿塞克尔罗德的想象。43个百分点，他之前告诉奥巴马，如果一切完美进行，43个百分点就是我们能够得到的最好结果了。然而现在，在这场有着七位候选人的竞选中，对阵富有经验的政客，奥巴马赢得了53%的选票。在一些南边区的选区，奥巴马的支持率超过90%。海德公园的一个选片的124张选票全部都投给了这位邻家子弟。海因斯只赢得了受白人政治家族——戴利家族、马迪根家族、利平斯基家族以及他自家的海因斯家族——控制的西南边区选区。奥巴马在这四个选区都取得了令人敬佩的成绩，这是奥巴马刚来芝加哥的时候黑人候选人无法想象的成绩。哈罗德·华盛顿在这些选区获得1%的支持率已经算是幸运了。芝加哥正在改变，而一位多元种族的候选人也在帮助改变的实现。

奥巴马获得了三分之二的芝加哥选票。除芝加哥之外，奥巴马在各县的城市地区都取得胜果。海因斯赢得了大多数的南部选区，但是奥巴马则拿到了一些大学城市以及林肯的斯普林菲尔德。奥巴马在圣克莱尔县获得了8000张选票，是卡罗尔·莫斯利·布朗当年所获选票的两倍之多，正好是奥巴马在当地的协调员雷·科尔曼承诺的票数。奥巴马的总票数——655923——仅仅比共和党预选所得票数少几千张。

伴着夜幕的降临和竞选对手们纷纷打来承认败选的电话，奥巴马周围有了越来越多的支持者。投票结束的时候，奥巴马待在三十四层的套房里，身边有三十位左右的亲戚和朋友。米歇尔和丈夫来了个击掌，庆祝丈夫预料之中的胜利。

"他们喜欢你！"她笑奥巴马，"他们真的喜欢你！"

一小时之后，奥巴马在贵宾室和两百名捐资最多的赞助人拥抱握手。直到十点芝加哥地方晚间新闻播放之后，奥巴马才发表了胜选演说。奥巴马在舞厅后面的走廊来回踱步的时候，希拉·西蒙向舞厅里面挤着的五百名支持者介绍了奥巴马。她和其他人一样付出了许多，让这一刻得以发生。西蒙提到了当晚在场的她父亲的所有朋友——阿克赛、阿布·米克瓦、拉姆·伊曼纽尔——坚定地传承着保罗·西蒙的精神遗产。

第十三章：奥巴马琼浆

"巴拉克曾经遇到风险，"西蒙说，"他的竞选团队面对的是重重困境，但是当你们有了无尽的勇气，你们就可以大有成就。"

奥巴马平静地研究讲稿，直到西蒙说出他的名字。人群中爆发出震耳欲聋的欢呼，一位助手一把推开了那扇把候选人和支持者隔开了的门。

"到你了，巴拉克！"助手喊道，"到你了！"

突然之间，他就来到了聚光灯下：那个笑容，那一挥手，那流畅的步伐，那有力的握手。一瞬之间，奥巴马从学者变成了政客。而在胜选演说里，他两者皆是。

"我太兴奋了！"他喊着，"这个名叫巴拉克·奥巴马的南边区来的瘦小的家伙看起来根本没有赢的机会，但是，16个月之后，我们来到了这里。"

房间里瞬时鸦雀无声，奥巴马照着手写的稿子念。

"伟大如斯，这个政党的理念就是，我们要让更多的人享有机会，将体制之外的人们纳入体制之内，我们要让沉寂无声的人们拥有声音，让无能为力的人们拥有力量，拥抱来自界外的人们并且让他们融入界内，让他们享有一份美国梦。"

在政治领域，像丹尼·雅各布斯常说的那样，"当你是的时候，你就是了"。奥巴马所有的老支持者都在凯悦酒店——埃米尔·琼斯、托妮·普雷克温克尔、还有杰西·杰克逊——杰克逊在一次介绍的时候把奥巴马称作"挑战黑暗的光明"。然而奥巴马的胜利意味着，即便是最嫉恨他的政敌也不得不承认，现在奥巴马站在了芝加哥黑人政治的顶峰。

"我拥护奥巴马先生。"那周博比·拉什告诉记者。尽管拉什支持布莱尔·赫尔,奥巴马在第二选区也取得了82%的选票。"我们需要所有人都同心协力,为给民主党的候选人争取票数而努力。我会竭尽全力支持民主党选票上的所有候选人。"

奥巴马的胜利和1928年德普里斯特的胜利、1983年哈罗德·华盛顿的胜利还有1992年卡罗尔·莫斯利·布朗的胜利一样辉煌。在不到20年前,奥巴马还是一名初来乍到的外乡人,在芝加哥既没有资金,又没有根基;现如今,42岁的他已经成为了这座城市最为杰出的黑人政治家当中的一员。这个夜晚,他为整个社群赢得胜利,而整个社群也将他拥入怀中。

后　记
后种族政治的发祥地

　　奥巴马在民主党预选的胜利让他成为了政治名人。这样一个很有可能成为美国唯一一位黑人参议员的人第二天就受到了CNN和今日秀的访问。《纽约客》、《新共和》以及《华尔街日报》的写手纷纷飞到芝加哥写出最初一批谄媚奉承的人物简介，在晨报上看见自己的文章之后肯定又都纷纷琢磨，我当时都想什么了？（纽豪斯新闻社称奥巴马"高大、清新且优雅"。竞选团队的工作人员为了这个描述不断烦扰他。）

　　当初卡罗尔·莫斯利·布朗赢得预选胜利之后也获得了同样的关注，但是这时人们感觉奥巴马可能不仅仅是全白的议事厅中一张具有象征意义的黑人面孔。在将近四百年的历史中，非洲裔美国人想要获得实权，始终有一道障碍，而奥巴马很有可能成为最终跨越这道障碍的人。从宪法的制定开始，到内战，到吉姆·克劳法的时代，到民权运动，到白人向外迁移，种族一直是美国政治当中一个持久的问题。也许奥巴马可以同时改变这种局面。

　　"奥巴马有潜质成为继亚伯拉罕·林肯之后，伊利诺伊州派到华盛顿的最重要的政治人物。"《芝加哥太阳时报》的马克·布朗如是写道。

这句话说得很恰当，而且说它恰当并不仅仅是因为这句话最终成真了。林肯的伊利诺伊州是一个分裂的州，一半是从肯塔基和田纳西移民而来的南方人，一半是通过伊利运河和北美五大湖来到此地的扬基人。这两群人争论奴隶制度的时间比美国其他地方的人早了一代人的时间，这里在1824年就通过公民投票禁止买卖或奴役人类。奥巴马成为总统之前，一位黑人市长领导着他的芝加哥，向怀有敌意的白人证明自己不会将这座城市变成美国中西部的津巴布韦。芝加哥成为了一座多元文化的大都市，被白人和黑人平等享有。

奥巴马相信民主党的预选将会决定选举，结果和他的想法分毫不差。共和党预选的得胜者杰克·瑞安被迫退出竞选，原因和布莱尔·赫尔的如出一辙：离婚档案的披露令人难堪。瑞安的前妻是电影《星际旅行：航海家号》的演员耶里·瑞安，他试图强迫妻子在性爱俱乐部的陌生人面前发生关系。当年，《芝加哥论坛报》又一次发布了奥巴马对手的婚姻秘密。

大选没有了对手，奥巴马可以全力争取成为明星了。他的竞选团队游说约翰·克里的工作人员，好让奥巴马能在民主党全国大会这样一个黄金机会发表演讲。由于在两场芝加哥选举盛事里见识过奥巴马对听众的控制能力，克里答应让奥巴马发表基调演讲。在波士顿，奥巴马发表了自1896年威廉·詹宁斯·布赖恩的《金色十字架》之后最伟大的初次演说，向整个美国介绍了那个冬季和秋季他在伊利诺伊四处宣扬的海纳百川以及共同责任的理念。如奥巴马的一位演说教练后来说的："他走上台的时候，还是一位州议会参议员，他走下台的时候，就俨然是美国的下一位总统了。"

后记：后种族政治的发祥地

伊利诺伊州共和党意识到奥巴马所向披靡，决定提名保守派代言人艾伦·凯斯充当牺牲品。凯斯曾经两次竞选总统，能够涉足奥巴马的聚光灯下，兴奋不已。他利用人们的关注，谴责同性恋是"自私的享乐主义者"，声称耶稣基督是永远不会给奥巴马投票的（这点没有实际意义，因为耶稣不是伊利诺伊州的登记选民）。

"这样的创新在伊利诺伊州已有先例。"毕业于芝加哥大学实验学校的专栏作家阿米蒂·什莱斯写道。两位候选人都没有采取特别争取黑人选民的竞选行程，也就意味着伊利诺伊"再次成为种族转变出现的地点"。"2004年的大戏也许会在林肯之地上演"。她加了一句。

这是一场肤色无关紧要的竞赛，竞赛的胜者是一位对白人选民有着前所未有的吸引力的黑人候选人。伊利诺伊州成为后种族政治的诞生地，这对奥巴马而言一点也不意外。在他最初的芝加哥岁月里，他就意识到，自己的第二故乡是解决美国种族以及其他问题的完美训练场。巴拉克·奥巴马在大移民后的几十年才来到芝加哥，但是对于一位有着政治抱负的年轻黑人，这仍是他的应许之地。

致　谢

　　如果没有两位编辑的指导，这本书就没法成型。第一位编辑是《芝加哥读者》的帕特里克·阿登，是他在 1999 年的时候派我南下去到南边区，看看这个想要挑战博比·拉什国会席位的奥巴马是个什么人。由此产生的报道《博比·拉什遇到困难了吗?》是本书第九章的基础。

　　第二位编辑是马克·舍恩。2007 年奥巴马宣布参选总统的时候，他是沙龙网的新闻编辑。我给十多家国内新闻媒体投了一篇报道，讲的是奥巴马的"败选"以及那次败选如何帮助他成长为成熟的政治家。只有马克对这篇报道感兴趣。在 2008 年选举期间，我给沙龙写了关于一系列关于奥巴马和芝加哥的报道。在写《芝加哥是巴拉克·奥巴马的心水城市》的时候，我第一次感觉到，某些历史力量使得芝加哥成为了黑人总统候选人的绝好基地。

　　2008 年大选过后，我的经纪人杰夫·格雷克对我电邮给他的写书建议作出了热情的回应。然后杰夫利用自己对纽约出版界的了解，找到了一位绝佳的编辑皮特·贝蒂。他刚从芝加哥大学出版社到布卢姆茨伯里出版社。作为曾经居住在海德公园的人，皮特很能明白我为什么说如果奥巴马没有搬到芝加哥，就不会成为总统。

　　我采访过的大多数人的名字在这本书里都有提到，但是有一些人的帮助是尤为重要的：杰里·凯尔曼、布赖恩·班克斯、艾伦·多布里、道格拉斯·贝尔德以及托德·斯皮瓦克这几位都为我审阅了手稿的部分章节，核对事实描述的准确性。（艾伦还告诉我，我可以在电话簿上找到阿布纳·米克瓦的联系方式，我们这代人是绝对不会想到要去找电话簿的。）赫尔曼妮·哈特曼，*N'DIGO*的出版人，是了解黑人商业、媒体以及政治世界不可多得的最佳向导。谢里尔·约翰逊让我每次访问奥盖德花园的时候都感到很受欢迎，还允许我参加她们社区振兴人民会的会议。

我还想谢谢安妮·麦克梅纳明带我参观斯普林菲尔德的州议会大厦，贝丝·米尔尼凯尔带我参观芝加哥大学法学院。琼·沃尔什，艾利森·特鲁，安妮·菲茨杰拉德以及露辛达·哈恩这几位编辑也一直鼓励我写关于奥巴马的书。（露辛达，我很期待看到你的回忆录出版。）吉姆·戴伊，我最老的朋友，对我从抽屉里找出来的九年之前的奥巴马访问录像带进行了数字化处理。

最后，我要谢谢我的母亲，盖尔·克莱恩，是她为我录入手稿，在我既缺金钱又缺时间的时候为我省下了许多金钱和时间。她大学毕业之后从事编辑行业，同时也把编辑的技巧用在这本书上了。因为有她，这本书更好了。